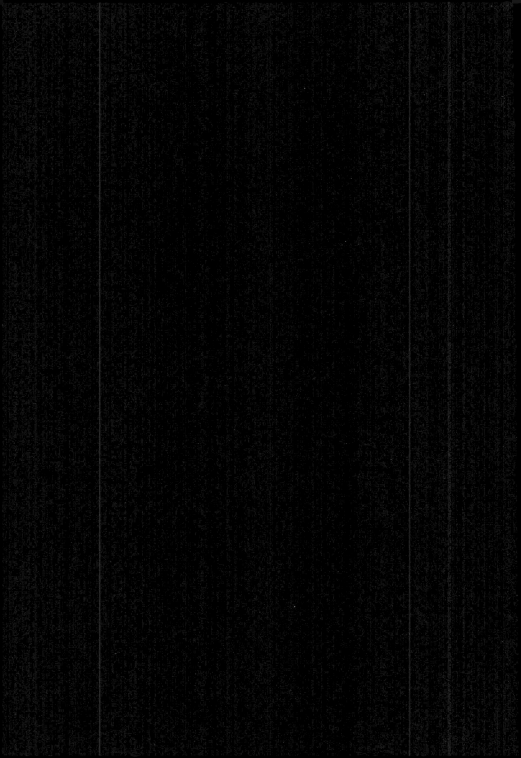

민변
30년

민변
30년

인권과
민주주의의
한길로

민변 30년사 편찬위원회 엮음

궁리
KungRee

민변은 올해로 창립 30주년을 맞습니다. 그동안 10년 단위로 백서를 작성하여 조직의 변화와 주요 사업내용을 기록으로 남겨놓았습니다. 하지만 백서는 건조한 통계와 기록 중심이라, 시대의 변화에 따른 주요 활동을 일관된 흐름 속에서 바라보기에는 한계가 있었습니다. 30년의 시간 동안 창립회원 중에 세상을 떠나신 분들도 계셨고, 스무 배가 넘게 성장한 조직에서 그 역사를 오롯이 다 알고 있는 민변의 젊은 세대들도 드물어졌습니다. 그래서 다음 세대가 민변을 세운 선배들의 정신을 오롯이 잇기를 바라는 마음에서 그간의 활동을 정리한 30년사를 발간하게 되었습니다.

민변은 1987년 6월 민주항쟁과 뒤이은 노동자 대투쟁이 일으킨 민주화의 열망을 배경으로 탄생한 단체입니다. 조금 더 올라가면 그 정신은 일제 시대 독립투사들을 변론했던 김병로, 이인, 허헌 변호사의 기개와 닿아 있습니다. 이들 변호사들은 식민지의 법정에서 독립운동의 정당성을 조리있고 열렬하게 변호하였습니다. 식민지 시대 변호사들의 민권옹호정신은 그 뒤 반독재 민주화 투쟁에 함께 나선 변호사들로 이어졌고 민변의 탄생으로 귀결되었습니다.

민변의 설립목적이자 회칙에 명기된 "기본적 인권의 옹호와 민주주의의 발전에 기여"하겠다는 창립 당시의 결의는 한 번도 후퇴한 적이 없었습니다. 이 책은 창립이념을 실현하기 위해 회원들이 분야별로 활동해왔던 내용을 크게 4개의 장으로 엮었습니다.

제1장은 민변의 활동 중 가장 주요한 부분인 공익변론과 입법감시, 사법개혁과 감시에 관한 부분입니다. 민변은 지금까지 수많은 사람들을 변론해왔습니다. 초기에는 노동자, 농민, 학생, 재야운동가들에 대한 변론에 집중되었으나 점차 시민들, 사회운동단체들과 함께하는 기획소송으로, 소송의 기획과 시민교육을 전담하는 공익인권변론센터의 설립으로 발전했습니다. 민변이 설립된 이유 중 하나는 개개의 변호사들이 할 수 있는

변론을 뛰어넘는 입법감시활동에 있었습니다. 1989년 『반민주 악법 개폐에 관한 의견서』를 최초의 발간물로 펴낸 이래 꾸준히 법률과 제도의 개혁에 목소리를 높여왔습니다. 2000년대에 들어서부터는 권력의 교체시기에 맞춰 「한국사회의 개혁과 입법과제」를 제시하였으며, 한국인권보고대회를 개최하여 그 해의 인권상황을 점검하고 개선을 촉구해왔습니다. 법원과 검찰의 개혁은 변호사 단체인 민변이 최고의 관심과 노력을 기울여야 할 과제입니다. 최고법원 구성의 다양성을 확보하고 사법절차에서 인권을 보장하고자 사법감시와 사법개혁에 민변과 회원들이 참여한 역사도 정리해보았습니다.

제2장은 민변활동의 큰 모토인 '시민들과 함께하는 변호사들'의 활동을 세 가지 주제로 정리했습니다. 먼저 노동인권을 보호하는 노동변호사들의 활동입니다. 단순히 특정 분야의 전문가가 아니라 노동자와 함께하고자 하는 변호사들의 활약은 지금도 이어지고 있습니다. 양심수 변론에서 시작된 인권옹호는 빈곤층과 중소상공인과 같은 사회 · 경제적 약자들의 민생을 회복하고 경제민주화를 실현하기 위한 활동으로 범위를 넓혔습니다. 특히 이명박 정부 시절 미국산 쇠고기 수입반대 촛불집회에 나섰던 시민들과 함께 10만인 쇠고기 수입 고시에 대한 헌법소원을 제기하고 1,000명에 가까운 시민들에게 무료변

론을 했던 경험은 민변을 시민과 더욱 가깝게 만들었습니다. 그 특별했던 경험을 정리하였습니다.

제3장은 한반도의 평화와 통일을 위해 민변이 수행해온 역할을 살펴보았습니다. 변호사들이 미군 문제를 연구하고 대응하는 것은 곧 인권과 주권을 옹호하여 한반도의 평화를 지키고자 하는 움직임이었습니다. 국가보안법을 둘러싼 싸움도 마찬가지입니다. 헌법이 보장한 사상의 자유, 언론·출판·예술 표현의 자유를 억누르는 토대가 되었던 국가보안법을 폐지하기 위한 다양한 사업도 민변이 창립 초기부터 집중해온 활동이었습니다. 분단과 독재의 역사가 계속되는 동안 발생했던 인권유린의 과거사를 청산하고 정의롭고 밝은 미래를 열어가기 위한 활동도 민변에게는 빠질 수 없는 일이었습니다.

제4장은 민변의 활동이 우리 사회 소수자인 여성과 환경, 국제사회로 뻗어나간 역사를 '연대'의 역사로 정리하였습니다. 창립 초기 극소수였던 여성회원들은 점차 늘어났고, 민변 역사에서 빛나는 성과인 호주제 폐지를 끌어냈습니다. 여성의 인권을 외치던 목소리는 장애, 성소수자, 이주 인권으로 번지며 커져왔습니다. 민변의 회원들은 자연과의 공존을 위해 환경단체들과 연대하여 각종 환경 관련 소송을 이끌었을 뿐 아니라 입법활동

은 물론, 때로는 현장에서 활동가들과 함께 직접 싸우기도 하였습니다. 마지막으로 보편적 인권의 개념을 연구하고 유엔을 비롯한 국제사회와 연대하여 한국의 인권상황을 높이는 여러 활동에 민변이 어떻게 기여했는가를 정리하였습니다.

돌이켜보면 지난 30년은 우리 사회에 성숙한 민주주의를 정착시키고 더 많은 인권의 목록을 보태려는 분투의 시간들이었습니다. 물론 그러한 노력이 모두 그때마다 빛나는 성과로 바로 이어진 것만은 아니었습니다. 대표적 악법으로 지목했던 국가보안법은 지금도 시퍼렇게 살아 있을 뿐 아니라 이명박·박근혜 정부 시기에는 더욱 기승을 부리기도 하였습니다. 환경소송 등 주요한 소송에서 자주 패소하면서 훗날을 기약해야 했습니다. 그러나 끝내 회원들이 법정과 거리에서 외쳤던 주장이 옳았음을 지난 역사는 보여줬습니다. 이 책에 다 쓰지는 못하였지만 고되고 힘든 일에 기꺼이 나서고 때로는 거리에서 목소리 높여 외치는 일까지 마다하지 않았던 모든 회원들의 노고에 존경과 감사의 마음을 드립니다.

이 책은 30년사에 걸맞게 지난 활동을 빠짐없이 담아야 했으나 한정된 시간과 분량의 제약을 넘을 수가 없어서 일부 활동이 누락되었습니다. 특히 후반부에 설립되어 왕성한 활동을 펼쳐온 교육·청소년, 소수자, 아동, 디지털정보위원회의 활동이 불가피하게 제외되어 너그러운 양해 부탁드립니다. 오랫동안 언론노동자들과 함께해온 투쟁의 역사도 담지 못하였고, 백서에 별도로 기록하였다고 하지만 8개 지부의 역사도 담지 못했습니다. 정해진 주제에 맞춰 글이 작성되다 보니 시민인권단체들과 민변이 적극적으로 함께 헤쳐 나갔던 각종 연대활동도 자세히 적지 못해 아쉬움이 남습니다.

30년은 하나의 세대가 바뀜을 의미합니다. 세대교체라는 큰 전환기에 민변도 예외가 아닙니다. 앞세대가 공히 역사가 되고 새로운 세대가 민변을 채우고 있습니다. 한반도에 사는 사람들이 인간으로서의 존엄과 권리를 조화롭게 누리고 행사하는 그 날이 오기까지 민변의 활동은 계속 이어질 겁니다. 부디 이 책이 과거를 이어 미래로 나아가는 그 발걸음에 보탬이 되기를 소망합니다.

2018년 5월
30년사 편찬위원회 위원장 장주영
민주사회를 위한 변호사모임 회장 정연순

인권과 민주주의를 위한 출발

"민주변호사 협의회!"

"민주화보다 민주사회가 낫지 않을까?"

1988년 5월 29일 아침 경기도 포천에 있는 베어스타운 회의실에서는 열띤 토론이 벌어졌다. '인권변호사' 또는 '민권변호사'라고 불려오던 일군의 사람들이 87년 6월 항쟁의 성과를 이어 받아 새로이 단체를 창립하는 모임을 가진 둘째날이었다. 그 전날 정관과 사업계획을 정하고 밤새 결의를 다진 변호사들은 이른 아침부터 이제 막 태어난 조직의 이름을 짓느라 머리를 맞대고 있었다.

변호사의 기본윤리가 인권과 민주주의의 옹호이건만 우리 사회에는 어느새부터인가 일반변호사와는 다른, 인권변호사라는 이름을 단 변호사가 하나 둘 생겨났다. 누가 누구를, 어느 시점부터 그렇게 부르기 시작했는지 그 기원을 정확히 알 수는 없지만 군사독재의 탄압에 저항하는 양심수를 변론하는 변호사들을 사람들은 그렇게 부르기 시작했던 것이다.

그들은 양심수를 위해 변론하는 것 자체가 커다란 용기를 필요로 하던 시기에 그 변호를 결코 마다하지 않았다. 그 결과 재판 전후로 종종 신변의 위협을 받거나 사찰을 당하기도 함은 물론 심지어 자신들이 변호하던 피고인의 자리에 서서 재판을 받기도 하였다. 한승헌 변호사는 간첩죄로 사형 당한 김규남 씨를 애도하는 수필을 썼다는 이유로 구속되었고, 이후 독재정권에 의해 8년간 변호사 업무를 정지당했으며 강신옥 변호사는 민청학련 사건으로 구속된 학생들을 변론하며 긴급조치를 비난하였다는 이유로 구속되었다. 양심수 변론을 도맡아 하여 조준희, 홍성우, 황인철 변호사와 함께 인권변호사 4인방으로 불리던 이돈명 변호사 역시 전두환 정권에 체포되기도 하였고, 1986년에는 수배중인 이부영 선생을 숨겨줬다는 혐의로 구속되어 옥살이를 하였다. 그렇다고 그들이 두려움에 변론을 포기, 또는 중단하였는가? 오히려 그 반대였다. 독재의 서슬 퍼런 법정에서 그들은 법리와 논리를 무기로 의연하고 끈질기게 저항했다. 그리하여 가족이나 친구 중 누군가가 독재정권에 저항하다 소리도 없이 끌려가면 사람들은 그런 변호사들을 찾아왔다.

검찰과 법원이 숨죽이며 정권의 비위를 맞춰주고 있을 때 저항자들에게는 유일한 방패막이였던 변호사들을, 사람들은 인권변호사라 부르기 시작한 것이다. 70, 80년대를 가로지르는 동안 이병린, 홍성우, 강신옥, 조준희, 이돈명, 유현석, 황인철, 조영래 변호사를 이어 나무가 하나 둘 자라 숲이 생겨나듯 인권변호사들도 그들만의 작은 숲을 이뤄가고 있었다. 독재의 탄압에도 저항의 불길은 꺼지지 않았다. 1985년 2월 구로지역 대우어패럴 노조위원장에 대한 정부의 구속조치에 항의하며 일어난 동맹파업과 여기에 참여한 학생, 지식인들에 대한 공동변론을 거치며 호흡을 맞추고 자신감을 나눈 변호사들은 조심스럽게 조직결성의 뜻을 모아나갔다.

그 모임의 이름이 정의실천법조인회, 약칭 '정법회'였다. 그수는 비록 30명 남짓이었지만, 독재정권하에서 민주화를 염원하는 지식인, 노동자, 문인, 언론인, 대학생 등으로부터 가장 신망 받는 변호사들의 모임이었다. 1986년 5월 19일 서울 영동의 반도유스호스텔에서 창립총회를 가진 정법회는 훗날의 민변에 비해서는 비록 낮은 차원의 느슨한 결합이긴 했으나, 개별적·분산적인 인권변론의 차원을 한 계단 높여 연대와 조직적 실천을 가능하게 하는 최초의 틀이었다. 정법회는 인권변호 활동이 '지사적' 결단에서 조직화된 사회운동으로 넘어가는 첫걸음이었다.

한편 정법회와 별도로 80년대의 사상 세례를 받으며 법조
운동을 체계적으로 고민하는 일군의 젊은 변호사 그룹도 6월
항쟁이 벌어진 1987년 말부터 모임을 갖기 시작했다. 이석태,
김형태, 유남영, 조용환을 포함한 청년변호사 모임을 준비하는
그룹이었다. 조직이 공식적으로 발족한 것은 아니었지만 그들
은 스스로를 청년변호사회(약칭 '청변')이라 칭하고 새로운 변
호사운동을 위한 조직을 고민하였다. 청변의 회원들은 70년대
중 · 후반 긴급조치의 최루탄 세례 속에서 대학을 다니고, 80년
대 '서울의 봄'과 광주 학살을 눈으로 보고 체험한 세대였다. 이
들은 사회변혁운동의 한 부문으로 변호사운동을 자리매김하고
자 하였다. 변호사들에게도 사회과학 공부는 필수적이라고 보
았다. 그러나 변호사가 감당해야 할 현실의 장은 법정이요, 법
을 통해서였다. 노동현장에서 구속되고 부당하게 해고된 노동
자들이 변호사들에게 요구한 것은 그들과 같이 어깨동무를 하
는 것뿐만 아니라 효과적인 변론과 적절한 법적 대응이었다. 청
변의 변호사들은 노동자들에게 헌법의 노동 3권과 노동조합법
의 내용을 제대로 정확하게 전달하는 것이 필요했다. 혼자나 얼
마 안 되는 소규모의 변호사들이 할 수 있는 일이 아니었다. 축
적된 노하우와 연대가 필요했고 선배들의 이끎과 조언이 긴요
했다. 이런 자각이 청변의 변호사들에게 시간이 지나면서 공유
되었다. 양쪽의 모임에 모두 참여하고 있던 박원순, 백승헌 변

호사가 다리를 놓았다. 그렇게 해서 청변의 후배들은 기꺼이 정법회 선배들이 이끄는 흐름에 합류하였고, 앞에서 끌고 뒤에서 미는 역동적인 결합체 민변이 탄생하였다.

다시 30년 전의 그날 아침으로 돌아가 본다. 기대와 열의가 유달리 컸던 탓인지, 새로운 단체의 이름을 짓는 일은 수월하지 않았다. 칠판에 하나 둘씩 후보가 될 만한 이름이 올랐다. '민주변호사회', '민주변호사협의회'에서 시작된 논의는, 이름의 들머리를 '민주'로 할 것인지, '민주화'로 할 것인지로 옮겨갔다. '민주'까지는 서로 같지만, '민주'와 '민주화'는 의미가 영 다르다는 의견이 이어졌다. 누군가로부터 '민주사회'라는 단어도 나왔다. 단체 이름을 이룰 단어들은 다 나왔지만 이 단어들을 어떻게 이어 붙일까 참석자들이 고민하고 있을 때 한 사람이 조용히 일어나 새로운 이름 하나를 칠판 위에 써내려갔다. 다소 낯선 조합이었다. '민주사회를 위한 변호사 모임'. 그 사람은 조영래 변호사였다. "지금은 생소하게 들릴지 몰라도, 우리말로 된 이런 이름을 자연스럽게 많이들 쓰게 될 것"이라면서 그는 '협회'나 '회가' 아닌 '모임'으로 뜻을 엮을 것을 제안했다.

조영래 변호사의 제안이 받아들여져, 진보개혁적 법률운동과 인권증진, 민주주의 발전을 위한 조직적 운동을 결의한 조직의 이름이 명명되었다. 민변의 창립회원은 51명이었으며 새로운 모임의 대표자로 집단지도체제에 가까운 대표간사제를 채택했다. 대표간사제를 도입한 것은 변협이나 지방변호사회 등의 제도권 변호사 단체와 같은 형식을 지양하고 회원 모두가 동등한 권한과 책임을 갖고 참여한다는 취지였다. 선배그룹에서 덕망과 겸손함으로 두루 신망이 높은 조준희 변호사가 선후배들의 강권에 못 이겨 첫 대표간사직을 맡게 되었다.[1] 조직은 총회 아래 운영위원회와 홍보위원회, 특별위원회 등 3개 위원회를 두는 형태로 꾸려졌다. 운영위원회 안에는 총무 · 변론 · 학술기획 분과를, 홍보위원회 안에는 홍보와 편집출판 분과를, 특별위원회 안에는 사법제도 · 양심수 · 언론방송 · 산업노동 · 농민빈민 · 환경도시 · 여성 · 통일평화 · 지방자치 분과를 각각 두었다. 각 위원회의 간사는, 두 단체의 통합 취지를 살려, 정법회와 청변 출신이 1명씩 나란히 맡았다. 운영위원회는 홍성우 · 박인제가, 홍보위원회는 조영래 · 이양원, 특별위원회는 황인철 · 이석태가 각각 간사를 맡아 수고하기로 결정되었다. 이렇게 '인권변호사들의 총본산'이라 할 민변의 깃발이 한국사회에 높이 올려졌다.

1990년

차례

,

1장

반독재 민주화의
길 위에서

,

1

·

민주사회를 위한 변론

·

변론의 논리를 개발하고 깊이를 더하다

:

변호사의 주된 역할은 '변론'이다. 민변의 변론은 가까이는 정법회로 표상되는 인권변호사 1세대에 뿌리를 두고 있지만 멀리는 식민지 시대 법정에서 독립운동가들을 변론하던 변호사들에 뿌리박고 있다. 법정이 식민지 권력의 하수인 노릇을 할 때, 소수의 변호사들은 독립운동가들의 옆에 서서 그들을 대변했다. 70, 80년대 역시 마찬가지였다. 사람들이 군사독재를 비판하였다는 이유로 법정에 끌려온 정치범과 양심수의 변론은 인권변호사들의 몫이었다. 사람들은 변론 도중에 제지를 당하거나 체포될 위험을 감수하면서도 끝내 자신들을 대변하던 의로운 변호사들을 믿고 법정에서 독재권력을 질타하며 당당히 임할 수 있었다.

민변의 창립 이후에도 그 정신은 변하지 않았다. 시대와 상황은 조금씩 달라졌지만 정치범과 양심수, 노동자들과 권력에 저항하는 각종 시국사건의 당사자들은 어려운 일이 생길 때마다 민변의 문을 두드렸다. 개인만이 아니었다. 민변의 주요 고객(?)으로는 종교단체와 시민단체, 인권단체, 진보운동단체 등이 망라되었다. 유가협이나 민가협과 같이 변호사들과 함께 싸워온 당사자 단체들도 있었다. 종교단체는 70, 80년대 군사독재정권에 대한 저항의 구심점이기도 하였거니와 민변회원 개인들과 긴밀한 관계를 맺고 있었다. 천주교 정의평화위원회와 천주교인권위원회, 한국기독교교회협의회에서는 정기적으로 시국미사나 기도회를 진행하곤 하였는데 민변에 수시로 시국사건 변론요청을 했을 뿐 아니라 소액이나마 변론비를 부담해주었다.

민변의 창립목적은 법률가 운동을 좀 더 조직적으로 하고자 하는 것에 있었다. 변론 또한 예외가 아니었다. 변론 담당 부서를 두어 사건접수 후 회원들에게 정해진 순서에 따라 배당하였다. 변론의 진행은 되도록 경험이 많은 선배와 젊은 후배가 공동으로 진행하도록 하였고, 사건의 성격에 따라서는 대규모 변호인단을 구성하기도 하였다. 청변 출신의 변호사들은 선배들에 비하면 변론 경험은 많지 않았으나 풍부한 문헌조사와 유사사례 검토를 통하여 깊이 있는 변론을 이끌어내고자 노력하였다. 예를 들면 서울대생 박종철 군 고문사망과 관련한 손해배상 소송은 황인철 변호사를 단장으로 하여 청변 출신 변호사 대부분이 참여하였다. 변호사들은 사건을 분석하고 토론을 거듭하여 박 군 사망이 우연한 사건이 아니며 국가폭력의 대표적 사례라는 전제하에 미국에서 시행중인 징벌적 배상제도에 의한 국가배상이 이루어져야 함을 주장하였다.

활동방식도 달라졌다. 종전에는 시국사건을 변론하는 것 자체에서 그쳤다면, 창립 후에는 변론의 논리를 개발하고 깊이를 더한다는 차원에서 변호사들이 조직적으로 자료를 수집, 토론하고 이를 책자로 발간하기도 하였고, 특히 시국사건의 실상을 대중들과 공유하기 위하여 지속적으로 토론회나 세미나 등을 개최하였다. 그 과정에서 시민단체들과의 연대 또한 깊어지고 넓어졌다. 특히 1994년 설립된 참여연대와는 대부분의 분야에서 굳건한 연대를 기초로 함께 활동하였다. 시민단체들은 사회적 이슈에 대한 법률적 검토와 법적 대응이 필요하다고 판단되면 우선하여 민변의 문을 두드렸다.

한국 현대사를 증언한 변론기

:

민변은 지난 30년간 수많은 사건들을 변론해왔다. 그중에는 민변이 조직적으로 결의하여 담당한 사건도 있고, 조직적 결의는 없었지만 민변의 회원들이 개별적으로 민변의 정신에 부합한다고 보아 변론에 나선 사건들도 있었다. 민변이 감당해온 사건들은 곧 30년의 한국 현대사이기도 하였다. 따라서 민변의 변론기를 일별하는 것은 한국사회가 민주주의와 인권을 쟁취하기 위해 어떤 길을 걸어왔는지를 살피는 것이기도 하다. 각 위원회의 활동이 완전히 정착한 2000년대 이후의 변론은 뒤에 이어지는 각 분과별 역사에서 보기로 하고, 여기에서는 그 이전의 변론에 대한 개략적인 소개만을 적는다.

창립 이전부터 지금까지도 계속되는 것은 소위 '시국사건'이라 불리는 사건들에 대한 변론이다. 양심수나 권력에 대해 비판을 했다는 이유로 처벌을 받거나 소송에 휘말리는 사람들의 사건에 대한 변론은 민변 또는 회원들의 몫이었다. 창립 후 조직의 기틀이 잡힌 첫해인 1989년 한해 동안 94건 250명을 변론하였는데, 구국학생연맹 사건(1988), 전민련 남북회담대표 연행 사건(1988), 미대사관 점거 대학생 사건(1989)등 그 대부분이 시국사건으로 분류되는 사건들이었다. 민변이 펴낸 백서에는 '고전적인 시국사건들이 폭주한 시기'라고 표현할 정도였다.

시국사건은 노태우 정부의 신공안정국에서 증가하다가 김영삼 정부 들어서면서 잠잠해지는 경향을 보이는 듯하였다. 그러나 1996년 8월, 통일대축전 행사를 치르려던 한총련이 경찰의 진압에 몰리면서 연세대로 진입하면서 소위 '연세대 사태'가 발생했다. 5천 명이 넘는 연행자와 300명이 넘는 구속자를 발생시킨 대규모 사건이었다. 민변은 그중 257명의 구속자를 변론했는데, 창립 이래 단일 사건으로 가장 많은 숫자였다. 당시 효율적인 변론수행을 위해 대응매뉴얼을 제작하기까지 하였다. 이처럼 민변 또는 민변회원들이 감당한 시국사건 변론은 정치권력의 부침에 따라 다소 정도의 차이를 보이기는 하였으나 노무현 대통령 탄핵심판청구대응(2003), 미네르바 사건(2008), KBS 정연주사장해고(2008), 통합진보당해산심판청구(2015) 등으로 계속 이어져 왔다.

도시빈민, 농민들도 민변의 문을 두드렸다. 변론비용이 부담스럽거나 변호사 인맥이 없었던 사람들이 민변이라는 조직을 보고 찾아오기 시작한 것이다. 민변은 산업 · 노동 분과와 빈민 · 농민 분과를 두어 이들에 대한 지원에 나섰다. 도시빈민과 철거민들의 인권에 깊은 관심을 기울였던 황인철 변호사는 후배들과 함께 사당동 폭력 강제철거현장을 직접 방문하여 조사하였으며(1988), 황 변호사가 애석하게 일찍 세상을 떠난 후에도 김형태 변호사 등에 의해 도시빈민운동에 대한 법률지원은 계속되었다. 고추값 폭락으로 타격을 입은 농민들이 수세인하와 농산물 제값 받기를 앞세우며 여의도에서 시위를 벌이다 연행되자 박용일 변호사가 직접 경찰서를 방문하여 조사를 하고 구속적부심을 포함한 변론지원을 하기도 하였다(1989).

노동자들은 민변을 찾아오는 단골이었다. 현대중공업 및 지하철 노동자 사건(1989), 지하철 노조위원장에 대한 구속적부심 지원(1989)을 포함해 수많은 노동자들에 대한 변론과 지원이 이루어졌다. 특히 1991년 박창수 한진중공업 노조위원장의 의문사 및 시신탈취 사건이 발생하자 민변은 진상조사단을 꾸려 조사에 나섰고 관련 사건들을 변론했는데, 노동자, 노조활동에 대한 변론활동은 2장의 '1. 법정에서 함께 싸우는 노동법 전사들'에서 기록하였다.

민변이 창립되자 양심선언을 하거나 내부 비리를 공공에 폭로하려는 사람들은 자연스레 민변을 떠올리게 되었다. 수방사 사병 정광민 양심선언(1988), 보안사령부의 민간인 사찰을 폭로한 윤석양 이병 사건(1990)과 이지문 중위 군부재자 투표 양심선언 사건(1992), 안기부 프락치 백흥령 씨 양심선언 사건(1994)에서 변호사들은 폭로자를 적극 보호하며 그들의 희생이 헛되지 않도록 노력했다. 그중에서도 특히 보안사 윤석양 이병을 위해서는 회원 전원이 변호인이 되어 대대적인 지원을 하였고, 양심선언자보호법 제정을 위한 공청회를 별도로 개최하기도 하였다. 이러한 활동은 안기부 엑스파일 사건(2005), 김용철 변호사의 삼성 비자금 폭로 사건에 대한 민변의 지원과 고소고발(2007)로 이어졌다.

통일운동 또한 민변의 변론지원을 받은 대표적 분야였다. 설립 초기만 언급해 보더라도 문익환 목사 방북 사건(1989)이나 리영희 등《한겨레신문》방북 취재 사건(1989), 임수경·문규현 신부 방북 사건(1989)은 물론이며 김낙중 사건(1991), 비전향 장기수 사상전향제도에 대한 헌법소원 청구 사건(1992), 탈북자 강제퇴거 명령 무효 확인 소송 사건(1994)에 대한 변론이 이어졌다. 통일운동의 한 축으로서의 국가보안법 변론은 민변으로서는 가장 중요하고도 상당한 역량이 투입된 활동이었다. 국보법 위반 변론 사건은 여기에 일일이 언급할 수 없을 정도로 많았으며, 분단체제의 그늘이 짙게 드리워진 보수적인 법조계에서 한결같이 국가보안법 폐지를 외쳐온 변호사 조직은 민변이 유일하다. 그로 인해 수구보수세력으로부터 근거 없는 공격을 받아왔지만, 30년간 가장 대표적인 변론을 꼽는다면 그것은 국가보안법 위반자들에 대한 변론을 통해 사상양심의 자유를 옹호해온 활동이라 할 것이다. 유감스럽게도 현재의 국가보안법은 일부 조항을 제외하고는 창립 시기와 크게 다르지 않다. 그나마 헌법재판소나 대법원이 되도록 국가보안법을 엄격하게 적용하는 방향으로 바뀌어 간 것은 민변의 지속적인 변론

활동 덕분이라 해도 무방할 것이다. 이에 대해서도 별도의 장으로 기록하였다.

조직의 규모가 커지고 사회의 다양한 요구가 커짐에 따라 민변은 고전적인 변론 외에 다양한 공익소송에도 관심을 기울이기 시작했다. 조영래 변호사가 이끈 망원동 수재피해 사건(1984)은 우리나라 집단소송의 효시로 불리고 있으며 민변의 창립 이후 그 정신은 일산수재 피해배상청구소송(1989), 김포공항소음 피해배상소송 사건(1990), 담배제조회사에 대한 피해청구소송(1999), 각종 과거사 집단소송들과 가습기살균제 피해자 소송(2015)으로 이어졌다.

사회적 약자, 소수자들에 대한 민변의 지원은 2000년대에 들어서 가시화되었다. 특히 민변회원들 중에 개업변호사로서 생계를 꾸리지 않고 아예 공익활동을 전담하겠다는 모임이 생겨나면서 장애, 이주, 성소수자와 같은 사회적 소수자들에 대한 법률지원과 변론활동이 본격적으로 이루어졌다. 공익인권법재단 '공감'이 그 첫발을 내딛었고, 공익인권변호사모임 '희망법'이 설립되었다. 민변에서 상근변호사로 근무한 이소아 변호사는 광주 지역으로 가서 지역공익 전담변호사로 활동하며 '동행'을 설립하였고 청주의 오진숙 변호사는 청주노동인권센터에서 지역노동법률지원의 장을 열었다. 공익전담변호사들이 얻어낸 사회적 약자 소수자들을 위한 판결은 언젠가 따로 기록되어야 할 큰 진전이었다. 이 장에서는 민변과 회원들이 수행한 많은 변론기중에서 이 책의 다른 곳에서 언급하지 않은 세 가지 사건에 대한 기록을 남기고자 한다.

이제 변호인의 판결을 쓸 것이다

:

"이제 사법적 판단은 끝났다. 그러나 역사적 판단은 아직 끝나지 않았다. 역사적 판단 작업은 계속되어야 한다. 억울한 누명을 뒤집어쓴 한 개인을 위해서가 아니라 진실의 승리를 위해서. 변호인의 한 사람으로서 그 일익을 담당하여야 할 책임감을 느끼며 사법부의 판결에 대한 변호인의 판결, 즉 '판결의 판결'을 쓸 것이다. 역사적 기록을 남겨야 할 것이므로."
— 《민주사회를 위한 변론》 창간호(1993년) 권두언

1991년 5월 8일 서강대 옥상에서 전민련 사회부장 김기설 씨가 분신 후 투신하여 사망하였다. 그는 현장에 흘려 쓴 글씨체로 노태우 정권 타도를 주장하는 취지의 유서 2매를 남겨놓았다. 그 무렵 우리 사회는 비극적인 분신사태를 잇달아 마주하고 있었고, 노태우 정부는 통일운동 탄압과 수서비리 등으로 민

심이반을 겪고 있던 때였다. 1991년 명지대 1학년인 강경대 학생이 사복경찰에게 군홧발과 쇠파이프로 맞아 사망하였는데, 책임자 처벌을 요구하는 시위에 정부가 강경대응으로 일관하자 이에 분노한 박승희, 김영균, 천세용 등 대학생들이 잇따라 분신했다. 그리고 김기설 씨의 분신이 일어났다. 공안당국은 김기설 씨의 분신에 대한 조사 결과를 발표했는데 놀랍게도 고인의 동료인 강기훈 씨가 그 유서를 대필해주었다는 것이었다. 한국판 드레퓌스 사건으로 불린 유서대필 사건이 공식적으로 시작되었음을 알리는 것이었다.

5월 27일 강기훈 씨에 대하여 사전 구속영장이 발부되자 민변은 그 변호에 나서기로 결의하였다. 15명의 변호사가 돌아가며 강기훈 씨의 접견을 맡고, 김창국, 박연철, 이석태 변호사가 변론을 담당했다. 이석태 변호사는 당시 전민련에 법률지원을 해주고 있던 터라 검찰의 의혹이 터무니없는 것임을 잘 알고 있었다. 어떤 이들은 누가 친구가 자살하겠다는 데 유서를 써주냐면서 해프닝으로 끝날 것이라 기대했다. 그러나 검찰은 그렇지 않았다. 강기훈 씨에 대한 잠 안 재우기 등 가혹행위, 관련자들에 대한 장시간의 강압적인 조사가 벌어졌다. 더욱 황당한 것은 고인의 흘림체와 정자체 글씨를 비교해 가면서 유서의 글씨가 고인의 것이 아니라고 여론을 오도하는 일이었다. 결국 강기훈 씨는 기소되기에 이르렀다.

1장. 반독재 민주화의 길 위에서

1심 재판은 1991년 8월부터 만 4개월 동안 총 12차례 진행되었다. 변호인들은 강기훈 씨의 무죄를 입증하기 위하여 총력을 다하였다. 20여 종 이상의 필적자료를 제출하였고, 수십 명의 증인을 신청하였다. 검찰이 내세운 유일한 증거는 국과수 문서분석실장 김형영이 했다는 필적감정 결과 하나였다. 변호인들은 이를 신뢰할 수가 없었지만 이미 서슬 퍼런 공안정국에서 검찰의 입김에서 벗어나 있는 전문가를 찾을 수가 없었다. 변호인들은 숙고 끝에 일본인 필적감정가를 증인으로 세우고 싸워 나갔다. 범죄의 일시 장소를 입증할 책임이 있는 검찰은 유서가 대필되었다는 일시, 장소, 방법조차 정확하게 밝히지 못했다. 그럼에도 1심 재판부는 변호인들이 제출한 증거들을 모두 배척하고 강기훈 씨에 대해 유죄판결을 선고하였다. 징역 3년에 자격정지 1년 6월이었다.

바로 항소심이 개시되었다. 그 과정에서 새로운 사실이 드러났다. 김형영이 사설감정원과 결탁하여 거액의 뇌물을 받고 허위 감정을 계속해왔음이 밝혀진 것이다. 상식적으로도 그와 같은 범죄자가 강기훈 씨 사건에서 양심에 따른 감정결과를 제출했다고는 기대하기 어려웠다. 여론이 비등하자 검찰은 마지못해 김형영을 구속했다. 그러나 뇌물만 받았을 뿐이지 허위 감정을 한 바는 없다고 도리어 김 씨를 감쌌다. 1992년 4월, 항소심은 1심과 동일한 결론을 내렸고 그해 여름 대법원도 마찬가지였다. 무죄를 확신하며 싸워왔던 변호사들에게는 믿기 힘든 결과였다. 현실의 법정에서 강기훈 씨의 무고함을 증명할 더 이상의 다른 방법이 없었다. 이 사건은 그 이후 신공안정국을 불러오며 민주화 운동세력에게 커다란 좌절감과 충격을 안겨줬을 뿐 아니라, 피고인의 무죄를 믿으며 혼신의 힘을 다해 싸웠던 변호사들에게도 심각한 내상을 입혔다.

강기훈 씨는 3년을 복역하고 출소하였다. 그러나 끝난 듯 보였던 사건은 끝나지 않았으며 진실은 그 전모를 드러낼 기회를 계속 찾고 있었다. 사람들은 강기훈 씨에게 내려진 유죄판결에 대하여 의구심을 떨치지 못했고, 무죄를 확신하는 사람들은 꾸준히 신문과 방송의 문을 두드렸다. 국회도 국정조사에 나섰다. 유죄판결 확정 후 10년이 지난 무렵부터 반전이 시작되었다. 고인의 친구였던 한송흠 씨가 고인의 필적자료라면서 보관하고 있던 흘림체 위주의 '전대협 노트'와 '낙서장'을 제출한 것이다. 경찰청 과거사위원회는 이 자료를 조사하여 2005년 12월 16일 그 결과를 발표하였다. 김기설 씨가 남긴 유서는 김 씨 자신의 필체로 보이고, 국과수 감정결과는 객관적이고 공평한 감정이 아니라는 취지였다.

2007년, 진실·화해를위한과거사정리위원회('진화위')는 유서는 강기훈 씨가 대필한 것이 아니기에 재심절차가 이루어져야 한다는 결정을 발표하였다. 그간에 제출된 모든 필적자료들을 다시 국과수에 의뢰하여 받은 감정결과에 기초한 것이었다. 강 씨는 진화위 결정에 힘입어 2008년 5월 2일 재심을 청구했다. 1년 후 서울고등법원은 재심개시결정을 내렸으나 검찰은 대법원에 즉시 항고하였다. 결정에 오래 시간을 끌 것이 없었다. 이미 필적에 관해 여러 기관들이 정밀한 조사를 마쳐 애초의 판결이 잘못되었음을 인정한 사건이었다. 그럼에도 대법원은 묵묵부답으로 일관했다. 그 사이 아들의 무죄판결만을 애타게 기다리던 강기훈 씨의 부모는 재심이 확정되는 것조차 보지 못하고 차례로 세상을 떠났다. 3년이 지나도 답이 없는 와중에 강기훈 씨 본인도 간암 진단을 받았다. 강기훈 씨의 건강이 급격히 악화되자 변호인들이 신속한 결정을 요구하는 의견서를 제출했다. 대법원은 아무런 움직임을 보이지 않았다. 급기야 대법원 앞에서 사회원로들의 1인 시위가 진행되었다. 비판 여론이 끓어오르자 대법원은 재심청구 4년만인 2012년 10월 19일 재심개시결정을 확정했다.

드디어 서울고등법원에서 재심재판이 열렸다. 민변은 다시 변호인단을 꾸렸다. 20여 년 전 변론을 담당했던 선배 그룹에 후배 변호사들이 가세하였다. 박연철, 이석태, 백승헌, 송상교, 윤천우, 서선영, 이주언 변호사가 변호를 맡았다. 진화위의 조사와 결정에도 불구하고 검찰은 20년 전의 주장에서 한치도 물러나지 않았다. 강 씨가 유서를 대필했다는 강변이었다. 변호인들은 재판절차를 새로이 준비하는 각오로 임했다. 유서필적과 모든 필적자료들을 하나하나 비교하는 필적 전수조사를 하여 그 대비표를 재판부에 제출했다. 검찰은 고인이 정자체로 쓴 이력서로 승부를 걸었다. 그것과 한송흠 씨가 제출한 자료에 대한 비교 감정을 신청하였다. 국과수의 감정이 다시 시작되었다. 그러나 이번 결과는 검찰의 기대를 배신한 것이었다. 또박또박 쓴 그 필적마저 유서와 동일한 필적이라는 것이었다. 이렇게 해서 모든 필적자료에 대한 국과수의 감정결과가 나오게 되었고 그것은 변호사들이 20여 년 전부터 굳게 믿어 의심치 않았던 진실을 최종적으로 확인하는 내용이었다.

"김 씨가 남긴 유서는 김 씨 본인이 쓴 것이고, 강기훈 씨는 물론 그 어느 누구도 대필하지 않았다."

마침내 서울고등법원은 2014년 2월 13일 강기훈 씨에 대하여 무죄를 선고하였다. 그로부터 1년 후 대법원에서 검사의 상고가 기각됨으로써 무죄가 확정되었다. 사건이 발생한 지 23년 만이었다. 그사이 홍안의 이십대 청년이 심각한 병을 앓는 오십 장년이 되었다. 강 씨는 현재 국가 등을 상대로 한 손해배상 소송을 진행 중이다. 이 사건 유죄판결에 분노하며 훗날 역사의 법정에서 잘못된 판결에 대한 변호인의 판결을 쓸 것이라 다짐하였던 김창국 변호사는 강기훈 씨가 끝내 무죄판결을 받는 것을 보고 2016년 후배들의 애도 속에서 세상을 떠났다.

문재인 정부의 출범 이후 임명된 문무일 검찰총장은 취임 직후 유서대필 사건을 언급하여 사과의 뜻을 표명하였다. 그는 검찰 내에 과거 검찰의 수사 잘못을 규명하는 취지의 검찰과거사위원회를 구성하였다. 역사상 최초로 검찰이라는 조직이 자신의 과거사를 청산하겠다는 의지를 표방한 것이다. 2018년 4월 현재 위원회의 1차 조사대상으로 이 사건이 포함되어 있다. 그 결과를 기대해본다.

성공한 쿠데타도 반드시 처벌된다

:

"비록 미확정의 1심 판결이기는 하나, 그것은 지난 한 시대, 우리 사회를 그토록 분열. 타락시키고 급기야 사회해체로까지 몰고 갔던 폭력 쿠데타와 억압, 정경유착과 총체적 부패구조에 대한 역사의 단죄였다. '성공한 쿠데타도 반드시 처벌된다'는, 아니 나아가 민주법치국가에 있어서 쿠데타는 결코 성공할 수가 없다는 명제를 법의 이름으로 선언하면서 우리가 가지고 있는 민주사회 특유의 자기 복원력을 재확인해준 것이었다."

— 《이달의 민변》(1996년 8월호) 권두언

12 · 12와 5 · 18 광주 항쟁은 1987항쟁의 밑거름이었고, 1987을 거친 세대들에게 그 진상을 규명하고 책임자를 처벌하는 작업은 20세기 후반 한국 현대사가 내준 중대한 과제였다. 전두환 정권 때는 진상규명 요구조차 허락되지 않았으나 민주개혁세력으로 분열에 힘입어 당선된 노태우 대통령은 국민화합 차원에서 민주화합추진위를 발족시켜 광주 치유에 나섰고, 그 해 정부는 처음으로 광주 항쟁에 대해 '광주 사태'에서 '민주화를 위한 노력'이라는 표현을 썼다. 이어 국회는 광주 청문회를 열고 진상규명 작업을 시작하였다. 9개월 동안의 청문회 끝에 1989년 2월 '광주민주화 운동 관련자 보상 등에 관한 특별법안'을 마련해 보상에 나섰지만, 쿠데타 주도 세력이 벌이는 과거 청산작업이라는 점에서 관련자들과 여론의 반응은 부정적이었다. 호랑이를 잡으러 간다며 군부독재의 후신과 합당하여 대통령 선거에서 승리한 김영삼 대통령은 취임 첫해인 1993년 5월 특별담화를 발표했다. "12 · 12는 쿠데타적 사건"이며 "광주의 희생은 민주화운동의 연장선상에 있다"는 것이었다. 정부 당국으로서는 최초로 신군부가 가해자였음을 분명히 한 셈이다. 그러나 그는 "진상규명과 책임자 처벌 문제는 역사에 맡기자"고 미루었다.

시민사회단체들과 민주세력은 더 이상 기다릴 수가 없었다. 학살의 책임자들을 처벌하고 그 진상을 규명하기 위해 '5 ·

시민사회단체들과 민주세력은 더 이상 기다릴 수가 없었다. 학살의 책임자들을 처벌하고 그 진상을 규명하기 위해 '5·18 진상규명과 항쟁정신 계승 국민위원회'를 결성했다. 국민위원회 공동대표였던 홍성우 변호사는 1993년 7월 개인 자격으로 전두환 등을 12·12 반란죄로 고소했다. 그와 별도로 민변은 정동년 등 피해자들을 대리하여 5·18 내란 책임자들을 고소했다.

18 진상규명과 항쟁정신 계승 국민위원회'를 결성했다. 국민위원회 공동대표였던 홍성우 변호사는 1993년 7월 개인 자격으로 전두환 등을 12·12 반란죄로 고소했다. 그와 별도로 민변은 정동년 등 피해자들을 대리하여 5·18 내란 책임자들을 고소했다. 그러나 검찰은 먼저 접수된 12·12 반란 사건에 대하여 기소유예 처분을 하였다. 하극상에 의한 군사반란은 인정하나 전두환 등 피의자들을 기소할 경우 재판과정에서 과거사가 반복적으로 거론돼 국론분열과 대립양상을 재연함으로써 불필요하게 국력을 소모할 우려가 있다는 논리였다. 학살자들에 대한 완벽한 면죄부였다. 헌법재판소도 검찰의 불기소처분에 대한 헌법소원을 기각하였다. 이어서 검찰은 민변이 제기한 고소사건도 불기소처분을 내렸다.

　검찰의 불기소처분은 범국민적 차원의 거대한 저항을 불러일으켰다. 즉시 이를 규탄하는 범국민대회가 결성되었다. 민변은 항고절차를 진행하면서 보다 효과적인 방안을 모색하였다. 당시 상황으로서는 12·12 반란 사건에 대하여 헌법재판소가 검찰의 손을 들어줬기 때문에 두 번째 불기소처분에 대해서도 합헌 또는 내란죄의 공소시효가 지났다는 이유로 각하할 가능성이 없지 않았다. 12·12 사건 결정을 보고서도 다시 헌재결정을 기다리며 막연히 손을 놓고 있는 것은 무의미한 일이라는 판단 끝에 변호사들은 독자적으로 시위를 벌여 여론을 선도하기로 결의하였다.

1995년 10월 16일, 법조계에서 신망과 존경을 받고 있는 유현석, 이돈명 변호사, 고영구 민변 회장이 앞장서고 회원 80여 명을 포함한 약 100여 명의 변호사들이 서초동 서울지방변호사회 사무실 앞에 모였다. 민변의 당시 규모로는 지방에 살거나 불가피한 사정이 있는 회원을 빼고서는 거의 다 모인 것과 다름없었다. 변호사들은 법원 앞길을 돌아 대검찰청 앞으로까지 5·18 내란 주범의 처벌을 요구하는 구호를 외치며 시위를 벌였다. 학살자 처벌', '5·18 특별법 제정'을 쓴 띠를 몸에 두르고 현수막을 머리 위로 높이 들었다. 한편에서는 시민들로부터 가두서명을 받았다. 변호사들이 시국 문제와 관련하여 평화시위를 벌인 것은 6월 항쟁 이후 처음 있는 일이었다. 6월 항쟁에서도 민변의 전신인 정법회가 주도하여 한국 변호사 역사상 최초로 변호사회관 앞에서 시위를 벌인 바 있었는데, 민변의 시위는 그 뒤를 잇는 것이었다.

변호사들의 시위장면이 방송과 신문에 크게 보도되자 그에 고무되어 학계와 시민단체 등 여기저기서 집회와 시위가 줄을 이었다. 여론이 더욱 거세게 요동쳤고 '성공한 쿠데타는 처벌할 수 없다'던 김영삼 정부는 1995년 11월 25일 마침내 5·18 특별법을 제정하겠다고 국민들에게 약속하였다. 12·12와 5·18 사건에 대한 특별수사본부가 발족하였지만 김영삼 정부는 전두환, 노태우만 처벌하고 나머지 관련자들에 대하여는 공소시효 경과 등의 이유를 들어 종전 검찰의 불기소처분대로 처리하려 하였다. 헌법재판소에서도 같은 내용으로 결정할 것이라는 추측성 보도가 나오기 시작했다. 민변은 고심에 들어갔다. 특별법이 제정되기도 전에 헌법재판소가 그와 같이 결정하게 되면 5 · 18 사건의 진상규명과 기타 관련자들의 처벌은 어려워질 것이었다. 이를 막기 위해 민변은 헌법소원을 스스로 취하하였다.

이러자 헌법재판소의 합헌결정을 기대하고 있던 전두환은 크게 당황하였고 소위 '골목길 성명'이라 불리는 항의성명을 발표하고 고향으로 내려갔다. 검찰은 즉시 수사관을 내려보내 전두환을 구속하였다. 온 국민이 기다려 온 역사적인 순간이었다. 전두환이 구속된 후 여야합의를 거쳐 공소시효에 관계없이 5 · 18 내란자들을 사법처리하는 5 · 18특별법이 제정되었다. 허화평, 허삼수 등을 비롯한 신군부세력이 줄줄이 구속되어 '역사의 법정'이 아닌 현실의 법정에서 엄중한 법의 심판을 받게 되었다.

총을 들 수 없는 마음을 변론하다

:

한국은 군사 독재정권 하에서 국가안보를 최우선시하는 정책을 펴왔고, 남북의 분단상황은 병역의 의무를 신성시하며 떠받

들었다. 군대와 관련된 인권 문제는 국민들의 관심 밖에 놓여 있었고, 수십 년간 혹독한 처벌과 가혹행위를 받으면서도 신앙 혹은 양심에 따라 집총과 병역을 거부하는 일군의 사람들이 존재했음에도 어느 누구도 그 문제에 깊은 관심을 보이지 않았다. 2001년 《한겨레 21》은 양심에 따른 병역거부자의 존재와 그에 대한 처벌의 역사를 심층취재하여 보도하였다. 그 보도는 많은 이들에게 충격을 던져주었는데, 민변의 변호사들 또한 예외가 아니었다. 양심에 따른 병역거부자들의 존재와 그들의 인권을 지켜야 한다는 각성이 번져나갔다.

이석태, 임종인, 김병주, 조광희, 오재창, 이정희, 김수정 변호사 등은 공동변호인단을 구성하고 기자를 통해 병역거부자들과 그 가족을 찾아 무료변론을 해주겠다 제안했다. 2001년 봄, 용인 군사법정에서 양심에 따른 집총거부자들에 대한 첫 변론이 시작되었다. 지금은 입대를 거부한 상태에서 병역법 위반으로 민간법정에서 개별적으로 재판을 받고 있지만, 당시는 입대를 한 상태에서 집총을 거부하면 항명죄로 군사법원에서 처벌받았다. 군사법원은 집총거부를 한 군인들을 대기시켜두었다가 한꺼번에 재판을 하였다. 항명죄로 기소된 군인들은 저마다의 사정이 있었음에도 무조건 3년형을 선고 받았다. 오전 10시에 재판을 시작해서 당일 오후 2시에 선고하는 맞춤형 재판이었다. 집총거부자들은 대부분 제대로 된 변호인의 도움조차 받지 못했고, 기대하지도 않았다. 그 현장을 민변의 변호사들이 자발적으로 찾아온 것이다. 변호사들은 형식적으로 진행되기 일쑤였던 군사재판절차에서도 피고인들이 자신의 주장을 제대로 펼 수 있도록 최선을 다해 변론했다. 당시 어떤 재판장은 청년들에게 지금이라도 마음을 바꾸면 벌을 면해주겠다면서 그 결심을 번복할 것을 강요하기까지 하였는데, 변호인들은 이에 항의하며 변론을 중지하고 법정에서 퇴정하기까지 하였다.

여러 사건의 변론을 거치며 변호사들은 군사법정에서 어떤 기대도 하기 힘들다는 것을 깨달았다. 적어도 민간법원에서는 왜 양심적 병역거부가 헌법에서 보장해야 할 권리인지를 논파하기가 수월하고, 무죄판결이라는 실낱같은 희망이나마 기대해 볼 수 있었다. 그래서 병역거부 예정자들에게 입영 자체를 거부한 후 민간법정에서 재판을 받을 것을 권하기 시작하였다. 그리하여 현재는 양심적 병역거부 재판 대부분이 민간법정에서 이루어지고 있고, 병역거부자가 입대를 하더라도 병무청에서 오히려 민간에서 재판을 받으라며 돌려보내고 있기까지 하다.

변호사들의 이러한 노력과 언론의 관심으로 양심에 따른 병역거부 문제는 사회적 이슈로 떠오르게 되었다. 여기에 법원도 조금씩 화답하기 시작했다. 2002년 1월 서울남부지방법원은 병역법 조항에 대한 위헌제청 결정을 내렸고 2004년에는 병역법 위반자에 대한 무죄판결을 선고하여 큰 사회적 반향을 불러일으켰다. 물론 그에 빠른 속도로 대응하여 대법원이 유죄의 확정판결을 내렸지만 대법원까지 가는 과정에서 양심에 따른 병역거부 사건은 큰 사회적 관심을 받았다. 변호인들 역시 이를 적극 활용하기 위해 대법원에 공개변론을 요청하였으며 헌법재판소의 심리에 적극 의견을 개진하였다. 유죄판결과 합헌결정이 내려지긴 했으나 결코 성과가 없는 싸움이 아니었다. 양심에 따른 병역거부자를 국가공동체의 일원으로 인정하지 않으려 했던 시각에 조금씩 금이 가기 시작했다. 위 두 사건에서 다수의 대법관과 헌법재판관들이 양심에 따른 병역거부권을 인정하고 대체복무제를 도입할 것을 권고한 것이다.

변호사들은 계속 헌법재판소의 문을 두드렸다. 2011년, 병역법이 헌법재판소의 심판대에 두 번째로 올랐다. 역시 합헌결정이 내려졌으나, 다수의 법원으로부터 위헌제청이 계속되었다. 13개 재판부가 헌법재판소에 위헌제청을 하였다. 2015년 7월 김수정, 박주민 변호사는 마침내 헌법재판소 공개변론의 자리에 서게 되었다. 세 번째의 위헌제청 사건이었다. 그 사이 하급심 법원은 헌법재판소의 결정을 기다리지 않고 무죄를 선고해 나가기 시작했다. 2016년 8월 최초로 항소심에서도 무죄가 선고되었고 2017년 한해 동안 45건의 무죄판결이 선고되었다. 무죄를 선고한 항소심 재판부는 판결에서 '양심적 병역거부 문제를 해결하지 않고선 우리 사회가 결코 선진국으로 갈 수 없다'고 천명하였다.

변론지원을 시작할 당시 병역거부자는 예외없이 여호와의 증인 신자였다. 그러나 불교도인 오태양 씨의 병역거부 선언 이후, 우리 사회에서도 평화주의 전통에 따른 병역거부자들이 등장하기 시작하였다. 그에 따라 병역거부의 문제는 더 이상 특정 종교의 문제가 아니라는 인식이 퍼져나갔다. 나아가 변호인단은 병역거부자들에 대한 무조건적 구속 관행에 제동을 걸고자 했다. 그 당시만 하여도 병역거부자들은 도주나 증거인멸의 우려가 없음에도 무조건 구속되었다. 변호인단의 노력으로 오태양 씨는 병역거부자 중 최초로 불구속 수사 및 재판을 받았으며, 현재는 병역거부자를 구속 수사하는 일은 전혀 없게 되었다. 병역거부자들에 대한 처우도 그사이 개선되었다. 여호와의 증인들의 경우 감옥에서 종교활동이 금지되어 있었는데 이에 대해서도 변호사들은 국가인권위원회에 인권침해로 진정을 제기하였고, 현재는 수감 중 종교활동이 허용되고 있다.

그 외에도 민변은 사회의 인식전환을 위해 30여 개의 시민사회단체가 참여한 '양심에 따른 병역거부권 실현과 대체복무제도 개선을 위한 연대회의'에 참여하였다. 2002년 4월에는 위 연대회의 대표로 이석태, 오재창, 김수정 변호사가 시민사회 단체 대표와 함께 유엔인권위원회에 참가하여 한국의 병역거부 문제를 보고하고 유엔의 권고를 여러 차례 이끌어냈다.

병역거부 변론의 시작은 민변의 변호사들이 중심이 된 것이지만, 이제는 많은 법조인들이 대체복무제도의 도입이 필요하다는 데 인식을 같이 하고 변론과 법 개정에 나서고 있다. 2007년에는 노무현 대통령이 대체복무제 도입 검토를 발표하는 등 사회적 여론도 우호적으로 변화해갔다. 평화주의적 전통에 따른 양심적 병역거부자로 1년 6개월 징역형을 선고받아 복역한 임재성 씨는 민변의 변호사가 되어서 양심에 따른 병역거부자들을 위해 활동하고 있다. 비록 여전히 대체복무제가 도입되지 못하였고 헌법재판소의 위헌결정을 기다리고 있는 현실이나, 십수 년 동안 양심적 병역거부에 대한 사회의 시각은 긍정적으로 변해왔다. 무조건적인 비난에서 이해와 관용으로 마치 물이 번져가듯 사람들의 생각이 달라지고 있는 것이다. 불살생계율과 반전·평화의 사상, 종교적 양심에 따라 병역을 거부한 사람들을 우리 사회가 처벌이 아닌 대안으로 포용할 날이 멀지 않았다.

제주의 바다와 평화를 변론하다

:

2007년 5월 김태환 제주지사는 기자회견에서 "제주도민 여론조사 결과 해군기지 건설에 대한 찬성의견이 높게 나옴에 따라

서귀포시 대천동 강정마을을 제주 해군기지 최우선 대상지로 선정했다"고 밝혔다. 10년이 넘는 주민과 평화운동가, 시민단체들의 해군기지 반대투쟁의 시작이었다.

제주 해군기지를 둘러싼 논쟁은 간단한 것이 아니었다. 4·3의 트라우마를 안고 평화의 섬으로 발돋움하려는 제주도에 과연 해군기지가 필요한 것인지, 복잡한 동북아 정세 속에서 다시 제주와 한반도를 희생양으로 삼는 것은 아닌지 하는 고민을 제쳐두고서라도 최우선 대상으로 선정된 강정주민들로서는 또 다른 문제가 있었다. 자신들의 고향을 내주는 문제였음에도 애초 주민총회의 논의와 투표가 기만적으로 이뤄졌다는 것이다. 강정주민들은 찬성에 나섰던 마을대표를 해임시키고 해군기지 반대에 나섰다. 그 결과 해군기지 건설사업은 잠시 중단되며 표류하는 듯하였으나, 2010년 우근민 지사는 정부사업을 적극 지원하는 취지로 강정마을에 해군기지를 짓겠다고 재천명하며 중단된 공사를 재개하였다. 새로운 싸움이 시작되었다. 강정마을은 육지의 시민단체들에게 연대의 요청을 보냈다. 2011년 6월, 전국의 116개 단체들은 '제주 해군기지 건설 저지를 위한 전국대책회의'를 결성하고 강정마을에 대한 지원을 시작하였다. 환경, 주민 자치와 민주주의, 동북아 평화와 평화적 생존권 등 중첩된 문제들이 수많은 시민, 평화, 환경, 인권운동가들을 강정마을로 집결하게 하였던 것이다.

민변에도 강정마을의 요청이 접수되었다. 민변은 전국대책회의에 참여하는 것을 시작으로 하여 구럼비 변호인단을 조직하여 본격적인 법률지원에 나섰다. 이미 공사가 재개됨에 따라 공사현장에서 마을사람들과 해군, 삼성건설 간의 충돌이 빈발하고 있었다. 먼저 변호사들은 해군기지 건설을 중단시키거나 백지화시킬 수 있는 지를 검토하였다. 당시 해군기지가 건설될 구럼비 바위 일대는 절대보전지역으로 개발이 금지되어 있었는데, 해군기지 건설을 위해서 이를 무리하게 변경하는 등 법적 문제가 있다고 판단하여 절대보전지역변경처분효력정지 소송을 제기하고 그밖에 국방군사시설사업실시계획승인처분무효확인 소송, 공유수면매립면허취소신청거부처분취소 소송 등을 제기하였다. 그러나 이러한 소송과 별도로 매일같이 체포되는 사람들이 늘어나고 있어서 현장지원이 절실하였다. 40명의 회원들이 9월부터 순번을 정하여 강정마을로 내려가 주말에 1박 2일로 머물면서 접견과 인권침해 감시활동, 법률지원활동을 펼쳤다. 마침 그 무렵 제주도로 사무실을 이전한 강기탁 변호사가 체포된 사람들을 수시로 접견하고 변론해주었다. 강 변호사가 변론한 사람만 약 240명에 달했다.

　2012년이 되자 사태는 더욱 악화되었다. 아예 상주하여 도와주는 변호사가 있었으면 좋겠다는 마을의 요청에 따라 민변은 상주할 변호사를 자원받았다. 백신옥, 서선영 변호사가 자원

© 제주의 소리

2011년 6월, 전국의 116개 단체
들은 '제주 해군기지 건설 저지
를 위한 전국대책회의'를 결성하
고 강정마을에 대한 지원을 시작
하였다. 환경, 주민 자치와 민주
주의, 동북아 평화와 평화적 생
존권 등 중첩된 문제들이 수많은
시민, 평화, 환경, 인권운동가들
을 강정마을로 집결하게 하였던
것이다.

하여 2012년 3월부터 상주를 시작하였다. 4월에는 공익법률사무소 희망법의 구성원들이 일주일씩 돌아가면서 한달간 강정에 상주하였다. 숙소는 강정마을로부터 제공받았지만 상주변호사를 위한 활동비가 필요했다. 총 26명의 회원들이 717만 원을 활동비로 지원해주었다. 그러나 이런 노력에도 불구하고 강정마을에는 끝내 해군기지가 들어섰다. 그 과정에서 노래와 농성, 기도와 같은 평화로운 방법으로 저항했던 수많은 사람들이 체포, 구금되어 벌금형을 선고받았다. 2013년 12월까지 해군기지 반대활동으로 연행된 사람들은 649명, 기소된 사람들은 589명이며, 구속자 수는 38명이고, 벌금형이 3억 원 가까이에 달하였다. 과다한 벌금형으로 노역장행을 스스로 선택하는 사람들도 있었고 마을공동체는 분열되었다. 거기서 그치지 않았다. 시공자인 삼성물산은 제주해군 기지반대 민원으로 공사기간이 연장되어 손해를 입었다며 국방부로부터 275억 원을 받아갔으며 국방부는 그중 34억 원을 강정주민과 평화활동가들, 5개 운동단체에 청구하였다. 민변은 다시 변호인단을 꾸려 이 소송에 대한 법률지원에 나섰다. 이명박 · 박근혜 정부에 들어서서 특히 정부비판세력이나 노조에 거액의 손해배상청구소송을 제기하여 그 활동을 위축시키는 전략이 활용되었는데, 이 소송도 그와 동일한 성격이었다. 제대로 풀릴 것 같지 않았던 소송은 2017년 문재인 정부가 들어서면서 법원의 화해권고결정에 따

라 국가의 소송취하로 종료되었다. 그럼으로 민변의 강정마을
에 대한 모든 법률지원사업 역시 종료되었다.

시민과 함께 공익인권 변론으로 나아가다

:

5년 주기 정부별로 시국사건 발생빈도에 차이가 있기는 하지
만, 김영삼 정부 이후 양심수 변론은 점차 줄어들었다. 민변 내
에서도 양심수와 시국사건에 집중하였던 변론에서 민생과 여
성인권, 환경 문제 등 우리 사회의 구조적인 문제들이나 시민들
이 일상에서 겪고 있는 인권침해 사례들을 좀 더 돌봐야 한다
는 의견들이 힘을 얻었고 회원의 증가와 함께 그 실행력도 늘
어나기 시작하였다. 늘어나는 회원들의 역량을 활용하기 위해
서도 보다 폭넓은 공익소송의 수행이 필요했다. 1994년 민변은
조직개편을 통해서 민생의 문제를 좀 더 살피는 변호사 단체가
되겠다고 결의하고 공익소송을 기획하고 조직적으로 대응하는
방안을 모색하기 시작하였다. 공익소송은 개인뿐만 아니라 다
수에게도 유익한 결과를 가져올 수 있고, 사안에 따라서는 입법
이나 행정 제도개혁으로까지 나아갈 수 있는 파급력을 기대할
수 있었다.

　모색 끝에 2000년에 공익소송위원회가 정식으로 출범하였

다. 그전까지 외부 단체의 요청에 따라 수동적으로 변론을 진행하던 방식에서 벗어나 민변 스스로 독자적으로 소송을 기획해보거나 회원 또는 외부 단체의 연대활동 중에 파악된 문제점을 소송형식으로 해결해보자는 움직임이었다. 그 결과 민변의 변론은 그 무렵부터 본격적인 활동력을 갖추기 시작한 위원회 조직의 활동과 함께 다양한 분야로 뻗어나가게 되었다. 최초의 공익소송으로 김포공항 소음피해 집단소송이, 그 뒤를 이어 불심검문손해배상청구 소송, 담배 소송이 진행되었고, 호주제 위헌소송은 가부장제 질서를 흔드는 성과를 거두었다. 공익소송은 군산 성매매 집결지 화재 피해 소송, 미군 장갑차 여중생 사망사건 수사기록 공개 소송, 공직선거법 위헌소송 및 주민투표법위헌 소송 등으로 확장되었다.

분야만 다양해진 것이 아니었다. 공동대리인단을 구성하거나 공동으로 변론을 펴는 노하우 역시 축적되었다. 1996년 8월한총련의 연세대 농성사태와 다수의 학생들이 구속되자 민변은 즉각 변론 매뉴얼 제작팀을 구성해서 국보법 및 주요 쟁점에 대한 것은 물론, 초기 접견대응부터 가족들과의 연락 등 실무까지 안내하는 지침을 작성하여 담당변호사들에게 배포하여일관된 대응이 가능하도록 하였다. 변론 매뉴얼이나 변론 가이드는 그 이후 각 위원회 별로 선배들이 민변의 후배들에게 전수하는 주요한 노하우를 담아 작성, 공유되었다. 그중에서도 특히 풍부한 각종 형사 시국사건의 대응경험을 살려서 2008년 촛불집회를 계기로『쫄지 마 형사절차』라는 형사절차 안내서를 발간, 판매하였는데 상당히 좋은 평가를 받아 2016년『쫄지 마 형사절차(수사편)』가 발간되었고 이후 후속으로 '재판편'을 준비하고 있다.

민변의 변론활동이 계속되면서 앞으로 유사한 소송에서 참고하기 위해서 공익소송활동의 경험과 자료를 공유하는 자료를 축적하자는 의견이 계속 제시되었다. 그러나 민변의 사회적 위상이 확고해짐에 따라 민변과 공동으로 연대하여 활동하자는 제안이나 변론요청도 갈수록 많아져서 민변은 수동적으로 그 일만을 받아 처리하는 것만으로도 벅찬 형편이었다. 그 덕에 설립 후 상당 기간이 지나도 변론자료의 축적은 체계적으로 이루어지지 못하였고 회원들이 개별적으로 역량을 전수하는 것으로 이어져 내려왔다.

2012년, 민변은 장차 1,000명 회원 시대를 맞아 지금까지 해온 사업역량을 지속시키고 성과를 축적하기 위해서는 그에 걸맞는 조직기반을 갖출 필요가 있다는 취지의 '장기 발전전략'을 수립하였다. 그 후 논의를 거듭한 결과 2015년 정기총회에서 공익소송의 기획과 변론자료의 축적, 교육을 담당하는 기구의 설치를 결의하게 된다. 장기 발전전략에서 제시한 '시민과 함께 하는 민변'이 되기 위해서는 무엇보다도 변호사의 업무인 변론부분을 더욱 강화하고 체계적으로 수행할 필요가 있다는 취지였다.

1년간의 준비를 거쳐 2016년 4월 민변 내 기구로 공익인권 변론센터(이하 '변론센터')가 발족하였다. 변론센터는 출범을 알리면서 그 활동목표로 첫째, 사회적 약자를 대변하고 제도를 개선할 수 있는 공익인권변론을 보다 능동적, 체계적으로 기획·수행하며 둘째, 변론활동에 대하여 변호사, 시민, 시민사회단체, 언론과 긴밀하게 소통하며, 셋째, 진행되는 공익인권변론 정보를 체계적으로 축적하여 '디지털도서관'을 만들고 체계적 변론과 제도개선에 활용하기로 하였다.

변론센터는 설립 후 11개월 동안 86건을 변론사건으로 정하여 수행하였고 1,100명이 넘는 국민들에게 무료변론의 조력을 제공했다. 소송을 기획하는 것은 물론, 민변의 각 위원회가 활동하기 편하도록 공동대리인단을 구성하는 일을 주관하고 지원하였다. 변론센터는 지금까지 수행해온 공동변론과 대리의 노하우와 지침을 모아 새로운 이슈에 대응할 수 있도록 지원하고 있다. 통신자료 무단수집 위헌 헌법소원, 국정교과서 취소소송 및 헌법소원, 가습기 살균제 피해자 손해배상 청구 소송, 검정고시 출신자 교대 수시지원 제한 위헌 헌법소원, 블랙리스트 피해자 국가배상 청구 소송 등이 변론센터의 지원을 받아 수행되었고, 그 재판과정에서 만들어진 자료나 서면은 모두

변론센터가 설치한 디지털 도서관으로 보내어 회원들이 이용할 수 있도록 정비되고 있다.

모든 회원들이 선후배동료가 수행했던 사건 관련 자료들을 찾아볼 수 있도록 하고자 구축한 온라인 도서관인 디지털 도서관은 1년 사이 1,000여 건이 넘는 자료를 축적했다. 변론센터는 그 외에도 출판사업에도 힘을 기울여 시민들에게 집회와 시위에 관한 법률지식을 쉽게 설명하는 『말 좀 해도 될까요?』를 펴냈고, 국정화 교과서 대응시에는 그 위법성을 설명한 책자를 따로 발간하기도 하였다. 2010년에 발간한 『한국의 공익인권소송1』에 이어 2018년 2월 『한국의 공익인권소송2』를 발간하여 민변이 수행해 온 공익소송자료를 수집하고 이를 후배들에게 전수할 수 있도록 하였다.

30년의 시간을 거치며 민변의 공동변론은 좀 더 체계적이며 조직적으로 진화하고 있고, 한국사회의 인권과 민주주의는 그만큼 더 앞으로 나아갈 수 있는 조직적 토대를 마련하였다.

2

·

입법
한국사회의 개혁과
악법개폐운동

·

민변, 악법개폐에 나서다

:

"정의로운 법이 있어 권력마저 그 아래 거느릴 수 있을 때,
그리하여 모든 사람이 법의 이름으로 권력으로부터의 자유와
평등, 인간으로서의 존엄을 누릴 수 있을 때, 그때가 바로 참
민주사회이다."
— 『반민주악법 개폐에 관한 의견서』 발간에 즈음하여

인권의 증진과 민주주의 발전이라는 과제는 소송이라는, 사

건 뒷처리 방식만으로는 해결될 수가 없었다. 그것은 사후약방
문일 뿐이다. 1세대 인권변호사들이 후배들과 함께 민변을 창
립한 것도 지속적이고 조직적이면서도 동시에 문제의 근원에
대한 대응의 필요성을 절감했기 때문이다. 불의와 부정의의 근
본, 군사독재정권이 만들어 사회 곳곳을 그물처럼 옥죄고 있는
각종 악법들을 뿌리뽑는 것이다. 민변의 관심은 자연스레 입법
운동으로 향했으며, 민변이 최초로 발간한 책이 『반민주악법
개폐에 관한 의견서』였다.

6월 항쟁이 물꼬를 튼 민주화에의 열망은 독재치하에서 제·
개정된 악법에 대한 개폐요구로 나타났다. 그러나 6월 항쟁과 직
선제 쟁취에도 불구하고 1988년 노태우 정부가 출범하게 되었
으며 이후 양심수 석방이나 악법개폐작업은 큰 진전을 보이지
못했다. 그나마 총선 결과 야3당이 과반수를 차지함으로써 여소
야대 국회가 탄생하자 비로소 기대감이 커졌다. 민변은 집필자
및 검토자를 정하여 악법개폐의견서 작성에 들어갔다. 개폐되
어야 할 법률로는 "국민의 기본권을 옹호하기보다는 침해의 우
려가 높은 법률, 대다수의 기층민중을 보호하기보다는 소수 독
점재벌의 이익을 보장하는 법률, 통일을 촉진하기보다는 분단
을 합법화하고 강화하는 법률"이었다. 1989년, 여러 차례의 회의
와 토론 끝에 의견서가 완성되었다. 민변은 법원 출입 기자, 정당
국회 법령 개폐특위, 변협, 법무부에 의견서를 배포하였을 뿐 아

니라 온 국민이 읽어볼 수 있도록 『반민주악법 개폐에 관한 의견서』라는 책자로 출간하였다. 의견서를 통해 민변이 지적한 법률 중 사회보호법, 집시법, 근로기준법, 농업관계법 등은 개정되고 사회보호법은 폐지되어 보안관찰법으로 대체되었다. 그러나 국회에서 개정된 노동조합법, 노동쟁의조정법은 대통령이 거부권을 행사했고, 국가보안법, 안기부법, 군사기밀보호법, 노동관계법, 통신관계법, 교육관계법, 지방자치법 등의 악법개폐작업은 지지부진하였다.

민변은 그해 연말, 80년대의 유산을 청산하자는 취지로 '악법개폐토론회: 악법개폐 없이 90년대를 맞을 것인가'를 개최하였다. 90년대를 맞이하며 여러 가지 어려움이 있지만 조금씩 진전이 있을 것이라 예상하였다. 그러나 새해 벽두 3당 합당이라는 대야합이 이루어지면서 악법개폐작업은 기약 없는 세월을 기다리게 되었으며 경제위기와 권력변동에 따라 폐지해야 할 법률 또는 새로이 만들어야 하는 법률들의 목록은 늘어갔다. 그 뒤 민변은 시기에 따라 등장한 악법 제·개정 시도에 저항하며 변론활동에서 상시적 입법감시 및 정책과 대안의 제시자로 그 활동범위를 넓혀갔다.

노동관계법 및 안기부법 날치기 통과 대응

:

"국민의 눈과 귀를 가리고 입을 틀어막는 언론을 앞세워 진실을 호도하는 정부여당의 끝없는 거짓을 보면서 국민들에게 진실을 알릴 의무가 있다고 생각하였습니다. 왜냐하면 누가 뭐라고 해도 이 나라의 주인은 국민이며 우리 국민은 날치기 악법들의 내용을 올바로 알고 판단을 내릴 권리가 있기 때문입니다. 그리고 국민을 모욕하고 조롱하는 이 사태를 바로잡을 권리와 책임도 국민에게 있다고 믿기 때문입니다."

― 「'독재의 망령'을 파헤치며」, 발간사

1993년 국회는 안기부의 대공수사권 폐지를 놓고 격렬한 논의 끝에 여야합의로 국가보안법 제7조(찬양·고무 등) 및 제10조(불고지죄) 범죄에 대한 안기부의 수사권을 폐지하였다.[1] 그로부터 3년 후, 여당인 신한국당은 안기부의 과거와 같은 일탈은 더 이상 불가능하다고 강변하면서 야당과 시민단체들의 반대에도 불구하고 안기부의 수사권을 부활하는 국가안전기획부법 개정안을 12월 26일 새벽 날치기로 통과시켰다.

안기부법만이 아니었다. 노동관계법도 날치기 통과되었다. 그것은 김영삼 정부하에서 좀 더 개선된 노사관계를 기대하고 있었던 노동계에 찬물을 끼얹는 것이었다. 여러 악법조항들과 함께 복수노조금지조항은 3년 더 목숨을 연장받았고 제3자 개입금지도 살아남았다. 정리해고제가 도입되었고, '탄력적 근로시간제'와 '선택적 근로시간제'를 규정하여 이른바 변형근로시간제가 제도로 인정되었다.

우리 사회가 민주주의를 향해 조금씩 진전하고 있다고 생각했던 국민들과 당사자인 노동계가 받은 충격은 컸다. 특히 절차적 민주주의의 훼손은 적법절차를 중시하는 변호사들로서는 참기가 어려운 일이었다. 변호사들은 행동에 나서야 한다는 절박감으로 당일 예정되어 있던 송년회 자리에 모였다. 날치기 통과에 어떻게 대응할 것인가를 논의한 결과 1996년 12월 30일 오전부터 새해 첫날 아침까지 시한부 항의농성을 하기로 결의하였다. 민변 역사상 최초의 2박 3일 집단농성이었다.

민변은 농성에 들어가면서 먼저 날치기 처리는 국회법 위반으로 원천무효이고, 의회주의를 부정한 쿠데타적 사건임을 천명하였다. "날림공사를 뜯어고치는 것은 국민의 권리"임을 강조한 것이다. 날치기의 반민주성을 드러내기 위하여 "국민 여러분 날치기 당한 안기부법 노동법에 대하여 무효판결을 내려주십시오"라는 제호의 팸플릿 1만 부를 제작하여 범국민대책위를 통해 배포하였고 그 내용을 컴퓨터 통신망에도 올려 전 국민에게 알렸다. 이러한 홍보방식은 그 뒤에는 일반적인 것

날치기에 가장 격렬하게 저항한
것은 당연히 노동계였다. 노동계
의 반발을 누르고자 검찰은 민주
노총 지도부를 구속하기로 방침
을 정하였다. 민변은 즉시 그 부
당성을 밝히는 의견서와 성명을
낸 이외에 15명의 회원으로 변호
인단을 구성하였다.

이 되었으나 당시로서는 매우 신선한 시도였다. 일반 국민들에게 좀 더 자세하고 친절하게 알릴 필요가 있다는 판단 아래 "독재의 망령을 파헤치며 안기부법, 노동법 날치기 논리를 반박한다"라는 제호의 소책자 2,000부를 발간 배포하였다. 이 책자에서는 날치기 처리된 안기부법과 노동법이 왜 악법이며, 왜 이런 날치기가 민주주의에 반하는 것인지를 자세히 설명하였다.

날치기에 가장 격렬하게 저항한 것은 당연히 노동계였다. 노동계의 반발을 누르고자 검찰은 민주노총 지도부를 구속하기로 방침을 정하였다. 민변은 즉시 그 부당성을 밝히는 의견서와 성명을 내고 이외에 15명의 회원으로 변호인단을 구성하였다. 변호인단은 영장담당판사에게 의견서를 제출하고 업무방해죄에 대한 위헌제청신청을 하였다. 영장 발부 후 강제연행 방침에 맞서 변호인단을 중심으로 매일 조를 짜서 명동성당에서 농성 중이던 민주노총 지도부에 동참하였다. 날치기 통과는 회원이 아닌 일반 변호사들도 공분했던 사건이었다. 민변은 회원들에 국한하지 않고, 날치기에 반대하는 변호사들과 함께 성명을 내기로 하고 동의를 받는 작업을 하였다. 변호사들의 호응에 힘입어 569명의 변호사 연명으로 날치기에 항의하는 성명이 발표되었다.

날치기에 대한 위헌제청신청에 사회의 관심을 끌고자 민변은 참여연대와 공동으로 시민헌법재판을 열기로 하였다. 1997

년 1월 개최된 시민헌법재판의 재판관은 유현석 변호사, 이효재, 임재경 선생으로 구성되었고 헌법소원심판청구인의 대리인은 박성호, 김선수 변호사가, 피청구인 측 대리인은 안영도, 조상희 변호사가 맡았다. 또한 최장집, 이승우, 이광택 교수가 참고인 진술을 하였다. 재판관들은 심리 끝에 만장일치로 날치기로 통과된 법률들은 모두 그 절차가 헌법위반이며 법률내용도 위헌적 요소가 많아 헌법위반에 해당한다고 결정하였다.

전국에서 노동자들의 가두투쟁과 파업, 변호사와 지식인들이 함께하는 범국민적 저항이 계속되자 결국 정부는 1월 21일, '노동법 재개정과 구속영장 철회'를 발표했다. 그러나 문제가 되었던 정리해고법이나 파견근로법 등을 완전히 폐기하지 못한 상태로 1997년 가을, 한국사회는 IMF사태를 맞이하였다. 정리해고와 파견제 근로 등이 도입되게 되었고, 바야흐로 한국노동의 양극화가 본격적으로 시작되었다.

1996년 안기부법 등의 날치기 통과를 둘러싼 대응은 민변이 법률가의 전문성에 입각한 분석과 논리를 가지고 시민 속으로 들어가 실천한 투쟁이었다. 입법 이슈에 대한 이와 같은 전면적 대응방식은 이후에도 민변만이 할 수 있는 고유한 활동으로 자리잡게 되었다.

한국사회의 개혁과 입법과제 제시

:

"사회 변화와 개혁은 법률의 형태로 제도화될 때 비로소 완수될 수 있을 것입니다. 법률로 제도화되지 못한 개혁은 일시적인 조치에 그치고 말 것이며, 결국은 성공할 수 없을 것입니다. 우리는 이 책을 세상에 내놓으면서 한편으로는 법률가로서 자괴감을 떨칠 수 없습니다. 인권을 침해하는 위헌적 법률들이 아직까지도 이렇게 많이 존재하고 있고, 우리 사회의 각 분야를 규율하는 제반 법률들이 이렇게도 미진한 부분이 많은 것은 법률가들에게도 그 책임이 있음을 부인할 수 없기 때문입니다."

— 2003년 『한국사회의 개혁과 입법과제』 발간사

지난 30년간 대통령은 여섯 번 바뀌었다. 87년 헌법체제 아래서 총선만 8번이 치러졌다. 대선과 총선이 치러질 때마다 국민들은 무엇인가 새로운 변화가 있을까 기대하였지만, 그 기대가 충족된 적은 없었다. 단순히 정권을 교체하는 것에서 더 나아가 진정한 제도개혁과 정책의 변화가 있지 않는 한 우리 사회의 민주주의 성숙은 요원한 일이었다.

1997년 12월 김대중 대통령이 당선되자 민변은 인권단체협의회와 함께 당선자를 면담하고 인권 분야 개혁안을 건의한 바 있었다. 2002년 대통령 선거가 돌아오자 민변은 지난 정부의 공과를 돌아보며 좀 더 체계적으로 선거라는 열린 정치공간에서 국민에게 개혁입법을 통한 민주주의의 제도화 방안을 제시하는 것을 고민하였다. 이에 5월 정기총회는 우리 사회의 개혁을 위해 필요한 법률의 개폐방향을 검토하여 심포지엄을 열고 책자로 발간하기로 결의하였다. 민변 산하의 모든 위원회가 이 작업에 결합하였다. 5개월에 걸쳐 20개 분야, 100여 개의 법률에 관하여 연구검토가 이루어졌으며 '2002년 악법개폐 개혁입법 심포지엄'을 개최하여 각계의 의견을 수렴하였다. 그리고 노무현 대통령이 당선되자 『한국사회의 개혁과 입법과제』를 발간, 배포하였다.

2007년 다시, 새로운 정부가 출범하였다. 이명박 정부의 출발이었다. 민변은 이전 정부에서 추진된 개혁입법작업의 성과와 한계를 짚어보면서 민주주의의 성숙과 인권보호를 위한 입법과제들을 제안하기 위해 『2008 한국사회의 개혁과 입법과제』를 펴냈다. 그 작업을 통해서 기존의 개혁입법과제 외에도 정보사회의 도래에 따른 정보인권 문제, 신자유주의의 확산에 따른 양극화와 빈곤층 및 취약계층의 보호 문제가 새롭게 다가오고 있음을 확인할 수 있었다.

그러나 이명박 정부는 민변의 의견을 경청하기는커녕 우

리 사회가 어렵게 쌓아올린 민주주의의 수준이 어느 선까지
는 후퇴하지 않으리라는 일말의 기대까지 철저히 배반하였다.
『2012 한국사회의 개혁과 입법과제』는 이명박 정부 이후 인권
과 민주주의가 심각한 수준으로 역주행하여 창립 초기처럼 활
동해야 했던 상황에서 나왔다. 그 후퇴를 막아내기 위한 필요한
최소한의 과제들을 담기 위해 민변의 모든 역량이 투입되었다.
여야, 진보와 보수의 구분을 넘어 우리 사회를 선진단계에 진입
시키고 1%의 특권층이 아니라 99%에게 희망을 줄 수 있는 사
회를 만들기 위해서 꼭 입법되어야 하는 내용이었다. 그러나 인
권이 후퇴하는 상황 속에서 이러한 노력은 거의 보답받지 못하
였다.

2012년 겨울 18대 대통령선거가 시작되었다. 그 사이 우리
사회는 사회적 양극화가 더욱 심해졌으며 노동자, 서민, 중소
상인들의 삶이 팍팍해지면서 경제민주화와 민생복지 분야에서
국민들의 요구가 분출하였다. 대선주자들은 모두 자신들이 진
정으로 서민과 노동자를 위하는 후보인양 공약들을 늘어놓았
다. 정당의 정책과 대선후보들의 공약을 정리하고 국회에 제출
된 관련 법안의 구체적인 내용을 비판적으로 살펴볼 필요가 있
었다. 이에 민변은 「18대 대선 정책·법안 의견서」를 작성하여
대선에서 논의되는 공약들이 어떠한 문제점을 가지고 있는지
어떤 것이 중요한 쟁점인지를 분석하여 국민에게 제시하였다.

2016년, 박근혜 정부 하에서 치러진 총선에서 야당이 지리 멸렬할 것이라는 예상과 달리 여소야대의 상황이 전개되었다. 민변은 다시 힘을 내어 20대 국회 개원에 즈음한 『2016 한국사회의 개혁과 입법과제』를 출간하였다. 14개 위원회 및 정치관계 TF가 참여하여, 폐지 또는 개정해야 할 법률들과 제정해야 하는 법률들을 다루었다. 100명에 가까운 변호사들이 집필 및 감수에 참여하여 우리 사회 거의 모든 영역을 망라한 작업이었다.

이처럼 민변이 발간한 『한국사회의 개혁과 입법과제』는 선거 등 권력 교체기를 맞아 우리 사회가 추구해야 할 개혁과제가 무엇인지 특별히 입법의 영역에서 어떤 쟁점들이 다뤄져야 하는지를 짚어봄으로써 우리 사회의 제도적 변화를 촉구하고자 하는 노력이었다. 병이 나면 치료하는 의사가 아니라 예방의학을 시도하는 의사가 되려는 법률가들의 노력이었던 것이다. 물론 이러한 움직임이 권력교체 상황에 따라 단기적으로는 큰 호응을 못 받고 마치 밑빠진 독에 물붓기를 하는 듯 보일 때도 있었다. 그러나 필요한 시기라 판단되면 민변은 모든 역량을 투입하여 정책대안의 주체로서 그 의무를 다하고자 하였다. 그리고 그 성과는 보이지 않게 조금씩 축적되어 이제는 입법적 쟁점이 된 거의 모든 사안에서 민변의 의견이 제시되는 수준으로 올라섰다.

상시적 입법감시와 MB악법 저지 운동

:

"적폐의 청산과 성숙한 민주주의로의 도약은 비단 행정부의 수반을 교체하는 것만으로는 이루어질 수 없는 일입니다. 많은 개혁과제들이 법률의 형식으로 처리되어 국민의 일상에 뿌리박고 항구적이고 비가역적인 방식으로 우리 사회를 변화시키도록 해야 합니다."

— 「2017년 정기국회 법률안 민변 의견서」

현재 민변의 입법감시활동은 매해 가을 정기국회가 시작되면, 논의되고 있는 제반 법률안에 대한 찬성과 반대의 의견을 담은 보고서의 제출로 수행된다. 민변은 이를 위해 여름부터 각 위원회의 담당자들이 '입법감시 TF'에 결합하여 정기국회에 발의되었거나 발의 예정인 정부안, 의원발의안을 입수 분석한 다음 해당 법안이 국민의 인권과 민생에 미칠 영향, 쟁점에 대한 사회적 논의 정도, 문제의 시급성을 고려하여 찬성의견과 반대의견을 밝히는 것이다.

최초로 입법감시 TF가 활동한 것은 이명박 정부의 첫해인 2008년이었다. 당시 민변은 보다 체계적인 정기국회 대응을 결의하고 16개 검토 법안을 선정, 의견서를 발표하였는데 그 내용은 선정된 법률안들이 국회를 통과하여서는 안 된다는 것이었다. 그러나 이명박 정부와 한나라당은 도리어 정기국회에서 반드시 처리해야 할 법률 85개를 선정 발표하였다. 언론관계법, 불법행위 집단소송법과 사이버 모욕죄 신설, 국정원법 개정안 등 그 대부분이 처리되어서는 안 될 악법이었다. 그해 5월부터 8월까지 청계천 일대 광장에서 울려퍼진 촛불의 함성에 놀란 이명박 정권은 언론에 재갈을 물리고 재벌을 위해 규제를 완화하고 국회의 기능을 다수당의 입맛에 따라 재편하려는 시도였다.

이명박 정부의 이러한 시도는 시민단체들과 민변, 특히 언론계의 거센 반발을 불러왔다. 민변을 포함한 시민단체들은 한나라당이 추진하려는 입법을 'MB악법'으로 규정하였다. 그리고 이러한 사태를 1996년 노동법 안기부법 통과시기와 비슷한 상황으로 판단하였다. 그 당시 투쟁을 거울삼아 2008년 12월 29일부터 3일간 'MB 악법' 저지를 위하여 또다시 시한부 철야 농성에 돌입하였다. 단순히 사무실에 앉아 농성을 하는 것만으로는 부족했다. 농성기간 중 「MB악법 저지를 위한 농성 특보 'MB악법, 무엇이 문제인가 : 10개의 궁금한 것들'」이라는 유인물을 인쇄하여 거리로 나가 시민들에게 배포하였다.

보다 효과적인 설명을 위해 오마이뉴스에 6회에 걸쳐 MB악법의 실체를 알리는 글을 기고하였다. 회원들은 MBC, CBS,

MB 악법저지를 위한 민변 철야농성

장소 : 서초동 민변사무실

2008년 12월 29일부터 3일간 'MB 악법' 저지를 위하여 또다시 시한부 철야농성에 돌입하였다. 단순히 사무실에 앉아 농성을 하는 것만으로는 부족했다. 농성기간 중 「MB악법 저지를 위한 농성 특보 'MB악법, 무엇이 문제인가 : 10개의 궁금한 것들'」이라는 유인물을 인쇄하여 거리로 나가 시민들에게 배포하였다.

SBS 등 언론노동자들의 파업현장을 방문하고, 촛불집회에 참여하기도 하였다.

악법의 문제점을 효과적으로 알리려면 적절한 유형화가 필요하다고 보고, 언론 및 표현의 자유 말살 악법, 법적 혼란 야기 악법, 경제민주화 역행 악법, 사회양극화 조장 악법, 국가통제 강화-인권 말살법으로 분류하였다. 나아가 집회 및 시위에 관한 법률 개정안을 '복면금지법'으로 부르는 등 해당 법의 핵심을 날카롭게 지적할 수 있는 별칭을 널리 알리기로 하였다. 악법으로 규정할 수 있는 31개 법안에 각각 별칭을 붙였다. 예를 들면 신문법 개정안은 조중동 방송법으로, 정보통신망법 개정안은 일명 인터넷 재갈법으로 부르는 식이었다. 시민노동언론계가 일치단결하여 MB악법 저지에 나섰고 만화가들은 국민들이 MB악법의 문제점을 쉽게 알 수 있도록 만화를 제작하였다.

해가 바뀌어 1월 6일 여야가 쟁점법안을 처리하기로 합의했다는 소식이 들려왔다. 민변은 합의처리에 안도하면서도 그 속에 숨은 타협의 여지를 경계했다. "악법철회, 지금부터 시작이다"라는 논평을 발표하면서 "내용 자체가 위헌적이고 민주주의를 극도로 제약하는 법률들은 어느 경우에도 타협의 대상이 될 수 없는 것"임을 분명히 하였다. MB악법에 대한 각계의 투쟁은 그해 가을까지 계속 이어졌다. 논란이 되었던 법률이 워낙 많은 탓이었다. 여야 합의 후 몇몇 법률은 위원장 대안으로 발의되어 '신속하고 조용하게' 본회의 의결이 이루어졌지만 합의되지 않은 법률들에 대해서는 한나라당의 직권상정 가능성이 더 높아졌다. 민변은 2월 25일 「한나라당 2월 중점처리 법안에 대한 민변 의견서」를 발표하였다. 한나라당은 범국민적 저항에 부딪혀 의도했던 법률안들을 모두 통과시키지는 못했다. 가장 문제가 되었던 언론관계법은 2009년 7월 의장의 직권 상정에 한나라당 대리투표까지 이루어진 끝에 끝내 날치기 통과되었고, 그 법률안에 의거하여 TV조선 등 종편이 끝내 탄생하였다. 종편을 비롯한 방송들은 이명박 정부 내내 여론을 왜곡하고 거짓 뉴스를 내보내는 등 정권의 나팔수 역할을 하며 언론환경을 극도로 악화시켰다. MB악법저지운동은 비록 모든 악법에 대한 성공적 저지로는 이어지지 못했다. 그러나 2008년 쇠고기수입고시에 대한 국민헌법소원 청구에 이어 시민들에게 MB악법이 무엇인지를 직접 설명해주고 그 저지투쟁을 함께 하였다는 점에서 시민들과의 결합을 강화하고 민변에 대한 신뢰를 높이는 데 기여하였다.

그 이후 민변은 해마다 정기국회에 대응하는 입법감시활동을 펴기로 하고 가을마다 계류중이거나 발의될 예정인 법률안과 그 시기 꼭 제정되어야 할 법률안을 지정하여 그에 관한 의견서를 작성하였다. 2017년 말에도 「정기국회 법률안 민변 의견서」를 국회에 제출하였는데, 이는 문재인 정부의 출범 이후 첫 정기국회였다. 당시 국회에 계류 중인 77개 법률안을 선정하여 '입법 적극저지'와 '입법 적극촉구' 방식으로 정리하였는데, 대통령을 탄핵시킨 촛불혁명 이후 새로운 시대를 맞아 법률가로서 시민으로서의 소명과 역할을 다시 되새기며, 개혁과제의 실천에 조금이라도 도움이 되기를 바라는 간절한 마음을 담았다.

우리 사회의 인권상황을 점검하고 기록하다

:

"역사는 기억의 투쟁이라고 말한다. 우리 사회가 다시금 전진과 퇴행의 길목에서 조금이라도 앞서 나가기 위해서는 현재를 기록하고 과거에서 배워야 함이 '지금'을 사는 우리의 가장 중요한 책무다. 후세의 후배들에게 오늘 현재의 역사를 보여주는 소중한 기록이며 하나의 투쟁으로 기억되기는 바라는 마음으로 이 인권보고대회 자료집을 발간한다."
— 「2008 한국인권보고서」 발간사

인권의 옹호는 법률가로서의 의무이기도 하다. 그러나 군사독재 하에서는 우리 사회의 인권상황을 점검하는 것 자체가 정권의 시각으로는 불온한 일이었다. 그러기에 대한변협은 1985년이 되어서야 처음으로 인권보고서를 출간하였고 합법기관인 변협이 발간하는 것임에도 작성, 인쇄, 보관까지 모두 비밀리에 진행될 정도였다. 이 같은 변협 인권보고서의 탄생에는 민변회원들의 기여가 절대적이었다. 당시 인권보고서 작성실무는 대한변협 인권위원회가 담당하였는데 그 대부분이 민변회원이었으며 그중에서도 조영래 변호사가 주도적인 역할을 담당하였다. 이 활동은 2000년 대한변협 인권보고서까지 줄곧 이어졌다. 한해의 인권상황을 돌아보는 보고서를 작성하는 일은 품이 많이 드는 작업이었다. 그래서 평소 인권 문제에 관심을 두지 않았던 일반 변호사들이 갑자기 통계를 검색하고 분석하여 세밀하고 심도깊은 보고서를 작성하는 일이 쉬울 수가 없었던 반면 민변의 변호사들은 평소에도 인권의제에 대한 열의와 전문성, 문제의식을 가지고 있었기 때문에 자연스럽게 보고서 작성을 도맡게 된 것이었다.

그러나 이러한 관계는 조금씩 금이 가기 시작했다. 2001년 대한변협 회장으로 보수 성향의 정재헌 변호사가 선출되고 나서 '법의 지배를 위한 변호사대회'에서 김대중 정부의 개혁정책을 법치주의 후퇴라며 비판하는 내용의 결의문이 채택되었다. 민변은 즉각 반박하면서 임시총회를 개최, 대한변협의 회무를 맡고 있는 회원들의 사퇴를 촉구하기로 결의하였다. 회원들은 이에 따라 개별적으로 인권위원 사퇴서를 제출하였다. 이후 정재헌 회장의 사과가 있었지만 이 갈등은 2002년 박재승 협회장의 집행부가 출범할 때까지 완전히 해결되지 못하였고 그에 따라 인권보고서의 간행도 지연되었다.

2005년 대한변협 회장으로 천기홍 변호사가 당선되고 변협 집행부는 그동안 관례처럼 이루어지던, 민변회원에게 인권위원장의 직무를 맡겨오던 관행을 깼다. 인권보고서 간행소위 위원장 및 위원도 마찬가지였다. 그럼으로써 민변과 변협의 관계는 더욱 소원해졌으며 변협은 인권보고서 집필과정에 대해서도 문제를 제기하여 2005년부터는 회원들 개개인의 선택으로 참여하는 것으로 변경되었다

정재헌 변협 집행부와 갈등을 겪는 과정에서 민변은 독자적으로 인권보고서를 낼 필요성을 절감하였다. 사실 변협 인권보고서는 해를 넘겨 발행되는 일이 잦아 언론의 관심도 받지 못하고 시의성이 떨어진다는 비판이 있었다. 인권현실을 개선시키는 데 도움이 되기 위해서는 그 해가 가기 전에 인권상황을 점검해야 했다. 그래서 인권보고서를 독자적으로 작성하고 그 해 연말에 인권보고대회를 열어 인권이슈에 대한 여론의 관심을 환기시키고 인권단체들과의 소통을 강화하기로 하였다.

2001년 12월 10일 세계인권선언일에 맞추어 '2001년 한국 인권보고대회 및 토론회'가 처음으로 개최되었다. 마침 2001년

2001년 12월 10일 세계인권선언일에 맞추어 '2001년 한국인권보고대회 및 토론회'가 처음으로 개최되었다. 마침 2001년은 민변과 인권단체들의 노력으로 독립기관인 국가인권위원회가 출범한 해였다. 박경서 국가인권위원회 상임위원의 '국가위원회의 설립의 미와 나아갈 방향'이라는 주제로 한 초청강연이 있은 후, 각 인권 세션 별로 주제발제와 토론이 이뤄진 후 결의문을 채택하였다.

은 민변과 인권단체들의 노력으로 독립기관인 국가인권위원회가 출범한 해였다. 박경서 국가인권위원회 상임위원의 '국가위원회의 설립의미와 나아갈 방향'이라는 주제로 한 초청강연이 있은 후, 각 인권 세션 별로 주제발제와 토론을 거쳐 결의문을 채택하였다. 국가인권위원회가 설립됨으로써, 모두가 평등하고 존중받는 인간으로 살아갈 수 있는 사회를 향한 새로운 출발점이 되기를 기대하였다.

그로부터 한해도 빠짐없이 민변은 세계인권선언기념일 전후로 인권보고대회를 개최해왔다. 그해 우리 사회의 전반적인 인권상황을 보고하는 것은 물론, 가장 쟁점이 되었던 인권이슈에 대해서 집중토론함으로써 우리 사회가 무엇을 극복해야 하는지에 대한 화두를 던졌다. 집중토론에는 그해의 중요한 인권이슈들이 논의되었는데 4대강 저지 투쟁이나 페미니즘, 성소수자 등 뜨거운 이슈들이 테이블에 올랐다. 2010년 인권보고대회부터는 교수, 기자들과 함께 구성한 선정위원회를 통해 한 해의 디딤돌 판결 및 걸림돌 판결을 발표해왔다.

인권보고서를 작성하는 것은 매해 하반기가 시작되면 민변의 각 위원회가 가장 심혈을 기울이는 작업이 되었다. 각 위원회는 하반기에 집필자를 선정하여 집필의 원칙을 정한 다음 그해의 중점 이슈를 선정하여 자료를 입수하고 통계를 검색하여 우리 사회의 인권지표가 어디까지 왔는지를 비판적으로 평가

해왔다. 15년이 넘는 기간 동안 보고서는 때로는 좋은 인권상
황에 대한 진전된 평가를, 때로는 인권후퇴에 대한 엄중한 성찰
을 담았다. 특히 지난 이명박·박근혜 정부하에서 인권보고서
는 위축된 언론들이 방기한 책무인, 인권후퇴에 대한 우려와 경
고의 역할을 담당해왔다. 2016년 촛불혁명을 지나고 발간된 보
고서들은 새로운 사회를 건설해보자는 기대를 담고 있지만 여
전히 갈 길은 멀다. 우리 사회가 인권선진국으로 불리는 날까지
꾸준히 우리 사회의 전반적인 인권상황, 그 증진을 위해 노력한
사람들과 사건을 기록하는 작업은 계속될 것이다.

3

·

사법
사법개혁과 사법감시운동

·

사법부 쇄신을 요구한 최초의 성명
:

변호사들에게 사법제도는 일종의 하드웨어이다. 소프트웨어는 시국사범 변론, 고문피해자 소송, 쿠데타 지도부나 고문 가해자에 대한 고발, 해고노동자의 소송, 언론탄압에 대한 소송, 환경 피해에 대한 소송 등 관심을 가진 분야에서 법적 쟁송의 형태로 투쟁하는 것이라 할 수 있다. 소프트웨어가 아무리 좋아도 하드웨어의 틀 안에서만 기능할 수 있는 것처럼, 변호사들이 아무리 변론을 잘하고 좋은 논리로 무장한다고 해도 사법제도가 후진적이거나 억압적이면 변론의 결과가 좋을 수 없었다.

군사독재 시절 중정과 검찰이 조작한 간첩 혐의자들에 대해 비판적인 검토없이 검찰 공소장을 그대로 베껴 판결하는 판사들이 있는 한 올바른 변론의 올바른 결과를 기대하기는 어려웠다. 그러한 판결이 반복되던 1980년대의 법정에서는, 군사독재의 하수인인 판사들로부터 재판을 받는 것을 거부한다는 시국사범들의 외침과 이에 호응하는 방청객들의 박수소리로 가득 차는 일이 종종 벌어졌다.

그 당연한 결과로 6월항쟁이 끝나자 군사정권으로부터의 바람막이는커녕 그 정치적 요구의 통로역할을 하는 데 급급했던 사법부 수뇌부의 교체에 대한 압력이 거세졌으며, 민변이 가장 먼저 해야 할 일로 꼽힌 것 역시 사법개혁과 감시였다. 민변이 최초로 발표한 성명 역시 '사법부 쇄신을 위한 법관들의 성명을 지지한다'였다.

1988년 6월 소장 판사 335명은 「새로운 대법원 구성에 즈음한 우리의 견해」를 발표했는데, 이를 계기로 대법원 구성의 교체를 요구하는 여론이 들끓었고 민변도 이에 적극 부응하면서 법관 성명을 지지하는 성명을 발표했던 것이다. 결국 김용철 대법원장이 사임하자, 정기승이 대법원장 후보로 지명되었다, 정기승은 5공화국 정권 가장 혹독한 탄압의 시기에 대법원 판사 등 요직을 역임한 사람이었다. 새로운 사법부를 이끌 대법원장으로는 부적격이라는 평가가 나왔고, 대한변협도 반대성명을 발표했다. 민변은 더 나아가 임명동의권을 가지고 있는 국회를 설득하기로 하였다. 표결 하루 전에 「정기승 씨 대법원장 임명 동의안 제출에 대하여」 제목으로 성명을 발표했고, 제대로 된 사법부를 구성해야만 한다는 절박감으로 조영래 변호사 등은 직접 국회로 가 표결을 방청하면서 현장에서 응원하였다. 결국 임명동의안은 부결되었으며 대법관 재직 시 시국 · 간첩 · 환경 사건 재판에서 10여 회 소수의견을 낸 이일규 전 대법관이 대법원장으로 임명되었는데, 대법원장 임명과 관련한 이 활동이 민변의 첫 사법부에 대한 목소리였다.

그뒤 민변은 사법부와 헌법재판소 구성의 원칙, 사법제도의 개혁, 검경과 국정원 등 권력기관의 개혁에 대해 꾸준히 목소리를 내왔다. 아쉬웠던 것은 설립 후 밀려드는 시국사건과 시급한 사회적 현안들을 한정된 인원으로 우선적으로 대응하다 보니 차분히 사법의 제도적 개혁에 관한 연구를 조직적으로 대응할 수가 없었다. 게다가 사법개혁의 방향에서는 달리 이견이 없었으나, 구체적이며 세밀한 각론에 있어서는 그 특징상 여러 안들이 나올 수밖에 없어서 조직의 단일한 의견을 모으기 어려웠고, 특히 사법부나 헌법재판소의 인적 구성에 대해서는 민변 역시 법조계 당사자로서 그 대응이 조심스러울 수밖에 없었다.

사법부의 올바른 인적 구성에 관하여

:

제도개혁의 문제는 추상적인 제도 그 자체를 논하는 것에서 그칠 수가 없다. 모든 제도는 그 자체로 선하지도 악하지도 않으며 결국 누가 어떻게 운용하는 가에 따라 상당 수준 달라질 수 있기 때문이다. 사법부를 어떻게 구성할 것인가를 논하는 것과 별개로 누가 사법부의 일원이 되어야 하는가에 국민들이 깊은 관심을 기울여야 할 이유가 거기에 있는 것이다.

김영삼 정부 출범 후 1993년 6월 서울민사지방법원 단독판사들은 「사법부 개혁에 관한 건의문」을 작성하여 대법원에 제출했다. 민변은 '사법부의 개혁을 위해 법원 수뇌부는 물러나야 한다'는 성명을 발표했고, 김덕주 대법원장은 취임 2년 7개월 만에 퇴임하였다. 1994년에는 6명의 대법관 교체를 앞두고 민변은 '대법관 임명에 관한 우리의 견해'를 발표했다. 거기에서 인선기준 4가지를 다음과 같이 제시하였다.

> "① 인권의식이 투철하고 민주발전에 기여한 사람, ② 청렴한 생활과 겸허한 행동으로 국민과 법조계의 존경을 받는 사람, ③ 소신과 용기로 사법권의 독립에 헌신한 사람, ④ 사회발전에 적응할 지식과 교양을 두루 갖춘 사람"

이 기준은 지금도 유효하며, 다만 투철한 인권의식을 조금 더 풀어 쓴다면 사회·경제적 약자·소수자에 대한 공감능력도 포함되어야 할 것이다. 그러나 윤관 대법원장의 대법관 임명 제청은 민변의 기대에 크게 미흡했다. 민변은 즉시 「새 대법관 임명 제청에 관한 논평」을 발표하였다. 제청절차와 시기가 매우 실망스럽고, 인선도 실망스러우며, 국민대표성 제고 및 정책법원으로서의 대법원 구성에서 다양성 확보에 실패했다고 평가했다. 한편 1994년에 헌법재판소장도 교체될 예정이었는데, 그 자리에 전두환 정권 시절에 서울형사지방법원 수석부장판사와 대법관을 역임한 안우만이 내정되었다는 보도가 나왔다. 민변은 즉시 그에 반대하는 성명을 발표했고, 반대 움직임이 사회 각계로 확산되자 김용준 전 대법관이 임명되었다. 민변은 그 뒤로도 사법부와 헌법재판소, 검찰총장 등 주요 인사가 있을 때마다 그와 관련한 기준과 후보자에 대한 의견을 꾸준히 제시하였다.

2013년 1월, 이명박 대통령은 헌법재판소장 후보자로 이동흡 전 재판관을 지명하고 국회에 동의안을 제출했다. 민변은 '왜 이동흡 후보자는 헌법재판소장으로 부적격한가'라는 이름으로 긴급좌담회를 개최했고, 「부적격한 이동흡 헌법재판소장 임명 반대를 위한 법률가(509명) 선언」을 발표했다. 「자격 미달 이동흡 후보자, 헌법재판소의 위상마저 무너뜨릴 수 있다」 제목의 성명에서 헌법재판소장의 자격요건을 밝혔다.

"헌법재판소장은 그 어느 기관의 장보다 국민의 기본권을 보호하려는 강한 의지와 합리적인 가치관을 가져야 하며, 임명권자로부터 독립하여 공정성과 불편부당성을 최고의 덕목으로 삼아야 한다. 더불어 공권력으로부터 기본권을 침해받은 국민들을 위한 마지막 구제수단이라는 점에서 불평등한 사회구조하에 위협 받는 약자의 목소리에 귀 기울일 줄 알고, 법의 형식 아래 신음하는 절망의 함성을 발견하여 진정한 상생과 통합을 이끌어낼 수 있는 사람이어야 한다."

이동흡은 국회의 인사청문회 후 후보직을 스스로 사퇴했다. 그런데 그 뒤를 이은 박근혜 대통령은 공안검사 출신인 박한철 재판관을 헌법재판소장 후보자로 지명했다. 민변은 즉각 반대 성명을 냈으나 박한철은 여당이 다수당을 차지하고 있던 국회에서 찬성의결을 받아 임명되었다. 2015년에는 검사 출신 박상옥 형사정책연구원장을 대법관으로 임명 제청함에 따라 민변은 논평, 성명, 공동선언 등의 형태로 임명에 반대하는 입장을 밝혔다. 그러나 여당이 압도적 다수였기 때문에 그 임명을 막을 수는 없었다. 2015년 7월 「투명하고 민주적인 대법관 인선이 사법부 독립의 시작이다」 제목의 성명을 발표하여 그 임명이 부당함을 재천명하였다.

사법부 구성에 있어 국민 참여와 감시, 통제의 제도적 방안이 확보되지 못하고 인사에 있어서 대법원장의 권한이 강력한 상태에서 민변이 제출한 의견은 특정 후보에 대한 반대의 뜻을 표하는 의견이 대다수를 이룰 수밖에 없었다. 여기에는 민변이 회원인 변호사를 공개 추천하는 것이 바람직하지 않았다는 사정도 반영되었다. 그러한 한계를 극복해보고자 노무현 정부 때는 참여연대와 공동으로 회원과 현직 법관 등을 대법관, 헌재재판관 후보로 추천하기도 하였다.

그 밖에 사법부가 가지고 있는 고질적인 문제 중 하나가 '구성의 획일성'이다. 사법부의 최고법관이나 헌법재판소의 재판관들은 우리 사회를 움직이는 결정적인 사건들에 대한 최종 판단을 내리는 중요한 직위이다. 그런데 최고법관이나 헌재의 재판관들이 젊은 나이에 법관 또는 검사로 임용되어 다른 사회생활의 경험이 없는 상태에서 사법 엘리트의 길만 걸은 사람들로 구성되어 왔다. 그러기에 일반 국민들의 상식 및 법 감정과는 동떨어진 판결을 내리는 것은 물론, 특히 집권세력의 권력남용과 인권침해를 견제하지 못함으로써 사법부에 대한 국민들의 불신의 주요한 원인을 이루고 있는 것이다. 시민사회는 최고사법기관인 대법원과 헌법재판소가 민주적으로 구성되어 우리 사회의 다양한 목소리와 소수자 및 약자의 입장도 올바로 대변

할 수 있기를 강력하게 요구했다. 민변도 기회가 있을 때마다 최고법원 구성의 다양성이 확보되어야 한다는 점을 강조하는 의견을 발표했다.

그러나 국민에 의한 사법감시의 제도적 개혁이 미진하여 여전히 대부분 판사를 지낸 후보자들로 채워져 왔으며, 사법부는 변화하고 있는 국민들의 의식에 부응하지 못한다는 비판을 받아왔다. 단적으로 아직까지 법관이나 검사 경력이 없는 순수 재야 출신 변호사가 대법관이나 헌법재판관이 됨으로써 대법원과 헌법재판소 구성을 다양화하는 계기를 마련하지 못하고 있는 실정이다. 법원개혁의 일환으로 법관인사에 대한 국민들의 감시와 참여를 높이는 것, 일상적이며 체계적인 사법감시활동을 통해 해당 법관이 내린 판결들을 축적하고 이를 분석함으로써 사법부의 인적 구성의 민주성과 다양성을 확보할 수 있는 역량을 갖추는 것은 민변과 우리 사회가 함께 풀어야 할 과제이다.

사법감시 활동

:

변호사 단체로서 사법감시 활동은 당연한 활동이다. 민변이 창립과 더불어 사법분과를 설치한 것도 그 예였으나 다만 조직적 사법감시 활동을 벌이기는 어려웠다. 가장 결정적인 원인은 워낙 적은 숫자였다. 그 규모로는 설립 초기 역사에서 보듯 밀려드는 사건의 변론처리도 급급할 정도였다. 그러한 까닭에 2001년에는 상임위원회 중 하나였던 사법위원회가 활동이 부진해 잠시 폐지되는 일까지 있었다.

다만 회원 모두가 법률전문가이기 때문에 민변의 사법감시 활동은 고위 법관의 임명, 법관이나 검사의 비위 사안 및 인권과 밀접한 판결이나 검찰의 결정에 대해서는 그때마다 성명 논평 발표로 꾸준히 의견을 제시하였다. 정부 차원의 제도개혁논의가 이루어질 때는 회원들이 개별적으로 결단하여 사법제도개혁에 참여하였다. 회원들의 숫자가 늘어나고 민변의 산하 위원회가 관련 분야의 판결을 자체적으로 모니터링하면서부터는 중요한 판결에 대한 논평이 거의 빠짐없이 행해지고 있고 민변의 의견이 언론을 통해 유포되는 방식이 활성화되어가고 있다. 특히 2010년부터는 매해 연말 개최되던 인권보고대회에서 기자, 학자들과 함께 구성한 선정위원회를 통해 그해의 걸림돌 판결, 디딤돌 판결 및 주목할 만한 판결들을 발표하는 방식으로 사법감시 활동을 한 단계 높였다.

사법제도와 관련된 개혁에 관해서도 마찬가지였다. 김영삼 정부는 1994년 형사소송법 개정안을 입법예고했는데 그 내용은 체포영장 제도 도입, 구속요건 완화, 간이공판절차 범위 확대 등 피고인 및 피의자의 인권보장에 역행하는 것들이었다. 민변은 개정안을 반대하는 의견서를 제출하고, 영장실질심사제 도입, 구속적부심사 및 재정신청 대상 확대를 포함하는 형사소송법 개정안을 입법청원했다. 1994년 11월 발표한「12 · 12 반란자 기소유예처분에 대한 시민 · 사회단체의 의견」에서 검찰의 기소유예처분을 비판하고 기소권 남용 방지를 위한 개혁방안으로 재정신청제도의 전면 확대, 중범죄에 대한 기소법정주의, 특별검사제의 도입을 주장했다.

1998년 김대중 대통령이 당선되자 민변은 당선자에게 '인권개혁 7대 과제'를 전달했는데, 양심수 석방, 공안부 폐지를 포함한 검찰제도 개혁, 인권 관련 기구 인적 청산과 개혁, 인권유린 피해자들의 국가를 상대로 한 손해배상 청구소송에 대한 소멸시효 부적용 등 당시의 여러 이슈들에 대한 민변의 입장을 담아 조속한 처리를 촉구하였다.

1999년에는 대전 법조비리 사건의 폭로로 검찰개혁 등 법조현안이 사회적 이슈가 되었다. 사법개혁특별위원회를 구성하여 검찰이 조폐공사파업을 유도했다는 사실이 밝혀지자,「특별검사제를 서둘러 도입하라」라는 성명을 발표했고,「특별검사의 임명 등에 관한 법률(안)」을 입법 청원하기도 했다. 1999년 12월에는 청와대 민정수석실에「사법개혁 의견서」를 전달했다. 2003년에 사법개혁 TFT를 구성해서 대법원 산하 사개위 논의에 대응했다. 검찰개혁 문제가 사회적 현안으로 될 때는 사법위원회 내에 검찰개혁팀을 구성해서 2005년 '대검, 공안부를 어떻게 할 것인가' 토론회를 개최했고, 검찰총장 인선에 관한 의견 및 인사청문회 공개질의서를 발표했다.

2010년에 스폰서 검사 사건 등 검찰비리 사건이 폭로되자 공직윤리지원관실 폐지, 반부패기구의 독립, 고비처 신설을 요구하는 논평과 성명을 수차 발표했다. 또한 광주지방법원 부장판사의 비위 건에 대해서는 참여연대와 함께 공동성명과 진상규명에 나서기도 하였다.

2003년 이후에는 기회가 있을 때마다 개별적 특별검사법안 또는 상시적 특별검사법안의 제정을 요구했다. 성명을 발표하기도 하고, 시민단체들과 공동으로 토론회를 개최하기도 하고, 국회 법사위원들과 간담회를 개최하기도 했다. 2014년에는 박근혜 정부와 여당이 상설특검을 제도특검 형태로 입법하려 하자 「허울뿐인 상설특검, 부정부패 추방도 검찰개혁도 어렵다」 제목의 성명을 발표했다. 박근혜 정부에서는 적극적인 개혁을 추진하기보다는 퇴행적인 개악을 저지하는 데 주력할 수밖에 없었다. 2014년 6월에는 「국민참여재판 무력화 속내 드러낸 법무부의 국민참여재판 개정안을 반대한다」는 성명을 발표했다.

박근혜 정부의 국정농단과 더불어 양승태 대법원장의 사법부는 법관의 독립을 근본으로부터 흔드는 의혹을 불러일으켰다. 이른바 판사 블랙리스트 작성 의혹이었다. 민변은 여기에 대해서도 적극 대응하여 판사 블랙리스트 작성 의혹이 명백하게 해소되어야 한다는 취지의 의견서를 내고 법원 앞에서 기자회견을 하여 제대로 된 진상조사를 촉구하였다.

사법제도 개혁

:

사법제도 개혁은 민변을 비롯한 모든 법조인들뿐만 아니라 우리 사회의 숙원이다. 검찰과 사법부는 선민의식으로 무장된 자신들의 성을 쌓았을 뿐 아니라 독재정권에서는 권력에 무릎 꿇고 민주화 이후에는 스스로의 힘에 취했다. 사법부의 전근대적 요소를 타파하고 보다 민주적인 사법부를 구성해야 한다는 목소리에 김영삼 정부 이후 사법개혁은 새로운 정부가 등장할 때마다 주요한 국정과제 중의 하나로 선정되었다.

사법개혁의 논의에 민변이 조직적으로 참여한 바는 없었으나, 회원 개인들의 결단으로 사법발전을 위한 논의에 참여하였다. 예를 들어 윤관 대법원장 취임 후 대법원에 설치된 사법발전위원회('사발위')에 김창국, 한승헌, 홍성우 변호사가 위원으로 참여한 것이다. 사발위는 인권보호개선안(구속영장실질심사제도와 기소 전 보석제도의 도입 등), 국민편익 증진을 위한 제도 도입안(시군법원과 고등법원 지부 창설 등), 사법의 공정성 확보를 위한 개선안(서울민·형사지방법원의 통합, 특허법원과 행정법원 등 전문법원 설치, 예비판사제도와 법관근무평정제도의 도입 등), 사법의 독립성을 강화하는 방안(대법원의 입법의견 제출권 도입, 법관인사위원회와 판사회의 설치 등)을 포함한 24개 항목의 사법제도 개혁방안을 의결하여 대법원장에게 건의했다. 대법원은 사법개혁 6대 법안을 성안하여 의원입법의 방식으로 국회에서 통과시켰다.

그 과정에서 수적 제한이 엄격한 사법시험 방식의 법조인력 양성제도를 개선해야 한다는 목소리가 높아져고, 범정부기구로 설립된 세계화추진위원회(세추위)는 추진과제의 하나로 '법률서비스 및 법학교육의 세계화'를 설정하였다. 그러나 높은 수준의 사회적 자산을 투여해야 하는 법조인 양성제도는 신중하고 폭넓은 의견수렴을 통해서 그 방향이 모색되어야 하는 것이었다. 당시 민변은 '사법개혁 논의의 방향과 방법에 관한 의견'에서 정부가 일방적으로 주도하는 논의에 대해 비판하였으나, 한편으로는 민변 자체적으로 당시 법조인양성제도 등에 관한 충분한 연구성과를 가지고 있지 못했으므로 적극적인 대안은 마련하지 못한 채 소위원회를 구성하여 논의의 진행에 따른 민변의 의견을 발표하는 수준에 머물렀다. 그 내용은 충분한 실무 경험이나 연구가 되어 있지 않은 상태에서 로스쿨 도입은 적절하지 않다는 의견이었다. 법원의 경우 승진제도로 인한 관료화, 검찰의 경우 중요한 사건에 대한 특별검사제 도입. 사법시험제도의 개선, 전관예우 문제, 법조일원화 문제 등의 본질적인 과제는 앞으로 민변이 충분히 연구하여 대안을 내어야 한다'는 지적이 있었다. 결국 세추위와 대법원의 합동 논의 결과 사법시험 합격자 수를 1996년 300명에서 500명으로 증원하고, 매년 100명씩 증원하여 1,000명까지 증원하고 사법연수원 운영을 개편하는 것을 제외하고는 큰 성과 없이 끝났다.

김대중 정부 역시 대통령자문기구로 사법개혁추진위원회(약칭 '사개추')를 구성했는데, 법무부가 주도하면서 민변의 회원들은 위원이나 전문위원으로 한 명도 참여하지 못했다. 사개추는 사법개혁 주제의 대부분을 검토하고 개혁방안을 마련했으나, 그 이후 법률 제·개정을 통해 제도화하기 위한 구체적인 추진체계와 일정을 확립하지 않았기 때문에 결국 제도화에 성공하지 못했다.

노무현 정부가 출범하면서 그 이전 10년 동안 되풀이된 사법개혁 과제들이 다시 현안으로 등장했다. 국민들의 요구에도 미흡했지만 법원개혁은 판사들이 보기에도 미흡한 수준이었다. 2003년 8월 판사 160여 명은 법원 내 기수·서열에 따른 대법관 임명제청 관행의 시정을 요구하는 건의서를 최종영 대법원장에게 제출했다. 법원 외부에서도 이 요구에 공감을 표하면서 전면적인 사법개혁을 요구했다. 대통령과 대법원장은 2003년 8월 사법개혁의 공동 추진에 합의하여, 그 해 10월 각계각층을 대표하는 21명의 위원으로 구성된 사법개혁위원회(사개위)가 출범했다. 조준희 변호사가 위원장을 맡았고, 위원으로 김갑배, 박원순, 김선수 변호사가 참여했다. 민변은 그와 별도로 사법개혁TF를 구성해서 사개위 활동에 대한 모니터링과 대책을 논의했다. 사개위는 법학전문대학원 도입과 국민참여재판제도 도입 등의 개선방안을 건의하였다. 또한 종래의 사법개혁 과정에서 추진기구의 결여로 사법개혁이 제대로 결실을 거두지 못했다는 점을 지적하면서 사개위의 건의내용을 구체적·체계적으로 추진해 나갈 기구를 대통령 산하에 설치할 필요성이 있다는 건의문을 채택함으로써 후속추진기구인 사법제도개혁추진위원회(사개추위) 탄생의 계기를 마련했다.

사개위의 권고에 따라 대통령 자문기구로 사개추위가 설립되었다. 민변의 창립회원이자 원로인 한승헌 변호사가 국무총리와 함께 공동위원장을 맡았다. 김선수 변호사가 사개추위의 실무책임을 진 기획추진단장을 맡았다. 실무위원회와 추진단에도 일부 변호사들이 참여했다. 사개추위 의결을 거쳐 국회에 제출된 개혁방안은 13개, 법률안은 25개였다. 최종적으로 국회에서 통과되어 완수된 3대 개혁 방안은 법학전문대학원 도입, 국민의 형사재판참여제도 도입, 인신구속제도 개선 및 공판중심주의 확립 등 형사소송법의 대폭 개정이다. 노무현 정부가 결실을 맺은 개혁성과 중 대부분은 정권이 바뀐 후 이명박 정권에서 부정되고 되돌려졌지만, 사법개혁의 3대 성과는 도전 없이 그대로 유지되었다.

노무현 정부의 사개추위는 광범위한 분야에서 사법개혁을 다루었다. 형사사법제도개혁과 같은 부분들은 변호사들 대부분이 동의하는 바가 컸지만 사개추위가 다루는 다양한 개혁과제과 그 세부 실행방법에 대해서는 모두가 일치된 의견을 모을 수가 없었다. 특히 법학전문대학원의 도입과 같은 주제는 민변이 의견을 내기 어려웠다. 하지만 민변은 진행되고 있는 사법개혁 내용을 점검하면서 쟁점 현안에 대해 논평을 발표하고 토론회, 기자회견 등을 통해 여론화하는 등 개혁이 올바르게 진행되도록 견인하는 역할을 했다.

이명박 정부에서의 사법개혁은 국회의 주도로 이루어졌다. 노무현 정부까지 15년간 진행된 사법개혁 논의를 통해 우리 사회는 개혁방향과 쟁점 및 구체적인 법안에 대한 연구와 자료들이 상당수 축적하였던 터라 국회는 그 논의를 이어받아 다양한 제안들을 비교검토하여 선택만 하면 될 수준이었기에 가능했다. 국회에 설치된 사법제도개혁특별위원회(사개특위)는 6개월의 활동을 거쳐 전관예우 방지 등의 내용을 담은 변호사법 개정안을, 검찰개혁, 법원개혁 등 관련 형사소송법, 법원조직법 등 개정안을 각각 의결한 후 해산했다. 민변 역시 이전 사법개혁추진과정에서 관여하거나 연구 등을 맡은 회원들이 돌아와 사법위원회를 중심으로 결합하여 그때마다 필요한 논평과 의견서를 낼 수 있게 되었다. 사법제도 관련 입법안의 동향을 모니터링 하면서 국회의 상황을 점검하고 국회나 정부에 대해서는 철저한 사법개혁을 하도록 요구하는 의견을 표명하면서 필요한 경우 야당과 협조하고 지원하였다.

검찰개혁

:

검찰은 권력의 하수인으로 오랫동안 독재권력에 복무해왔다. 70, 80년대 조작간첩 피해자들의 대다수 증언은 중정이나 안기부의 고문과 가혹행위를 견디며 일말의 희망을 갖고 검사 앞에 서서 고문행위를 폭로하면 검사의 반응은 한결같았다는 것이다. 다시 그곳으로 돌려 보내줄까 한다는 무시무시한 협박이었다. 공포 속에서 조작된 진술은 법정에서 유죄의 증거로 채택되었고, 무고한 국민들은 간첩으로 거듭나 삶이 완전히 망가졌다. 그럼에도 민주화 이후 검찰, 법원 어디도 제대로 된 사과와 반성이 없었다. 그나마 법원은 판사들의 성명발표, 그 뒤를 이은 대법관 임명 파동과 이영훈 대법관의 사과 등의 사건과 병행하여 꾸준히 사법개혁을 추진해온 반면 검찰은 그 자체의 과거사에 대해서 단 한 번도 사과하지 않았다. 오히려 민주화 이후에는 독재의 손아귀에서 벗어나 수사권과 기소권 두 가지 권력을 휘두르며 스스로의 힘에 취해 당대의 권력에 기생하며 자신들의 아성을 쌓았다. 조폐공사파업유도 사건이 그 좋은 예이다. 98년에 있었던 조폐공사의 파업을 검찰에서 유도했노라는 발언을 진형구 검사장이 기자들과 폭탄주를 마시면서 폭로한 것이다. 이에 대해 민변은 특별검사제를 실시하는 설명을 발표하였고, 회원인 김형태 변호사가 특검보로 임명되어 활동하였으나 수사방해를 받아 사직하는 일이 발생하였다. 5년 단임의 대통령제하에서 임기 후반부에 대통령 혹은 측근과 관련한 형사사건이 꼭 터지고 검찰이 그 계기를 발판으로 무소불위의 권력으로 점차 변해가는 것에 대한 위기감을 느낀 민변과 시민 단체들은 검찰개혁의 필요성을 절감하게 되었다. 민변은 2001년 11월 검찰개혁의견서를 발표하면서 검찰개혁이 반드시 이루어져야 함을 천명하였다.

노무현 정부가 출범하였다. 고위공직자비리조사처 설치와

검·경수사권 조정에 관한 법안이 국회에 제출되고 정부가 강력하게 입법을 추진했지만, 검찰의 저항은 거셌다. 특히 검찰은 법무부장관에 최초로 여성인 강금실 변호사가 임명되자 조직적으로 거부감을 드러내기까지 하였다. 결국 검찰개혁입법은 검찰의 로비와 검찰 출신 국회의원들의 방해로 실패했고, 이는 노무현 대통령 퇴임 이후 노 대통령에 대한 무리한 수사와 노무현 대통령 서거라는 비극으로 이어졌다.

2005년 문화방송은 안기부에 의해 홍석현 중앙일보 사장과 이학수 삼성그룹 비서실장의 대화내용이 녹음된 파일을 폭로하여 온 국민에게 충격을 던져줬는데 그 내용 중 일부에 삼성이 전현직 검사들에게 일정한 뇌물을 공여해왔음이 드러났다. 안기부 엑스파일은 그 내용도 문제였지만 도청테이프를 입수한 것을 공개하는 문제 등 복잡한 문제가 있었는데, 민변은 그 논란의 와중에서도 특별법을 제정하여 공익에 관한 일부 공개를 인정하고 전현직 검사들에게 돈을 제공한 내용에 대해서 특검 실시를 주장하였다. 그러나 검찰은 이를 공개한 기자들은 처벌하고 그 테이프의 내용에서 지목한 검사들에 대해서는 모두 증거불충분으로 불기소처분하였다.

권력이 강하면 바짝 엎드리고, 권력이 약해지면 사정없이 물어뜯는 검찰의 행태는 날이 갈수록 심해졌다. 특히 정권이 바뀌고 나서 이명박 정부는 자신들의 권력에 저항하는 사람들에 대해서 검찰을 이용하여 온갖 방법으로 괴롭히는 일을 서슴지 않았다. KBS사장 정연주 씨에 대한 배임죄 수사와 기소, 미네르바 사건, 〈PD수첩〉 제작진에 대한 수사는 검찰의 무리한 기소가 이루어진 사건들로 모두 무죄가 선고되었는데, 민변의 회원들은 이 사건들을 변론하였다. 검찰은 여배우 장자연 씨가 자살하면서 남긴 유서와 관련자들에 대해서는 불충분하고 불성실한 수사로 무혐의 처분하여 국민들로부터 큰 비판을 받았다. BBK사건의 무혐의 결정이라는 검찰의 결정적 도움으로 대통령으로 당선된 이명박 정부에서도 고삐 풀린 검찰을 제어하기 위해 국회 사개특위 6인 소위가 대검 중수부 폐지, 특별수사청 설치 등에 합의했지만 역시 검찰의 반대와 검찰 출신 의원들의 방해로 입법에 실패했다.

민변은 검찰개혁이 우리 사회의 급박한 화두가 되었음을 깨닫고 2010년 시민단체들과 함께 공권력 감시 모임을 구성하여 국정원, 검찰, 경찰의 개혁을 꾸준히 논의하였으며, 2011년 6월에는 국회에서 '권력형 비리로 본 검찰개혁의 필요성과 대안-대검 중수부 왜 폐지해야 하는가'라는 제목의 토론회를 가졌다. 그러나 끝내 검찰개혁이 좌초되는 것을 보자, 이에 항의하는 긴급기자회견을 열고 김선수 회장이 1인 시위를 하였다.

박근혜 정부가 출범했다. 이제 검찰개혁은 보수개혁을 막론하고 이야기하지 않는 사람이 없는 주제가 되었다. 새누리당과 민주당은 정부조직법 쟁점을 타결하면서 검찰개혁 방안에 합의했다. 박근혜 대통령의 대선공약이었던 상설특검제 및 특별감찰관제 도입과 대검 중수부 폐지, 법무부 주요 요직에 대한 검사 임용 제한 등을 2013년 상반기에 법률로 만들어내고, 차관급인 검사장 이상 직급 규모를 축소하는 방안도 2013년 내에 끝내기로 했다. 국가청렴위원회 설치 검토 등 반부패 제도 개혁을 위해 사법제도개혁특별위원회(사개특위)를 설치하기로 했다.

대검 중수부는 합의대로 폐지되어 2013년 4월 현판철거식이 거행되었다. 반면에 상설특검 및 특별감찰관 제도는 여당의 무관심과 야당의 소극적 태도로 인해 지지부진하다가 2014년 2월 「특별검사의 임명 등에 관한 법률」과 「특별감찰관법」이 국회를 통과하였다. 다만 기구특검 형태의 상설특검제도를 도입하고자 했던 것에서 크게 후퇴하여 제도특검 형태로 도입되었다. 제도특검은 특검의 임명절차와 임무수행에 관한 제도만 일반법의 형식으로 제정해놓고, 구체적인 사건이 발생할 때 특검을 임명하여 사건을 수행하게 하는 방식이다. 평상시 특별검사가 임명되어 있지도 않고 활동하지도 않으며 존재하지도 않는다. 그동안 수많은 실수를 거듭했던 특별검사제의 시작을 약간 쉽게 만들었을 뿐이다. 민변은 제도특검으로는 권력형 부정부패 사건을 제대로 수사할 수 없다고 지적하였고 우려는 곧 현실로 드러났다.

2016년 들어 부장판사 출신의 최유정 변호사, 검사장 출신의 홍만표 변호사가 거액의 수임료를 받고 불법적인 변론활동을 했다는 혐의로 구속되었다. 진경준 검사장은 넥센 창업주로부터 주식을 건네받아 수백억 원의 경제적 이익을 얻은 혐의로 구속되었다. 우병우 청와대 민정수석은 온갖 비리가 드러나 사퇴 압력을 받았다. 김형준 부장검사는 스폰서 역할을 한 고등학교 동기 사업가의 수사를 담당한 검사에게 로비를 하기도 했다. 그런데도 특별검사는 한 번도 임명되지 않았다. 이석수 특별감찰관은 대통령의 여동생 박근령을 사기 혐의로 검찰총장에게 고발했고, 우병우의 비리 혐의를 검찰총장에게 수사의뢰했다. 대통령비서실은 이석수가 감찰 내용과 결과를 미리 《조선일보》 기자에게 알려줌으로써 특별감찰관법을 위반했다는 혐의로 문제 삼았다. 검찰은 우병우의 자택이나 집무실을 압수수색하지 않은 반면, 이석수의 스마트폰까지 압수하는 등으로 편파수사를 했다. 민변이 우려했던 대로 제도특검과 특별감찰관 제도가 아무런 실효성이 없음이 확인되었다.

문재인 정부 출범 이후 본격적으로 검찰, 국정원, 경찰의 개혁이 논의되기 시작하였다. 무엇보다도 지난 정권에서 검찰이 보여준 폐해는 극에 달하였다. 국민 모두가 한 목소리로 검찰개혁을 외치는 단계까지 온 것이다. 그러나 지난 정권들에서 드러난 것처럼 검찰의 저항은 만만치 않았고, 개혁의 중심에는 국정원의 대공수사권 포기부터 검경의 수사권 배분의 문제까지 복잡하게 얽혀 있었다. 민변은 검찰개혁에 대한 단계적 접근이 필요하다고 보아, 새 정부 출범 직후인 6월에 3단계의 로드맵을 담은 검찰개혁 이슈 리포트를 발간하였다. 1단계는 별도의 입법 없이 시행가능한 법무부 탈검찰화나 검찰공안부 폐지 등을, 2단계는 고위공직자 비리수사처 신설과 재정신청 확대, 검사작성의 피의자신문 조서의 증거능력을 변경하는 형사소송법 개정 등을 국회에서 신속히 처리할 것과 3단계로 헌법 12조에 명시된 검사의 영장청구권 독점을 삭제하고 수사권과 공소권을 분리하며 자치경찰제를 도입하고 고등검찰청을 폐지하는 것이다. 그 외 장기적 과제로 공적변호청(public defender)과 지방검사장 직선제 실시를 제시하였다. 그 뒤 이 글을 쓰는 현재까지 검찰개혁과 관련한 입법은 이루어지지 않고 있고 수사권 조정과 관련한 검경의 다툼은 해소되지 않고 있다. 민변은 수사권 조정의 문제가 어떻게 이루어져야 하는지 그 원칙을 담아 2018년 3월에 다시 의견서로 발표하였다. 어느 누구의 이해가 아니라 국민의 인권과 안전이 최우선적으로 고려되어야 함을 천명하였다.

개헌논의

:

2016년 촛불시민혁명 이전부터 87년 헌법체제에 대한 의문이 조금씩 제기되었다. 이제 87년 헌법은 30년간의 수명을 다하게 하고 새로운 기본권과 사회질서를 담아야 한다는 것이다. 사법 제도의 개혁 중 핵심적인 부분은 법률의 수준이 아니라 헌법조항을 개정해야 하는 과제들이 있었다. 검사의 영장청구에 대한 독점권에 대한 문제제기나, 사법부와 관련한 헌법조항들을 손질하여 국민에 의한 사법부 통제가 가능하도록 해야 한다는 의견들이 그 예이다.

박근혜 대통령이 탄핵되는 과정에서 국민 주도 개헌논의가 활발해졌다. 대통령후보로 나선 4당의 후보들이 모두 그 다음 해 지방선거에 동시개헌을 하겠다고 공약하자 국회는 2016년 12월 말경 헌법개정특별위원회를 구성하였다. 김선수, 좌세준, 성창익, 박갑주 변호사가 국회 헌법개정특별위원회 자문위원회에 위원으로 참여했다. 그와 별도로 민변은 독자적인 개헌안을 만들기로 결의, 김호철 부회장을 단장으로 하는 개헌특위를 구성하고 각 위원회가 모두 참여하여 헌법 조항을 분석하고 토론, 민변 자체 개헌안을 마련했다. 그 과정에서 개헌특위는 회원들을 상대로 정부형태 등 주요 쟁점에 대해서 설문조사를 실시하기도 했다. 개헌특위는 그 논의결과를 정리하여 2018년 2

월경 「민변 헌법개정 리포트」를 발간하였다. 국회의 개헌논의가 지지부진해지자 문재인 대통령은 2018년 2월 대통령직속 정책기획위원회 산하에 국민헌법자문특별위원회를 두고 대통령발의안의 초안 작성을 요청하였다. 여기에도 김인회, 최은순, 정연순, 하승수 변호사가 참여하여 초안 작성에 힘을 보탰다.

축적된 전문성으로 꾸준한 사법개혁을

:

서두에서 밝힌 것처럼 민변의 사법감시나 개혁은 민변 또한 법조계의 일부라는 점에서 일정한 한계를 가지고 진행되어 왔다. 특히 한정된 규모와 재정의 형편상 법률집행자인 검사, 판사 개개인에 대한 판결성향이나 정보를 체계적으로 취합하여 분석, 축적하지 못한 점이나, 창립한 상당 기간 사법개혁이나 검찰개혁에 있어서 독자적인 목소리를 내지 못한 점은 아쉬움이 남는다. 그러나 민변만이 가지고 있는 전문성과 네크워크에 기반하여 대법관등 사법부 고위직으로 임명되기에 부족한 사람들에 대해서는 반대의견을 꾸준히 내왔으며, 민변의 조직적 결단은 아니었으나 정부나 국회가 주도하는 사법개혁에는 회원 개개인이 지속적으로 참여하였다. 그동안 어려운 여건 속에서도 사법개혁에 관한 의견서를 작성하여 발표하거나 정부에 전달해서 개혁을 추동하는 활동도 멈추지 않고 전개해왔다. 개혁 법안이나 정책을 제안하기도 하고, 퇴행적인 법안이나 정책에 반대하기도 했다. 정부와 국회의 사법개혁논의에 변호사들이 다양한 형태로 참여하여 관료들의 논리에 대항하고 개혁 저항세력들의 억지논리를 파악하여 대응논리를 개발해왔다. 30년의 세월이 흘러 이제는 민변 내부에서도 사법위원회를 중심으로 제도개혁에 대한 분석틀을 갖추고 대안을 모색하는 역량이 쌓이고 있다.

2017년 출범한 문재인 정부의 사법개혁과 국정원, 검찰, 경찰 개혁및 검찰이 최초로 설치한 과거사 진상조사위원회에도 민변의 회원들이 개별적으로 참여하고 각자의 목소리를 내고 있다. 이 책을 펴내는 이 순간, 그 성과를 미리 짐작하여 섣불리 언급하기는 어려우나, 적어도 회원들 사이에 30년을 고민해온 사법개혁의 방향에 대한 공감이 있는 한, 앞으로 다소 우여곡절은 있을지라도 그 방향타를 놓치는 일은 없으리라고 기대한다.

2장

시민 속으로 더 넓게,
더 깊이

1

·

노동
법정에서 함께 싸우는
노동법 전사들

·

'현상'으로서의 노동변호사의 출현과 민변
:

황승흠 교수는 1997년《법과 사회》에 실린 논문「한국사회에서 노동변호사의 성장」에서 "1987년 이후 한국사회에 등장한 노동변호사라는 개념은 변호사 업무의 전문적 분화와는 차원이 다른 한국사회의 독특한 현상"이라고 했다. '노동변호사'를 "노동자의 권익옹호를 위해 노동자와 노동조합이 의뢰하는 사건을 전문성과 독립성을 가지고 지속적으로 담당하는 변호사"라고 정의하면서, 노동사건=정치적 사건이라는 한국사회의 특수성에서 변호사들 스스로 '목적의식적'으로 전문성을 형성해온 독특한 존재라고 한 것이다.

그에 따르면 제1세대 노동변호사라고 부를 수 있는 70, 80 년대 변호사들이 시국사건의 하나로 '인권'이라는 시민법적 사고에서 노동사건을 다루면서 '경험'에 의해 전문성을 형성해왔다면, 80년대 후반부터 성장한 제2세대 노동변호사들은 대학원이나 사법연수원에서 노동법학회 활동을 하면서 노동법 교육을 통해 전문성을 획득하고 1세대 변호사들의 활동에 영향을 받으며 변호사 경력 자체를 노동변호사로 시작한 사람들이다. 2세대 노동변호사들의 등장배경에는 '민중론'으로 대변되는 80년대 시대정신이 있으며 '300명 세대'라고 일컬어지는 변호사 인원 증가의 산물이라는 것이다.

김선수 변호사는 "과거 박정희나 전두환 군사독재정권 시대에는 노동기본권이 철저하게 유린되었고 노동운동에 대한 탄압도 법률적 외양을 완전히 무시한 채 폭력적인 형태로 이루어졌으며 노동운동 자체가 성장하지 못했기 때문에 노동변호사에 대한 수요 자체가 거의 없었다"고 하면서, 1987~88년의 노동자 대투쟁으로 민주노조운동이 성장하고 국가와 사용자의 탄압이 법률적 외양을 띠게 됨에 따라 노동진영으로부터 변호사에 대한 수요가 발생하게 되면서 노동변호사가 등장한 것이므로 "결국 노동변호사는 노동운동의 발전의 산물"이라고 한다(「21세기 노동변호사의 위상과 전망」,《노동변론》창간호 특집).

1988년, 민변은 2세대 노동변호사들과 함께 출발했다. 창립 시부터 9개 특별위원회 중 하나로 산업 · 노동분과가 설치되었으며, 분과뿐 아니라 전체 모임의 연구 · 조사 · 세미나, 변론지원의 상당 부분이 노동 분야에 관한 것으로서, 첫해(1988) 민변으로 접수된 변론 사건 중 노동관계법 위반 사건이 전체 57건 중 12건이었다. 1994년 분과별 간사 체계를 사무국과 위원회 체계로 바꾸면서, 14개 상설특별위원회 중 하나로 노동위원회가 만들어졌다.

노동단체를 통한 노동조합 고문제도

:

황승흠 교수는 제2세대 노동변호사의 출현과 성장 과정을 분석하면서, 특히 울산 · 마산 · 창원이라는 우리나라 최대의 중공업단지를 끼고 있었던 부산 · 경남 지역 사례를 자세히 연구한 바 있다. 실제 이 시기 민변 부산지부[1] 정재성 변호사는《노동변론》창간호에서 다음과 같이 회고한 바 있다.

··· 나는 노동변호사로서 독특한 경험이 있다. 노동단체를 매개로 노동조합의 고문변호사가 되는 것이다. 이 제도는 1990년대 초반부터 있었는데 1994년경에는 의사, 치과의사,

한의사, 약사 등 전문직 종사자들과 결합하여 '노동자를 위한 연대'라는 단체를 만들어 이 단체를 통하여 노동조합을 회원으로 받아들여 법률상담, 건강상담 등을 해왔다. 필요시 노동조합을 직접 방문하여 교육하거나 상담을 하기도 하였다. 노동조합은 이 제도를 통하여 저렴한 비용으로 고문변호사와 주치의를 갖는 것이다. 그리고 이 단체에서는 노동자 교육이나 임단투 교육, 조직지원사업, 연구사업 등도 해왔다…

황승흠 교수에 따르면, 1988년 7월 출범한 노동문제연구소에서 '노동조합 고문변호사단'을 구성하고 19개 노동조합과 고문변호사 계약을 체결했으며, 1989년 4월에 노동문제연구소를 포함하여 14개 단체가 '부산노동단체협의회'를 구성하고 고문변호사제도 업무도 '노단협' 사무국으로 이관한 후, 1994년에는 "운동성보다 전문성을 내세운" '노동자를 위한 연대'가 창립되어 월1회 정기적인 법률상담, 소속단체의 교육 · 상담 등의 행사 이용 등을 포함한 고문변호사제도를 정착시켰다.

그 결과 1995년에는 모두 79개 노동조합과 고문계약을 체결했을 뿐 아니라 상근자 5명이 부설 노동상담소(소장 문재인 변호사)를 통해 하루 평균 전화상담 15건, 방문상담 5건을 처리했으며, 3곳(본부, 사하, 양산)에서 실시하는 책임변호사 참석의 정기 법률상담은 월 평균 40건, 노조방문상담 월 평균 50건으로, 변호사와 직접 접촉하기 어려운 소규모 사업장 노조에 법률 서비스를 제공하고 변호사와 유기적인 분업관계를 형성하는, 법적 자원 전달의 중개자 기능을 수행했다.

민변 20주년에 발간된 『민변백서 2』의 '부산지부 20년사'에 서는 이 시기(1990. 6.~1992. 12.)를 부산지부의 '제2기'라고 부르 면서, "문재인 · 정재성 회원이 부산노동법률상담소를, 조우래 회원이 동부노동법률상담소를, 박세경 회원이 마산노동법률상 담소를, 송철호 회원이 울산노동법률상담소를 각 부설하여 노동 상담에 임했고, 부산노동단체협의회의 고문변호사단을 구성하 여 매월 1회 출장상담 또는 교육을 실시했다"고 기록하고 있다.

부산 · 경남 지역이 두드러지기는 했지만, 서울에서도 이같 은 움직임이 없었던 것은 아니다. 《주간 노동자신문》이 1992년 부터 적극적으로 노동조합의 고문변호사 위촉 캠페인을 전개 하여, 신문사 측에서 고문변호사를 위촉하고자 하는 노동조합 으로부터 신청을 받아 변호사와의 고문계약 체결을 중개하고 조인식도 진행했다.

독자 조직화 시도와 전담 간사 체계 도입
:

1996년 노동위원회에서는 민변과 독립된 전국적 노동변호사

조직으로 '독립'하는 것을 심각하게 고려했다. 당시 김선수 회원이 작성한 「전국적인 노동변호사 조직 제안서」 내용은 다음과 같다.

… 최근 몇 년간 대법원을 필두로 한 법원의 노동사건에 대한 반노동자적인 태도는 노동현장의 법치주의를 파괴할 지경에 이르렀다… 노동변호사들은 법원의 태도에 좌절과 절망을 넘어 허무와 분노를 경험하고 있다. 노동변호사들은 노동자들의 문제를 상담하면서 노동자들에게 법률적인 분쟁해결절차를 밟으라고 권유할 명분을 상실하였다. 결과가 법논리와 상관없이 반노동자적일 것이 명약관화한 상황에서 노동자들에게 소송절차를 밟으라고 권유하는 것이 변호사의 도리인가 의문시되는 지경에 이르렀다. 노동변호사의 존재의의 자체가 의문시되는 상황에 이른 것이다. 노동변호사들로서는 노동사건을 아예 수임하지 않거나 노동자들과 직접 함께 투쟁하는 길밖에 없지 않은가 하는 절박한 상태에 봉착해 있는 것이다… 노동변호사들이 직접 투쟁의 전선으로 뛰쳐나가는 것만이 능사가 될 수도 없다. 법률적인 분쟁은 당사자 간의 직접적인 투쟁이 아니라 법률적인 절차를 통하여 분쟁을 해결할 수 있는 사회를 지향하는 노동변호사들로서는 법원의 역할에 대한 기대를 저버릴 수 없는 것이다. 법원의 반노동자적인 태도에 절망하였으되, 법원의

역할에 대한 기대를 포기할 수 없는 노동변호사들이 할 수 있는
것은 무엇인가 고민하지 않을 수 없다. 그러한 고민을 공유하
고 무엇인가 할 수 있는 일을 찾아보고자 전국의 노동변호사들
은 모임을 구성하고 공동활동을 하기로 의견을 모았다…

이때 구상에 따르면, 노동변호사(노동자의 입장에서 전문적
으로 법률업무를 수행하는 현업변호사)를 정회원으로 하고, 모임
의 취지에 동의하는 노동실무가, 학자, 활동가(공인노무사, 판·
검사, 학자, 연구원, 사법연수원생, 노동운동가, 노동조합 활동가 등)
를 준회원으로 하였다. 연구·조사·변론·법원감시·연대(국
내 및 국제) 활동, 노동판례의 수집 및 비판, 시의성 있는 분석
과 입장 표명, 노동전담부(지법 및 고법) 재판장, 대법원 재판연
구관(노동사건 담당)들에 대한 개인별 자료수집 및 활용, 재판부
에 대한 다양한 압력수단의 개발, 주심 대법관별 노동판례 정리
및 평가, 대리인과의 관계 등 파악, 공동기획소송 및 변호인단
구성과 활동, 월례모임 또는 분기별 모임(정보교류 및 활동점검),
기관지 발간(연 1~4회 발간하여 그 시기에 있었던 법원판결과 그에
대한 평석, 활동내용 등 포함) 등을 활동내역으로 하고자 했다.

이러한 구상은 현실화되지 못했고, 대신 노동위원회의 전문
화와 역량강화를 위해, 민변회비 외에 월 5만 원의 별도 회비를
부담하여 전담 간사를 채용하고, 1997년 5월부터 매주 수요일

에 회의를 개최하기로 하여 이른바 '수요모임'은 2018년 3월 현재까지도 매주 수요일 계속되고 있다.

노동악법을 없애고 저지하기 위하여
:

각 사업장에서 이루어진 개별 노동사건에 대한 변론 외에, 민변의 노동변호사들이 주력했던 것은 노동악법 폐지를 위한 활동이었다.

이전부터 민변의 변호사들은 업무방해, 제3자 개입금지, 복수노조 금지 등 노동악법을 폐기하기 위해 변론과 기고 등을 통해 싸워왔으나, 집회에 집단으로 참석하여 노동악법 폐기를 주장한 것은 1996년 안기부법·노동법 날치기 파동 때가 처음이었다. 이때 노동위원회는 교수들과 함께 거리행진을 하기도 했고, 명동성당에서 날치기 통과에 항의 중이던 민주노총 지도부에 대한 공권력 투입을 대비하여 공동농성단을 구성하기도 했다. 또한 날치기 이후 노동법이 다시 개정되자, 재개정된 노동법을 해설한 『새노동법 해설』을 발간하기도 했다. 하지만 결과적으로 IMF 구제금융 위기가 가져온 정리해고 입법화, 탄력적 근로시간제 도입, 그리고 파견 합법화 등 노동법 개악 자체를 막을 수는 없었다.

IMF 외환위기 이후 비정규직이 양산되어 심각한 사회 문제로 이슈화되었다. 민변 노동위 변호사들은 1999년경 노동계와 함께 비정규직법 대책 관련 법안을 성안해서 입법청원을 하고 입법운동을 전개했다. 기간제 노동자의 사용사유 제한, 노동법상 노동자와 사용자 개념 확대, 파견근로의 원칙적 금지 등을 주된 내용으로 했다. 비정규직 관련법의 위와 같은 개정방향은 현재까지도 유효하다.

　　입법과 관련하여 변호사들이 거리로 직접 나간 두 번째 계기는 2006년 기간제법 제정 때였다. 당시 참여정부와 여당이었던 열린우리당에는 비정규직 양산을 받아들일 수밖에 없는 현실로 생각하는 사람이 많아, 다만 남용을 막고 차별은 규제한다는 뜻에서 '기간 제한' 방식과 차별시정제도를 도입하는 기간제법 제정을 강행했다. 민변은 강행 처리를 강력하게 규탄하며, "강행 처리한 비정규직 법안은 기간제 노동자의 사용 사유에 대한 제한을 전혀 두지 않음으로써 모든 부문에서 기간제 노동자의 사용이 완전 자유화되어버리는 상황에 처하게 되는 것… 집권여당이 한나라당과 합작해 전격적으로 법안을 통과시킨 것은 그 자체로 대국민 사기요 극악무도한 횡포"라고 주장하면서 반대했으나, 이 법은 우여곡절 끝에 2006년 12월 21일 제정되었고 이듬해 7월 1일부터 시행되었다. 시행을 전후하여 우려했던 것처럼 비정규직 노동자를 보호한다는 법이 오히려 비정규직 노동자들을 거리로 내모는 부작용이 현실화되었고, 민변 회원들은 비정규직법이 발효되면서 함께 발령된 시행령의 문제점을 지적하면서 동시에 이랜드 · 뉴코아 노동자들의 집단해고 등에 신속히 대응하여야만 했다.

민변 노동위는 2003년 이후 이원적인 노동분쟁 해결절차의 문제와 노동사건에 대한 법원의 보수화 경향에 직면하여 참심형 노동법원 도입을 적극 주장했다. 참여정부에서 대법원 산하 사법개혁위원회는 최종 건의문에 장기 과제의 하나로 노동법원 도입을 적시했고, 대통령자문기구인 사법제도개혁추진위원회는 1심에서의 준참심형 노동법원 도입을 위한 법안을 성안하여 의결했다. 제18대 국회, 제19대 국회에서 노동법원 도입을 위한 법안이 국회의원 발의로 국회에 제출됐으나 회기 만료로 폐기되었다. 제20대 국회에서 다시 참심형 노동법원을 2심까지 도입하기 위한 법안이 제출되어 있다.

이명박 · 박근혜 정부 이후에는 노동입법과 관련된 싸움은 다른 형태로 진행되었다. 이명박 · 박근혜 정부가 그나마 조금이라도 남아 있던 노동자 보호 규정들을 더 나쁜 방향으로 개악하려고 했기 때문이다. 먼저 기간제법 시행 이후 2년이 되는 2009년 7월 1일이 다가오자 '100만 실업대란설'을 내세우며 기간제 사용기간을 2년에서 4년으로 연장하고, 파견법 적용대상을 확대하는 개악을 시도했다. 이에 민변 노동위원회, 노동인권

민변 노동위원회, 노동인권실현을 위한 노무사모임, 민주주의법학연구회, 전국불안정노동철폐연대 법률위원회 회원을 포함한 395명은 29일 환경노동위원회에 입법 의견서를 내고, 국회 앞 1인 시위와 릴레이 단식에 나섰다. 다행히 기간제법과 파견법의 개악 시도를 저지할 수 있었다.

실현을 위한 노무사모임, 민주주의법학연구회, 전국불안정노동철폐연대 법률위원회 회원을 포함한 395명은 29일 환경노동위원회에 입법 의견서를 내고, 국회 앞 1인 시위와 릴레이 단식에 나섰다. 다행히 기간제법과 파견법의 개악시도를 저지할 수 있었다.

또 한 번의 계기는 2015년 박근혜 정부의 노동법 개악시도였다. 장시간 근로를 늘리고 통상임금 범위를 축소하려는 근로기준법 개정안, 기간제 노동자 사용기간을 4년으로 늘려 기간제 노동자를 양산하려는 기간제법 개정안, 불법파견에 면죄부를 주고 뿌리산업, 고령자, 관리·전문직에 대한 파견업종 제한을 해제하는 파견법 개정안, 실업급여 지급요건 강화로 오히려 '보장성'을 약화시키는 고용보험법 개정안 등이 동시에 상정되었다. 민변 노동위원회 안에 개악저지 TF를 만들고 이들 4대 노동법 개악 반대 자료집을 만들어 국회의원과 보좌관들을 상대로 하는 직접 설득활동을 벌였다. 처음에는 한국노총의 동의를 이유로 법 통과를 그렇게 문제 삼지 않던 야당도 노동계와 민변 등 전문가들의 지속적인 반대 목소리에 귀를 기울였고, 결국 정부의 노동법 개악시도를 저지했다.

제3세대 노동변호사:

'법률원'과 전업 노동변호사들

:

1999년 1월 김기덕 변호사가 전국금속노동조합연맹에 법률국장으로 상근한 것을 시작으로, 노동조합과 그 조합원들의 업무만 전업으로 담당하는 '노동조합 변호사'들이 생겨나기 시작했다. 2000년에는 권두섭 변호사가 민주노동조합총연맹(민주노총)에 법규차장으로 상근을 시작했고, 2002년에는 민주노총 법률원이 설립되었다.

이러한 '전업 노동(조합)변호사'들은, 지난 세대 '노동변호사'의 흐름 안에 있는 동시에 완전히 다른 질적인 변화를 가져왔다. 즉 주로 노동사건을 담당하는 전문변호사라는 개념을 뛰어넘어 노동조합 '안'으로, 노동조합'으로부터' 출발하는 법률사업의 전형을 만들어낸 것이다. 이들은 1990년대 후반부터 시작된 공익변호사(public interest lawyer, pro bono lawyer) 논의와 닿아 있으면서, 동시에 다른 공익변호사와는 확연히 구분되는 업무영역의 '집중도'와 '조직결합도'를 특성으로 한다. 노동사건이나 저소득 노동자들의 사건을 주로 하는 업무 면에서의 '노동 전문'변호사가 이제 스스로의 생애와 생계를 노동의 가치와 노동조합의 안에서 찾는다는 이들에게, 김선수 변호사는 '제3세대 노동변호사'라는 이름을 붙여야 마땅하다고 평했다.

2012년 2월 9일 개원 10주년을 맞은 민주노총 법률원이 기념토론회를 개최했는데, 권두섭 변호사는 발제문「민주노총 조직 내 법률사업의 현황, 과제」를 통해 "노동법률 인적 역량의 통합과 연속성"이라는 고민을 내놓은 바 있다. 민주노총 법률원뿐 아니라 "민변 노동위(민변), 노노모, 조직 내 법규활동가" 등 많은 노동법률 인력들이 있음에도, 그것을 하나로 모아내고 연속성을 확보하는 것이 새로운 과제가 된 것이다.

노동자가 부르는 곳이면 어디든 달려가다
:

민변은 노동자들의 파업이나 투쟁에 다양한 형태로 지원하고 결합하는 활동을 해왔다. 대한변협이나 서울지방변호사회 집행부와 의사소통이 될 때는 법정변호사조직인 대한변협이나 서울지방변호사회 명의로 활동하기도 했다. 1985년 발생한 구로공단 동맹파업 사건을 공동변론한 것이 정법회 창립의 계기가 되었다. 민변 창립 이후 노동자투쟁에 대한 공동지원사업은 1989년 4월에 울산 현대중공업 노사분규사태에 대한 진상조사단 활동이었다. 민변은 대한변협에 울산 현대중공업 노동탄압 진상조사단을 꾸려줄 것을 요청했다. 대한변협 집행부는 이를 받아들여 부협회장을 단장으로 하는 진상조사단을 구성하여 울산에 파견하였다. 민변에서는 홍성우, 조영래 변호사가 참여했고, 부산민변에서 문재인 변호사가 진당조사단에 단원으로 참여했다. 김갑배, 김선수 변호사 등은 진상조사단의 활동을 보조하기 위해 현지 조사에 동행했다. 위 진상조사단은 대한변협에 진상보고서를 제출했는데, 그 보고서가 대한변협의 1989년도 인권보고서에 부록으로 수록되어 있다.

1990년대 말부터 사회 문제로 부각되기 시작한 비정규직 노동자를 법적으로 지원하는 것은 민변의 변호사들에게 매우 중요한 책무로 자리 잡았다. 입법에 대한 반대나 법정에서의 변론은 물론이고, 행동을 통한 연대에도 적극 나섰다. 법 시행과 함께 많은 기업들이 고용기간이 2년에 가까운 기간제 노동자들을 해고하거나 아예 외주화하는 식의 대응방식을 취하면서 많은 비정규직 노동자들이 희생되었다. 이러한 양상이 가장 극렬하게 나타난 것이 바로 이랜드 그룹의 뉴코아 · 홈에버였다. 이에 이랜드 · 뉴코아 노동조합이 크게 반발하면서 파업에 돌입했고, 이 문제의 심각성과 이랜드 사용자의 문제점을 지적하면서 시민사회단체와 지식인 집단이 연대하는 양상으로 전개되었다. 민변은 노동위원회를 중심으로 이러한 연대 · 비판 활동에 적극적으로 참여했다. 행동주간을 선포하여 1인 시위 및 선전전을 뉴코아 강남점 앞에서 벌였는데, 강남 한복판 상점 앞에서 장기간 시위를 하면서 점주들과의 시비가 벌어지기도 했다.

이때 일에 관해서 당시 노동위원회 위원장이었던 강기탁 변호사가 생생하게 기록한 글이 있다.

… 저녁 6시부터, 1인 시위 및 대시민 선전전을 하기 위하여 뉴코아 강남점으로 향하였습니다. 설창일 변호사, 이재정 변호사, 김낙준 간사, 이동화 간사와 같이, 설 변호사의 차를 타고, 1인 시위용 피켓과 시민들에게 나누어줄 '불매운동 동참' 호소 유인물을 가지고서. 권영국 변호사가, 점주 아주머니들 항의가 만만치 않을 것이라는 이야기를 해주었지만, 뭐 특별할 것은 없겠지 하고 생각하였습니다. 스타벅스 커피숍 앞에서 내려, 나와 이재정 변호사가 1인 시위를 먼저 시작하고, 두 간사가 유인물을 나누어주기로 하였습니다. …경찰들이나 뉴코아 직원 혹은 용역직원들이 눈여겨보는 상황이었지만 특별한 제지는 없었고, 순조롭게 일이 진행되는구나 생각하였습니다. 10분쯤 시간이 흐른 뒤 '한 팔에 깁스를 한 아주머니'가 갑자기 달려들어, 내가 잡고 있던 피켓을 깨부수고, 욕설을 해대기 시작하였습니다. 유인물을 빼앗아 찢으려 하고… 온갖 욕설을 퍼부었습니다. 부근에 있던 경찰을 부르니, 그들, 웃음 띤 얼굴로 가만히 있을 뿐입니다. '이랜드 뉴코아 비정규 노동자 문제의 합리적 해결'이니 '불매운동 권유이므로 그 선택은 시민이나 고객의 몫이니 영업 방해는 아니다'니 하는 설명은 씨도 먹히지

않았습니다. 피켓들은 모두 박살나고, 유인물도 상당수 갈갈이 찢겨지고, 아주머니 아저씨들의 거친 욕설은 이어지고… 어느새 이랜드 쪽 보안 지원 직원(용역깡패라고 불림)들이 우리를 둘러싸고 있었습니다. 이 순간만은 조금 두렵더군요. 비키라고 강력하게 얘기하였습니다… 더 큰 불상사를 막기 위하여 물러나기로 하였습니다. 말은 흐르지 못하고 탁 막혔고, 그 막힘이 풀릴 기미는 없었습니다. 그들을 어찌할 도리가 없었습니다.

노동자들과 다양하고 긴밀한 방식으로 연대하는 활동은 특히 권영국 변호사가 위원장으로 있던 시기(2008~2014) 동안 더욱 강화되었다. 이명박 전 대통령의 당선 직후부터 박근혜 전 대통령의 당선 직후까지의 시기이기도 한다.

2008년 '기업비즈니스 프렌들리' 구호를 들고 등장한 이명박 정권은 노골적으로 기업편향의 노동정책을 공언하고 노동조합에 대한 탄압을 강화하면서, 민변 내에서도 정권의 노동탄압정책에 맞서는 강한 노동위원회 집행부의 출범이 요구되고 있었다. 노동위원회는 노동자들이 부르는 곳이면 기자회견장이든, 집회현장이든, 투쟁현장이든 어디든 참여했고, 공장에서 쫓겨난 노동자들의 투쟁을 지원하고 노숙농성도 함께 참여했다. 공권력의 집회·시위에 대한 탄압에 맞서 집회의 자유 회복을 위한 집회·시위를 주최하기도 했다. 위원장이 기자회견 도

민변은 노동위원회를 중심으로
이러한 연대·비판 활동에 적극적
으로 참여했다. 행동주간을 선포
하여 1인 시위 및 선전전을 뉴코
아 강남점 앞에서 벌였는데, 강남
한복판 상점 앞에서 장기간 시위
를 하면서 점주들과의 시비가 벌
어지기도 했다.

중 연행되기도 하고, 집회·시위 현장에서 체포되어 유치장에 구금되고 검찰에 의해 여러 차례에 걸쳐 구속영장이 청구되기도 했다.

2008년 '기륭전자 불법파견' 해결을 위한 비정규직 투쟁 지원 및 참여, 2009년 6~7월 '쌍용자동차 정리해고' 반대파업에 대한 법률지원, 2011년 전교조·전공노 소속 '교사공무원 민주노동당 가입' 관련 정당법 등 위반 사건 변론, 2011년 '한진중공업 정리해고 해결을 위한 김진숙 조합원 등 85호 크레인 고공농성 지지 희망버스' 투쟁, 2012년 '쌍용자동차 정리해고 범국민대책위원회' 공동위원장, 2012~2013년 '쌍용자동차 해고자 대한문 앞 노숙농성·집회·시위' 지원 및 참여, 2012년 민변 개혁입법과제로 노동관계법 개정안 제출, 2013년 '현대자동차 불법파견 비정규직 문제 해결 촉구 철탑 고공농성 지지 희망버스' 투쟁 참여, 2013년 1월 '신세계이마트 노조 설립 봉쇄를 위한 직원 사찰' 등 불법경영 문건 폭로 및 고소고발, 2013년 6월 '삼성전자서비스의 위장도급' 폭로 및 진정·부당노동행위에 대한 고소고발, '삼성전자서비스 불법고용근절 및 근로기준법 준수를 위한 공동대책위원회' 참여, 2013년 7월 '삼성전자서비스 하청업체 노동자들의 근로자지위확인청구' 소송 제기 및 '금속노조 삼성전자서비스 지회 설립' 지원, 2013년 10월 '전교조 법외노조화 대응 법률지원단' 참여 및 '노조 아님 통보 처분 취소소송', 2013년 10월 22일 '삼성그룹 노조파괴전략' 문건 관련 삼성그룹 이건희 회장 등 임원 15명 서울중앙지검에 노조법과 개인정보보호법 위반 혐의로 고소고발, 10월 28일 서울고용노동청에 부당노동행위 고소고발, 2014년 2월 '공정사회파괴·노동인권유린 삼성바로잡기 운동본부' 참여 등이 모두 이 시기의 연대활동이다. 특히 이 기간의 말미였던 2013, 2014년의 연대활동은 재벌대기업의 반노조경영과 사회 저변으로 확산된 위장도급, 불법파견과 같은 간접고용 비정규직 문제를 폭로하고 시정하려는 노력이었다.

법정에서 함께 싸우는 노동법 전사들

:

노동조합이나 노동자들이 당사자가 되는 사건의 변론은 각 회원들이나 법무법인 차원에서, 특히 민주노총 법률원이 생긴 다음에는 법률원 변호사들이 개별적으로 담당하는 것이 보통이었으나, 사건의 중요성이나 규모에 따라서는 노동위원회 위원들이 공동으로 대리인단이나 변호인단을 구성하여 대응했다.

조폐공사파업유도 사건 관련 공동대책위원회의 국가 상대 손해배상 소송(1999), 노조원에 대한 경찰서 알몸 수색 사건에 대한 국가배상청구 소송(1999), 현대중공업 사내하청 사건(2005), KTX 여승무원 직접고용 투쟁(2006), 지역건설노조 공갈죄 공안탄압 사건(2006), 쌍용자동차 파업 사건(2009), MB정권 하 언론노조 미디어법, MBC, YTN 공정방송 투쟁(2008~2010), SJM과 만도지부 용역폭력, 부당노동행위 대응(2012), 철도노조 수서발 KTX 민영화 저지 투쟁(2013), 전교조 법외노조 사건+공무원노조 설립신고 거부 사건(2015), 동양시멘트 위장도급 사건(2016) 등에서 공동대리인 · 변호인단이 구성되었고, 때로는 함께 좌절해야 했지만 상당한 성과를 거두기도 했다.

대표적인 것이 2008년 《한겨레21》이 선정한 '올해의 판결'에 선정된 '예스코 사건' 대법원 공개변론의 공동대리인단 사례라고 할 수 있다. 불법파견에도 파견법상 직접고용간주 조항이 적용되는지를 두고 벌어져 왔던 오래된 쟁점을 대법원이 정리한 것인데, 민변 변호사들로 구성된 대리인단이 공개변론을 치밀하게 준비하여 대법관 14명 전원일치로 승소판결을 받아냈다. 2008년 12월 25일 자 《한겨레21》 기사는 이렇게 기록하고 있다.

… 사건의 가장 극적인 대목은 비슷한 사건을 맡았던 1·2심 판사들이 대부분 직접고용 간주 규정 대상을 합법 파견만

으로 좁게 해석해왔음에도, 대법원에서 이를 뒤집었다는 것이다. 특히나 전원합의체로 넘겨 공개변론까지 거쳤다는 점, 여기에 단 한 명의 소수의견도 없이 14명 대법관 전원이 이 같은 결정에 동참했다는 것은 매우 이례적인 일로 평가된다. 물론 대법원이 이 같은 결정을 내리기까지는 숨은 공로자들이 많다… 하지만 일등공신은 역시 공개변론을 앞두고 꾸려진 변호인단이다. … 이들은 한결같이 아무런 보수도 없이 변호인단 구성 제의에 흔쾌히 응했다. … 빛났던 것은 이들의 완벽한 팀워크다. 박상훈 변호사는 손수 파워포인트를 이용해 모두 발언을 했으며, 강기탁 변호사는 참고인들에 대한 질의를 맡았고, 김선수 변호사는 최종 마무리 발언을 맡았다. 권두섭 변호사와 김진 변호사도 대법관 예상 질문 정리 등을 맡았다. 김진 변호사는 "공개변론을 준비하는 열흘 남짓 세 차례 모여 회의를 했는데 전원 100% 참석률을 보였다"며 "상황극까지 짜볼 정도로 모두가 열의를 가지고 노력했다"고 말했다. 공개변론에 참여했던 대법원의 한 판사도 "원고 쪽이 파워포인트도 준비하고 발언도 적극적으로 하는 등 열의를 가지고 공개변론을 준비해온 것이 기억에 남는다"고 말했다.

2장. 시민 속으로 더 넓게, 더 깊이

변호사가 풀어주는 노동법과 노동판례

:

'변호사가 풀어주는 노동법' 시리즈 발간도 노동위원회의 중요성과 중 하나이다. 노동법이 바뀌거나 중요한 제도가 도입될 때마다 부정기적으로 해설서를 발간했던 민변은 1997년 3월 13일 노동관계법이 새로 제정됨에 따라 바뀐 법조문을 중심으로 한 노동법해설서인 『새노동법 해설』을 발간했다. 바뀐 조문만을 중심으로 해설한 것이어서 한계를 가질 수밖에 없었고, 여러 곳으로부터 본격적인 해설서를 출간해달라는 요청을 받게 되면서 주석서 발간을 기획하게 되었다.

1998년 4월 제1권 『근로기준법 · 파견노동자보호 등에 관한 법률』을 시작으로, 6월에는 제2권 『노동조합 및 노동관계조정법 등 집단법 해석서』, 2007년 기간제법 시행에 때맞춰 제3권 『비정규직법』을 발간했다.

이 책들은 모두 현장에서 쉽게 활용할 수 있도록 한 실무지침서로서, 변호사들의 실무감각으로 쓰여져 노동조합, 노동운동 지원 · 상담 단체, 노무사들이 실무에서 참조하기 좋은 주석서 형식으로 되어 있다. 당시까지 나온 판례들을 망라하여 정리한 것 외에, 노동위원회를 중심으로 논의되어 온 진보적 해석들을 반영했다. 내용도 내용이지만 책 하나를 낼 때마다 변호사 10명 이상이 집필에 참여하여 기획하고 토론하면서 작성했다는 것에서 큰 의미가 있다. 비슷한 시기, 한 해 동안 나온 노동 관련 대법원 판결에 대한 비평 모음인 『노동판례비평』도 발간되기 시작했다. 1997년 『1996년 노동판례비평』을 시작으로 모두 21권의 책이 발간되었으며, 2018년 3월 현재 18명의 필자가 22번째 『2017년 노동판례비평』을 집필 중이다.

노동변호사들의 진지(陣地)

:

민변 노동위원회는 2000년 두 차례 준비호를 거쳐 2001년 《노동변론》이라는 계간지를 창간했다. 구성원들의 활동을 공유하고 노동자료 축적과 공유를 하자는 취지로, 2003년 봄까지 모두 일곱 번을 냈는데, 처음에는 도재형 변호사가 편집위원장을 맡았고, 강기탁 변호사가 그 뒤를 이었다. 2001년 여름 발간된 창간호에서는 '21세기 노동변호사의 위상과 전망'이라는 특집으로 김선수, 정재성, 민경한, 성상희, 강문대 변호사의 글을 실었는데, 지금 읽어도 깊이 공감할 수 있는 속 깊은 고민들이 진솔하게 표현되어 있다. 이후 인터넷 활용이 일반화되고 온라인 자료실과 SNS를 통한 소통이 활발해지면서 자연스럽게 폐간되었으나, 노동변호사를 지향하는 사람들이 모여 서로 고민을 나누고 서로를 지지하는 든든한 토대가 되었다. 2001년 여름

창간호 머리말에서 당시 노동위원장이었던 이경우 변호사는
다음과 같이 창간의 변을 설명한다.

《노동변론》을 창간하는 데는 몇 가지 이유가 있다. 그동안
민주사회를 위한 변호사모임의 특별위원회로서 노동위원회는
비교적 활발하게 활동했다. 그렇지만, 그 활동은 어느 단체의
경우와 마찬가지로 좀 더 활동적인 일부 회원에 집중되는 경향
이 있었고, 활동의 모든 내용이 모든 회원에게 공유되지 못하는
문제가 있었다. 또 하나는 활동을 보다 조직적·체계적으로 할
필요가 있었다. 그동안의 활동내용은 주로 사회적 이슈에 대한
후발적 내지 즉시적 대응이 대부분이었다. 사안에 대한 충분하
고 심층적인 검토보다는 시기에 쫓겨 일을 처리해야 할 상황이
많았고, 이것은 근본적 고민을 통한 문제의 해결 방법을 모색하
기에는 너무도 부족한 것이었다. 다음으로는 가장 기본적인 목
적이라 할 수 있는 활동자료를 축적하는 수단이 될 것으로 본
다. 그리고 그것은 장차 어느 정도의 사료로 가치 있게 될 수 있
기를 기대하는 것이다. 그리고 마지막으로 이 책을 통하여 전국
적으로 자주 만날 수 없는 회원들이 서로 마음을 건네고 격려
함으로써 활동의 역량을 배가시키고자 한다.

민변 노동위원회가 노동변호사들의 진지가 되기 위해 했던
노력의 또 하나의 예는, 인터넷 카페 '노변그물'이 있다. '노동변

호사들의 네트워크'를 줄인 말이다. 이 카페는 2005년 3월 12일 네이버에 개설되었다. 게시판에는 '살면서, 일하면서 느낀 … 짧은 생각 혹은 느낌' 메뉴를 비롯하여, 노동위원회 일지, 노동인권 일지, 이 책 한번 읽어보세요! 등 다양한 형태로 생각과 말, 글을 나누는 장으로 활용되었다. 처음 카페를 개설한 강기탁 변호사의 글이 카페 개설의 취지를 잘 보여주고 있다.

> 잘 하지도 못하는 사람이, 이 카페를 만들게 된 것은…문득, 우리 노동변호사들이, 일에 치이면서 하루하루 개별화되어 살아가고 있는 것이 아닌가, 하는 지극히 개인적인 느낌이 들었고, 비록 민변 노동위원회가 있기는 하지만 모이는 변호사님들은 너무 한정되어 있는 것이 현실이고, 그렇다 보니 우리가 가진 자료나 글, 혹은 생각들이 축적되지 못하고, 공유되지 못하고, 그렇다면 공간적인 제약이 덜한 사이버 공간에 나눔의 자리를 마련하는 것은 어떨지, 하는 생각에서 감히 개설하였습니다. 자, 나눕시다. 커집니다. 늘어갑니다.

노변그물은 인터넷 소통방식의 중심이 SNS로 옮겨감에 따라 자연스럽게 쇠퇴하여 마지막으로 올라온 글은 2013년 3월 산업재해팀 강의자료이지만, 지금도 카페 첫 화면에서는 2006년 전태일기념관 건립 시 기부했던 '당신을 기억하며-민주사회를 위한 변호사모임 노동위원회'라는 동판 사진이 자랑스럽게 게재되어 있다.

국제노동자 연대를 위한 어깨동무,
Think Globally, Act Locally
:

이전에도 민변 전체 회원들이 참여하는 국제교류가 없었던 것은 아니었지만, 특별한 영역의 외국 변호사와 교류를 시작한 것은 노동위원회와 오사카 노동자변호단과의 교류가 최초이다. 1999년 4월, 한국 노동운동에 관심이 많은 오사카 변호사들의 요청으로 우연히 시작된 제1회 교류회는, 매년 한 번은 일본에서, 한 번은 한국에서 만남과 교류를 거듭했는데, 매번 세미나를 통해 한·일 노동입법과 판례의 흐름을 공유하는 것은 물론, 나라를 뛰어넘는 동지관계로까지 발전하고 있다. 10회째가 되는 2007년에는 서울에서 성대한 기념교류회를 가졌고, 2018년에는 20회째를 맞이하여 오키나와 평화행진에 함께할 계획이다.

한편 2013년부터는 ILO 총회에 민주노총과 함께 2~5명의 변호사가 참석하여 회의에 참가하고 있다. 노사정 기구인 ILO에 전문가가 참가하여 국제수준의 논의를 경험하고 국내에 공유하고 있으며, 노동위원회 국제노동팀을 중심으로 ILO 시스

1999년 4월, 한국 노동운동에 관
심이 많은 오사카 변호사들의 요
청으로 우연히 시작된 제1회 교류
회는, 매년 한 번은 일본에서, 한
번은 한국에서 만남과 교류를 거
듭했는데, 매번 세미나를 통해
한·일 노동입법과 판례의 흐름
을 공유하는 것은 물론, 나라를
뛰어넘는 동지관계로까지 발전
하고 있다.

템과 협약에 관한 집중적 연구가 계속되고 있으므로, 앞으로는 더 나아가 국내외의 노동권 논의에서 실질적 역할을 하게 될 것으로 기대된다.

[나가며]
노동변호사의 하루
:

권두섭 변호사가 2001년 한국노동사회연구소가 발행하는 월간지 《노동사회》에 다음과 같은 칼럼을 실은 바 있다. '민주사회를 위한 변호사 모임' 노동위원회에서 활동하는 한 변호사의 하루 이야기에다 다른 변호사들로부터 들은 흔히 있는 이야기를 추가했다는 그 칼럼 속 이야기는, 17년이 지난 지금도 노동변호사를 지향하는 민변회원의 하루나 고민과 크게 다르지 않아 보인다.

오늘도 아침부터 머리가 무거워 온다. 전에 L호텔 노동자들의 파업과 관련하여 맡게 되었던 소송 기일이 내일로 다가왔기 때문이다. 명확한 사실임에도 불구하고 그것을 법정에서 증거를 통하여 입증해야 하는 어려움도 문제거니와 소속된 사무실의 재정운영에 별 도움이 되지 않는 사건만 자꾸 맡아서 다른 변호사들 보기가 미안하기 때문이다… 원고인 조합원들이 소송에서 반드시 이기리라 확신하는 점도 부담스럽다… 재판장이 워낙 피고인으로 되어 있는 노조위원장이 말하는 것을 제지하고 방청을 온 조합원들의 행동과 복장을 제지하여 그 위원장이 최후진술에서 그동안 참고 참았던 많은 이야기를 한참 동안 하였다. 감동적인 연설이 된 최후진술이 끝나자 듣고 있던 방청 온 조합원들도 박수를 치고, 나 또한 변호인석에서 나도 모르게 박수를 친 적이 있다. 어떻게 절간같이 조용해야 할 법정에서 박수를…. 오늘은 수요일이어서 점심시간에는 민변 노동위원회 회의가 있었다.… 회의자료가 두툼한 걸 보니 오늘은 논의해야 할 사항이 많은 모양이다. 보건의료 노조파업과 관련하여 직권중재제도의 위헌성에 관한 의견서는 K변호사가 작성하로 하고 이에 대한 민주노총과의 기자회견에는 간사인 D변호사가 참여하기로 했다. 외국인 노동자들의 법률 문제에 대한 기획팀 구성은 4명이 맡아 다음 주에 기획안을 제출하여 논의하기로 하였다. 식사를 하면서 어느 법원의 모 재판부가 화제로 올랐다. 우리 법원이 노동사건에 대하여 사용자 편향적인 경향을 띠는 것은 늘 있어왔으나 특히 최근 새로 부임해온 모 재판부가 노동법의 기본지식이 있는지 의심스러운 판결들을 쏟아내고 있기 때문이다. 근로기준법 책이라도 사주어야 되는 것 아니냐는 이야기까지 오고 갔지만 별 뾰족한 수가 없는 듯하다. 또 한 사무실에서는 사용자 쪽의 대리를 맡게 되었다는 이야기를 털어놓았다. 그러나 전에 해고사건을 가지고 와 사용자가 거액을 제시하였으나 거절하였다고 했다. 사무실 운영이 어려워 유혹이 있지만 아직 그 정도는 지켜야 되지 않겠냐고 서로들 의견을 모았다. 사용자 쪽 대리를 맡지 않는다는 이 원칙들은 언제까지 지켜질 수 있을까. 변호사 사무실의 규모가 변호사 5인 이상이 넘어가면 기업에서 의뢰하는 사건을 맡지 않을 수 없다고 한다. 일반 민사사건이야 별 문제가 없지만 가끔 노동사건도 오기 마련이다. 기업에서 의뢰하는 노동사건은 맡지 않는다고 하면 그 기업에서 다른 사건을 맡기려고 하겠는가 여기에 노동변호사들이 모인 사무실의 고민이 있는 것 같다… 처음 변호사를 시작할 때 70, 80년대의 인권변호사 선배들의 모습을 꿈꾸며 노동자들의 투쟁현장에 그들의 인권을 지켜주는 변호사가 되리라고 마음먹었었다. 그러나 돌이켜보면 지금 그런가. 그렇게 평가받을 수 있을까. 스스로도 자신이 서지 않는다. 앞으로는 어떻게 변해갈까. 아직 열심히 활동하시는 선배들을 보면서 나도 저 나이까지 저렇게 정열적으로 할 수 있을까. 아니 그렇게 해야지 마음먹어본다.

2

·

민생
'을'의 눈물을 닦아주며
전진하다

·

민생경제위원회의 태동

:

1994년은 민변의 역사에서 하나의 의미를 갖는다. 민변은 그해 정기총회에서 1988년 창립 이래 유지해왔던 간사/대표간사 체제를 회장/사무국 체계로 바꾸었을 뿐 아니라, 변론의 무게중심을 '시국사건'에서 '환경, 여성, 소비자 문제'로 옮기겠다고 선언하였다. 그와 같은 '변신'에는 대내외적 상황의 변화가 있었다. 첫째로는 회원규모의 성장이었다. 51명의 창립회원은 6년을 거치는 동안 160여 명으로 늘어났다. 애초 민변이 분야별 책임자를 간사로 두고 그중에서 '대표간사'를 선출하여 모임을 대표하게 하는 간사체제를 택한 이유는 민변에서는 따로 대표가 있는 것이 아니라 회원 모두가 사실상 모임의 대표나 마찬가지이며 각자가 법률전문가인 점에서 차이가 없다는 인식에서였다. 그러나 회원이 늘어남에 따라 좀 더 조직적이고 집중적인 업무를 수행하는 단위가 필요하다는 인식이 커졌다. 그에 따라 모임을 대표하는 회장과 집행부의 업무를 보좌하는 사무국, 사무국과 유기적으로 연결되는 상임위원회와 14개 분과별 상설 특별위원회로 조직을 변경하게 된 것이다.

두 번째의 이유는 외부 상황의 변화였다. 비록 3당 합당이라는 야합의 결과이기는 하였지만 1992년 김영삼 정부의 출범에 따라 정부의 탄압에 대한 저항활동을 변론하는 일은 상대적으로 줄어들었으며, 복잡해진 사회환경 속에서 다양한 법적 문제들과 함께 사회 각 분야에서의 연대 요청이 커지기 시작했다. 변호사들은 민주주의의 성숙이라는 과제 앞에서 시민의 일상을 좌우하는 근본적인 문제들을 좀 더 깊이 들여다볼 필요를 느끼게 된 것이다. 그 당시 민변의 변화를 이끈 주된 흐름에는 여성이나 환경, 교육과 같은 주제도 있지만 특히 경제정의와 사회복지라는 키워드가 본격적으로 민변의 활동에 포섭되었다. 1994년 조직변경에 따라 설치된 경제정의위원회는 '민생'을 돌아본다는 목적하에 외부 강사 초빙과 세미나를 통해 역량을 쌓고 참여연대 등과의 연대사업을 진행하여 공정거래법 개정안을, YMCA와 공동으로 점포임대차보호법안을 입법청원하는 등 활발하게 활동하였다. 그러나 아쉽게도 경제정의위원회는 참여회원 수의 부족과 활동부진으로 2002년 폐지된다.

한편 위원회의 활동과 별개로 종전의 시국사건 변론과 다른 측면에서의 공익소송을 기획하고 수행하려는 노력은 계속되었다. 1999년 출범한 공익소송위원회는 상설위원회로서 집단 담배소송, 성람재단정신의료기관 및 장애인 시설 인권유린 사건, 공직선거법 위헌소송 및 주민투표법 위헌소송 등 공익소송을 활발히 진행하면서 민생에 대한 민변의 관심을 놓지 않았다.

1997년 한국사회에 IMF 경제위기가 몰아쳤다. 국가부도 사태에 직면하여 많은 사람들이 쓰러졌고 김대중 씨가 대통령 당선인의 신분으로 나서서 국가위기 상황을 수습하기는 하였으나 그 조치는 이후 노동시장의 양극화를 비롯, 각종 경제질서에 치명적인 타격을 입히며 한국사회의 경제적·사회적 구조를 재편성하였다. 이를 지켜보며 민변 내부에서는 그동안 정치 개혁이나 자유권적 인권 개선에는 충실하였지만 복지, 서민금융, 주택, 조세와 같은 민생 문제나 생존권 개선과 경제불평등의 문제, 그로 인해 발생하고 있는 신빈곤층에 대한 사회적 안전망의 문제 등에 대해서는 적극적 대응을 하지 못하였다는 성찰이 일게 되었다.

민생은 주로 정치인들이 선거 때만 되면 입에 달고 다니는 정치화된 용어였다. 민생(民生)이란 사전적 의미로 일반 국민의 생활 및 생계, 즉 '서민(庶民)의 생활'을 줄인 말로 아무런 특권을 가지지 못한 일반 국민의 생활이라는 중요한 공익 분야를 의미했다. 그런데도 기득권을 챙기는 정쟁을 일삼다 선거 때가 되면 민생을 챙기기 위해 정치에 나섰다고 표를 구걸하는 정치인들이 득세하고 국민들의 눈을 가리는 것을 보면서 민변은 기존과 다른 활동방향을 모색하여야 했다. 그것은 '민생'을 챙긴다는 것이 과연 어떠한 것을 의미하는지를 국민들에게 제대로 알리는 일이었다.

사실 그때만 해도 시국변론과 국가권력의 인권침해를 감시하는 활동을 출발점으로 하였던 민변에서 민생이 운동과제가 된다는 것 자체가 낯선 측면도 있었다. 민생개혁운동의 방식은 상가건물임대차보호법 제정운동과 같은 공익입법운동 방식이 많았는데, 특정 국회의원 또는 정당과 입법운동을 같이 해나간다는 점이 정치권과 거리를 두고 정치적 중립을 지켜야 한다는 시민운동의 도그마와 충돌하기도 했다. 초대 민생경제위원회 위원장을 지낸 김남근 변호사는 다음과 같이 회고한다.

"특히 혁명적 순결함을 간직한 학생운동 출신의 젊은 변호사들에게는 민생운동과 같이 개량적인 운동에 대한 적지 않은 거부감도 있었습니다. 저, 이헌욱, 권정순 변호사는 참여연대

변호사들이 민생 문제에 사명감
을 갖게 된 데는 몇 가지 계기가
있었다. IMF 구제금융 이후의
급속한 사회양극화, 그중에서도
'카드빚 자살'이라는 듣도 보도
못했던 현상, 2009년 용산 참사
등이 그것이었다.

활동을 통해 상가건물임대차보호법과 대부업법 제정운동의 경험을 쌓았지요. 민생개혁운동에 대한 비판적 시각이 있는 것도 사실이지만 한번 개척해보자는 그야말로 독수리 오형제의 심정으로 2005년경 민변에 위원회 설치를 제안하여 9월 준비위원회를 발족하였어요."

준비위원회는 이미 다년간의 참여연대 활동으로 단련된 김남근 변호사 등을 필두로 2005년과 2006년 당시로서는 법조계에서 흔하지 않은 주제였던 '개인파산 및 개인회생제도 활성화를 위한 지원방안─법률구조와 법령개선을 중심으로' 공청회를 개최하고, 금융산업의 구조개선에 관한 법률개정안의 위헌성 논란에 대한 의견서를 국회 재경위에 제출하는가 하면, 참여연대와 공동으로 국회에 상가건물임대차보호법의 적용범위 등 상가건물 임차인 보호를 위한 법령정비 필요성에 관한 정책 의견서를 제출하며 첫해부터 왕성한 활동의 첫발을 내딛었다.

한편 그와 별도로 민변 공익소송위원회에는 장유식, 강신하, 서순성, 서채란 변호사가 서민들의 억울한 송사를 지원하며 활동을 하고 있었는데 공익소송위원회는 민생경제준비위원회와 결합하여 2006년 6월, 정식으로 민생경제위원회가 출범하게 되었다. 여기에 외국 유학을 마치고 돌아온 김성진, 민병덕 변호사가 의욕적으로 결합하였다.

빚 권하는 사회에서
서민금융 보호운동을 시작하다

:

변호사들이 민생 문제에 사명감을 갖게 된 데는 몇 가지 계기가 있었다. IMF 구제금융 이후의 급속한 사회양극화, 그중에서도 '카드빚 자살'이라는 듣도 보도 못했던 현상, 2009년 용산 참사 등이 그것이었다. 2003년 제헌절 연휴에 인천 부평구의 어느 고층아파트에서 어머니가 두 자녀를 밀어 떨어뜨린 뒤 막내딸마저 안고 동반 투신자살한 사건은 우리 사회에 엄청난 충격을 안겨주었다. 어머니는 시도 때도 없이 걸려오는 카드빚 독촉 전화에 괴로워하다 끝내 죽음을 선택했던 것이다. 그 시기 신용카드빚을 갚지 못해 자살하는 사건이 여러 건 이어졌는데 1997년 IMF 외환위기 이후 중산층이 무너지고 신빈곤층이 확대되는 과정을 보여주는 우리 사회의 단면이었다.

IMF 외환위기 이후 김대중 정부는 내수소비를 진작시켜 경기를 살릴 정책의 하나로 신용카드 규제를 정책적으로 완화하고 IMF의 요구에 따라 이자제한법을 폐지했다. 신용카드를 이용한 현금서비스 수수료율은 최저 15%에서 24%이나 되었고 할부수수료는 연체할 경우는 24%로 세계 보편적인 폭리상한선인 20%를 넘는 수준이었는데, 이것이 서민들의 목을 어떻게 졸라맬지에 대해서는 등한시한 것이다. 정부의 이자제한법 폐지에 따라 돈이 급한 서민들이 원금을 빌려 몇 달만 연체해도 원금과 동일한 이자빚이 생겨났다. 당시 신용카드회사들은 발급자의 소득과 상환능력을 전혀 검토하지 않고 카드를 마구 발행해주었는데 심지어 거리에서 길을 가던 고등학생에게까지 신용카드를 발급해주었다. 그 결과 1999년 4만 매 남짓이던 우리 국민들의 신용카드 수는 불과 3년 만인 2002년 1억 매로 급증하고, 신용카드 이용액도 1999년 100조 원 가량이었던 것이 2002년에는 4배가 넘는 443조 원으로 늘어났다. 국민들이 사치하고 방탕했던 것이 아니다. 경제위기 후에 시도 때도 없는 실직과 비정규직 고용 등으로 가처분소득이 급속히 떨어지면서 신빈곤층으로 전락해가던 많은 중산층 가정은 정부가 대량으로 공급해준 신용을 등에 업고 카드 돌려막기라는 위험한 폭탄 돌리기에 내몰린 것이다. 목이 말라 죽어가는 사람들에게 단물을 조금씩 주고 그 피를 요구했던 이 사회는, 그렇게 버티다가 더 이상 버티기 어려운 사람들을 카드빚 자살로 내몰았다.

2002년, 신용카드 사용으로 인한 신용불량자는 100만 명을 넘어섰다. 그 이듬해 '카드대란'이라고 이름 붙여진 경제위기가 발생했던 것은 어찌 보면 당연한 수순이었다. 카드연체자가 급증하자 신용카드회사도 부실화되었고 연쇄적으로 금융권에 적신호가 켜졌다. 정부는 간접금융 형태로 카드회사에 5조 원의 긴급 자금을 공급하여 신용카드회사의 부도를 막았지만, 우리 사회에는 2003년 7월 무려 300만 명에 달하는 신용불량자가 양산되었다.

김남근, 이헌욱, 권정순 변호사는 이러한 빚으로 무너지는 중산층의 위기에 대응하는 민생운동에 참여하였다. 참여연대는 2002~2003년까지 합리적으로 카드를 사용하자는 의미에서 'Stop Card Campaign'을 진행하였다. 온라인상에서 10만 명 서명운동, LG카드사와 삼성카드사 등 앞에서 고금리 수수료와 무분별한 카드발급을 항의하는 집회개최, 《한겨레신문》과 '빚 권하는 사회, 병 깊어간다'는 5회 기획기사를 통해 외국의 카드발급과 심사제도, 신용카드사의 현금서비스 규모를 50% 이하로 제한하자는 제도개선 대책을 제시, 불법채권추심 제보 접수 등 다양한 활동을 전개하였다. 여신금융업법 개정과 이자제한법 부활의 목소리도 계속 높여갔다.

그 결과 정부가 신용카드사의 영업 중 현금서비스 대출 비중을 50% 이하로 줄였고, 여신금융전문업법이 개정되어 미성년자에 대한 카드발급, 길거리에서의 카드발급을 제한하는 규제가 도입되었으며, 마침내 2007년 이자제한법이 부활되는 성과를 얻어내었다. 그 외에도 '대부업의 등록 및 금융이용자 보호법'을 개정하여 금융이용자 보호규정도 대폭 강화하였다. 지금도 이자제한법상 이자율 상한을 낮추기 위한 운동은 계속되고 있다.

2005년부터 신용카드 대란이 잠잠해지자 우리 사회는 그 뒤처리를 감당해야 했다. 400만 명에 달하는 신용불량자와 과잉채무자들에 대한 회생과 파산 문제였다. 빚이 다시 빚을 불러 최선을 다해 돈을 벌어도 더 이상 빚을 갚을 수 없는 상태가 명백한 사람이라면 더 이상 과잉채무로 고통받는 채무노예 상태로 지내게 해서는 안 되었다. 정상적인 사회경제인으로 복귀할 수 있도록 하는 시스템을 마련해줘야 했다. 김남근 변호사는 대법원 개인회생자문단에 결합하여 처음 시행되는 개인회생제도의 활성화에 주저하고 있던 법원에 대해 개인회생절차의 기간을 단축하고 파산회생제도를 활성화해야 한다는 의견을 펴나갔다. 이 문제의 심각성을 드러내기 위해 민변은 다른 방안을 강구했다. 노동조합과 과잉채무 조합원을 대상으로 하는 교육을 시행하거나 대법원과 대검찰청에 정보공개를 신청하여 법원의 파산회생에 대한 소극적 태도를 공론화하고 검찰이 신용카드회사를 위한 채권추심기관으로 이용되는 현실을 드러내기도 했다. 당시 신용카드회사들은 신용불량자들이 채무를 연체하면 일단 사기죄로 고발한 뒤에 가족들에게 '자식을 전과자로 만들겠다'고 협박하여 채무를 받아내곤 했던 것이다. 노력의 결과, 검찰에서는 사기사건 중 신용카드회사가 고소사건에 대해서는 신중한 판단을 하게 되었고 법원도 사기죄의 고의 인정범위를 좁히는 경향으로 나아가게 되었다.

2005년은 노무현 정부의 시기였지만 사회양극화로 인하여 사회적 불안정은 더욱 심화된 시기였다. 안정적인 직장에서 쫓겨나 꿈을 잃은 중산층은 사행성 게임으로, 청년층은 불법 다단계 취업으로 내몰렸다. 그뿐이 아니었다. '바다이야기'로 대표된 사행성 게임장은 빙산의 일각이었을 뿐 경마, 경륜, 경정, 카지노 등 국가가 운영하는 사행성 사업마저도 한국마사회, 국민체육진흥공단, 강원랜드 등 운영주체들 간 경쟁과열로 대규모 도박중독자가 양산되었다. 공동체가 그 내부에서 서서히 무너지고 있었다. 민변은 경마와 경륜장의 장외발매소를 막고 베팅한도와 출입한도를 엄격히 준수시킬 것을 요구하는 주민운동에 결합하였다. 시민단체들과 함께 '도박반대 네트워크'를 꾸렸다. 국가가 운영하는 도박산업의 총량을 규제하자는 사행산업 통합관리위원회법 제정운동을 펼쳐나갔고 IT 사업이라는 미명하에 게임산업이 사행성 게임 위주로 발전하는 것을 막기 위해 게임산업진흥에 관한 법률개정운동을 활발히 펼쳤다. 그 결과 만시지탄이긴 하여도 2007년 게임산업진흥법 개정이 이루어지고 사행산업 통합관리위원회가 출범하는 성과를 얻었다.

노무현 정부 말기를 뒤흔든 사건 중 하나는 제이유 그룹 사건이었다. 우리나라 금융업은 양적으로 팽창하면서 불법 다단계와 불법 대부업체가 만연하였다. 2006년 단군 이래 최대 사기사건이라 불린 '제이유' 그룹 사건은 다단계회사로서 물건을 사면 250%의 수당지급을 약속하는 식으로 대량의 물건구매를 유도

했다. 그리하여 피해자들은 다단계 사업을 위해 다니던 직장도 그만두고 퇴직금과 살던 아파트 보증금까지 끌어다 회사의 물건을 샀지만 마지막에는 회사의 이익보다 주어야 할 수당이 더 많았기에 부도를 맞은 피라미드 사기 사건이었다. 무려 35만 명의 피해자가 발생했다. 게다가 국회의원, 판사와 경찰 고위직 등 정관계 인사들이 개입되어 다단계 영업을 홍보하고 비호했다. 금융이라는 새로운 급물살 속에 서민들의 피해가 속출했지만 규제는 느렸다. 불법 대부업도 마찬가지였다. 당시 시스템은 계약 자유의 원칙이 우선이기 때문에 행정감독이 우선이고 수사의뢰가 들어올 경우에만 개입한다는 입장이었다. 영화 〈화차〉를 방불케 하는 악독한 폭력 불법 추심이 만연했다. 민변은 불법 다단계, 불법 대부업에 대한 규제가 필요하고, 상시적인 행정감독체계구축이 필요하다는 점을 강력히 주장해 나갔다. 2011년 박원순 서울시장은 '민생침해 근절 민관대책위원회'를 출범시키고 상시적인 불법 대부업 감독과 단속을 시행하기 시작했다.

집으로 돈 벌게 해준다는
부동산정책에 반기를 들다

:

노무현 정부 후반기는 주택가격의 폭등으로 서민들의 내 집 마

런의 꿈이 좌절되는 시기이기도 하였다. 정부가 집값 안정에 실패하면서 아파트 값이 껑충껑충 뛰어오르기 시작했다. 특히 강남 재건축, 판교·파주·용인 등 개발지역에서 분양되는 일반 분양분 아파트의 분양가가 주변 시세보다 30% 가량 높게 책정되면서 주변 아파트까지 시세를 상승시켰다. 이걸 지켜본 서민들은 너도 나도 '헌집 주면 새집 준다'는 토건족에 넘어가 도시 재개발사업 추진에 동의서를 찍기 시작하였다. 자기 소득으로 상환이 불가능할 정도의 빚을 내어야만 집을 살 수 있는 상황이 시작되었고 가계부채는 수직상승하였다.

민변은 1998년 폐지되었던 분양가상한제 부활을 주장하였고 주택법에 분양가격 심사제를 넣어 분양가격을 심의받도록 하자는 법 개정운동을 시작하였다. 소득능력에 따라 빚을 질 수 있는 금액을 제한하는 DTI(Debt to Income)을 제도화하자는 주장도 펴나갔다. 개발이익을 환수하여야 투기가 사라질 것이기 때문에 개발부담금과 재건축·초과이익 환수제도를 시민단체와 같이 추진했다. 그 성과로 2006년에는 개발부담금이 부활하고 재건축 초과이익 환수제도가 제정되었으며 2007년에는 분양가상한제, 분양가심의제도, DTI제도가 전면 도입되었다.

한편 2011년부터 서울, 부산, 경기 지역에 진행되어온 재개발사업의 모순이 드러나기 시작했다. 도시 및 주거환경 정비법은 재개발 정비사업 동의를 받을 때 개략적인 사업소요비용과 각 집이 부담할 금액을 알려주도록 규정하고 있었지만 실제로는 아무런 정보도 주지 않고 백지에 동의서를 받는 일이 비일비재하였다. 그 뒤 영세가업주들은 도저히 자기 재산으로 감당할 수 없는 수억 원의 부담금을 물지 못해 사실상 쫓겨났다. 이명박 전 서울시장이 뉴타운정책을 정치적 브랜드로 채택하면서 대규모 광역 재개발이 서울 시내에 추진되었다. 이미 사람이 살고 있는 구시가지에 마을을 헐고 대규모 아파트를 건설하는 뉴타운정책은 결국 개발현장에서 살고 있던 주민들을 강제로 내모는 결과가 되었다. 철거현장에서 용역업체의 폭력행위는 심각한 사회 문제로 떠올랐다.

2009년 1월 20일, 막연하게나마 예감하던 비극이 현실로 떠올랐다. 서울시 용산 재개발 보상대책에 반발하던 철거민과 경찰이 대치하던 중 화재가 발생해 6명이 사망하고 24명이 부상당한 용산참사가 발생한 것이다. 돌이키기에도 끔찍한 비극이었다. 민변은 구속된 철거민들에 대한 변론에 나서는 한편, 주거운동을 하는 시민·사회단체들과 함께 제2의 용산참사를 막기 위한 '5대 입법 개혁안'을 만들어 입법청원했다. 철거현장에서 용역업체들의 불법행위 근절을 위한 경비업법 개정안, 세입자 대책수립과 공익적 도시 재개발의 내용을 담은 도시 및 주거환경 정비법 개정안, 인권침해 없는 철거행정을 위한 행정대집행법 개정안, 철저한 이주대책 수립을 위한 공익사업법 개정안, 임차인을 배려한 임대주택 공급이 가능한 임대주택법 개정안이 그것이었다. 국가인권위원회도 2009년 2월 12일 '강제철거 시 반드시 준수되어야 할 기본원칙'을 마련했다.

2010년 6월 지방선거가 다가오자 민변은 주거단체들과 연대하여 '재개발 행정개혁 포럼'을 구성하고 재개발 행정개혁을 통해 갈등의 최고조에 오른 재개발 문제를 해결하자는 운동을 전개하였다. 재개발 행정개혁이란 조합원이나 토지등소유자가 과반수가 동의하면 진행하던 재개발·재건축사업을 중단하고 재개발사업에서 빠져나올 수 있게 하자는 일종의 출구전략이었다. 주민들이 자율적으로 재개발사업의 추진과 중단을 선택하게 하자는 것이다. 이러한 내용을 법조문으로 담고자 「도시 및 주거환경정비법」 개정활동도 전개하였다. 쉽지 않은 일이었다. 집을 지어놓기만 하면 돈이 되기에 사전에 막대한 투자까지 감행하는 토건세력이 결코 찬성할 수 없는 법안이었다. 권정순, 서채란 변호사 등은 주거단체, 시민단체, 국회의원 등과 함께 2009년부터 3년간 무려 20~30차례가 넘는 주민 하소연대회, 토론회를 개최하고 정책의견서, 도정법 개정안 등을 국회에 제출했다. 마침내 2011년 정기국회에서 토지등소유자 과반수의 동의가 있으면 조합이나 추진위의 취소와 지구지정을 해제하여 재개발·재건축 사업을 중단할 수 있는 출구전략이 입법화되었다. 그 뒤 경기도와 서울시에서는 개정법률에 따른 행정을 적극적으로 추진하였다. 박원순 서울시장 취임 이후 서울시는 재개발 주민들의 선택에 따라 추진지구와 해제지구, 보류지구를 나누어 사업추진의 의사가 높지 않은 곳은 재개발, 뉴타운지구에서 해제하였다. 2018년 현재 재개발정비 사업지구에서 해제된 지역에서는 공공이 도로, 상·하수도, 학교, 주민공동체시설, 문화시설 등을 정비하고 주민들은 자기 집을 저리의 금융지원을 받아 개량하는 본래 의미의 주거환경 개선사업을 '도시재생'의 방식으로 추진하는 사업이 현재진행형이다. 무려 10년에 걸쳐 이루어진 변화였다.

2009년부터 수도권과 대도시에서는 전세난이 지속되었다. 주택가격의 거품이 심각해지자 주택구입을 꺼리는 중산층은 전 세계약을 선호하게 된 반면, 저금리가 이어지자 임대인들은 전세보다는 월세계약을 선호했다. 전세보증금은 폭등했고 임차인 보호는 중요한 민생 문제가 되었다. 민변은 집값의 상승은 사회 전체가 이룬 것일 뿐 아니라 사회는 시민에게 안정적으로 집에서 살 권리를 보장해야 한다고 주장해나갔다. 주거 문제는 인간으로서의 최소한의 존엄성을 보장하는 수단이기에 강력한 공공정책이 필요하다는 점을 다시 상기시켰다. 독일, 프랑스, 영국의 사례처럼 임차인이 임대차 계약의 갱신을 요구하면 재건축, 개축 등 정당한 사유가 없는 경우에는 임대인이 갱신을 거절하지 못하게 하는 임대차갱신청구권이 우리 사회에도 필요했다. 이에 변호사들은 주거권 운동단체들과 함께 임대차갱신청구권을 4년간 행사할 수 있도록 하고 임대차 갱신시에 임대료 상승률을 물가상승률 5%의 범위 내에서 제한하자는 인상률 상한제를 도입하자고 외쳤다. 이를 위해 성명발표, 토론회, 기자회견을 열고 필요한 경우 관련 국회의원을 찾아가 직접 설명하고 설득하는 것도 마다하지 않았다.

한편 주거복지를 위해서는 공공임대주택을 늘리는 일도 중요하였다. 이명박 정부는 집이 모자란다는 이유를 대며 보금자리주택정책이라는 명목하에 후세대를 위해 보존해야 할 그린벨트를 해제하여 주택을 지으면서도 그중 단 30%만을 공공임대주택으로 제공하여 결과적으로 민간 건설회사에 막대한 개발이익을 주었다. 민변은 공공임대주택의 공급확대를 주장하면서 분양 위주의 보금자리주택을 장기전세 위주의 임대주택으로 운영하자는 보금자리주택특별법 개정운동을 전개해나갔다. 주택임대차보호법 개정운동은 계속 진행되고 있으며 공공임대주택 확대를 위한 운동도 진행형이다.

마음놓고 장사할 권리를 찾다

:

김영삼 정부 이래 지속되어온 시장방임을 강조하는 경제기조는 결국 재벌이 시장을 독식하도록 만들었다. 오래되고 자그마한 동네가게들은 언제부터인가 우리 시야에서 사라졌다. 슈퍼, 문구점, 공구상, 빵집은 물론 심지어 떡집까지 재벌과 대기업은 돈이 되는 일이라면 뭐든 가리지 않고 침탈해 들어왔다. 대형마트는 주변 상권을 모두 빨아들이는 육식공룡과도 같았다. 사장님이라 불렸던 영세 자영업자들은 가게를 잃고 일개 점원이나 비정규 노동자로 전락해갔다.

외국에서는 이미 도시계획 차원에서 도심에는 대형마트 진입 자체를 막고 전통골목을 살리는 정책을 펴고 있었다. 민변은 중소상인 단체와 연대해서 동네상권 보호운동에 나섰다. 주거지역, 근린생활지역 등 일정한 구역에는 대형마트의 진입을 규제하고 일요일이라도 의무휴업을 실시, 야간에는 노동자도 쉴 수 있도록 밤샘영업은 못하도록 하자는 것이었다. 유통산업발전법 개정운동이었다. 그러나 2009년부터 거의 2년 동안 대기업은 대형로펌을 동원해서 대형마트의 영업을 제한하는 것은 외국기업의 국내영업의 자유를 제한하는 것을 금지하는 WTO 위반 소지가 있다는 위반론을 폈다.

유통산업발전법 개정안을 둘러싼 공방은 치열했다. 어느 한편이 의견서나 보고서를 제출하면 다른 한편이 다시 재반박하는 식으로 국회 해당 상임위인 지식경제위원회를 둘러싸고 수년간 전개되었다. 2012년 국회는 드디어 대형마트 영업시간 제한안에 합의하고 밤12시에서 오전 8시까지의 영업시간 제한을 조례로 할 수 있다는 점과 의무 휴업일 확대, 전통시장 1킬로미터 이내에서는 대형마트의 진출을 규제하는 안에 동의했다. 그러나 대기업은 순순히 수긍하지 않았다. 영업의 자유를 침해한다는 이유로 조례에 대한 위법 소송을 제기하기 시작한 것이다. 양창영 변호사는 서울시 대형마트 6개사가 각 구청을 상대로 제기한 영업시간 제한 등 처분 취소 소송을 묵묵히 수행해 나갔다. 드디어 2015년 수년간의 법정공방 끝에 대법원은 대형마트 영업시간 규제로 달성하려는 골목상권 보호의 공익은 중대할 뿐만 아니라 보호할 필요도 큰 반면, 대형마트 영업의 자유나 소비자 선택권 등의 본질적 내용이 침해됐다고 보기 어렵다며 대형마트 측 주장을 기각하였다. 민변의 승소였다. 민변은 이에 머무르지 않고 대·중소기업 상생협력 촉진에 관한 법률개정운동을 통해 지방자치단체가 지역의 대기업이 중소상인 업종에 진출할 경우 사업조정 권고할 수 있는 사업조정제도 개선운동에 나서 입법청원운동으로 이어가고 있다.

상인들이 맘 편하게 장사하지 못하는 또 하나의 원인은 높은 임대료와 불안정한 임대기간에 있었다. 임차인들이 열심히 일하고 가꾸어 그 지역의 상권이 형성되면 예외 없이 건물주들이 나서서 임료를 올리거나 더 좋은 조건을 찾아 임대차계약을 해지하였다. '조물주 위에 건물주'가 농담이 아니라 구체적 현실을 증언하는 말이 되었다. 민변과 시민단체들은 주택뿐만 아니라 상가건물임대차 역시 국가가 보호해줘야 한다고 계속 주장해왔으며 그 결과 2001년 상가건물임대차보호법 제정을 눈앞에 두게 되었다. 그러자 건물주들이 지역구 국회의원들에게 하루에도 50통씩 전화를 하는 등 거세게 반발하였다. 제정 당시 가장 큰 쟁점은 적용범위의 문제였다. 상가임대차보호법에 적용범위를 두고 있는 나라는 거의 없었고, 적용범위를 두더라도 대등한 협상력이 있다고 인정되는 국가, 지방자치단체나 보호의 필요성이 덜한 도박, 유흥주점 등이 임차인인 경우만 제외하고 있었다. 그런데 제정 당시 은행이나 삼성 같은 대기업을 제외한 영세임차인만 제한적으로 보호하는 입법이 되어야 한다는 점이 강조되면서 결국 분쟁이 많으나 월세가 높아 환산보증금이 많은 대도시 도심, 부도심지역의 상가임대차는 거의 제외되어 반쪽짜리 입법이 되고 말았다. 아쉬운 결론이었지만 여기에서 멈출 수는 없었다. 2015년 강남 가로수길에서 장사를 하던 곱창집 임대차 분쟁이 사회적 관심을 끌자, 변호사들은 임차인 변론에 나서는 한편 그 기회를 이용하여 상가임대차법 개정운동을 펴나갔다. 그 결과 보호범위가 확대되고 상가권리금 개념이 법에 들어가 그 회수를 보호하는 제도가 신설되는 성과를 얻었다.

2장. 시민 속으로 더 넓게, 더 깊이

경제민주화 운동을 전개하다

:

2013년 5월 국민들은 인터넷에 올라온 녹음파일 하나에 너나 할 것 없이 큰 충격을 받았다. 남양유업의 본사 직원이 우유판매 대리점주가 물량을 더 받지 않는다는 이유로 폭언과 욕설을 퍼붓는 내용이 적나라하게 담긴 것이었다. 남양유업은 물품주문 전산내역을 조작하여 판매물품들을 조작된 수량에 맞춰 대리점에 밀어넣고 판매를 강제하는 소위 '밀어내기'를 했을 뿐아니라, 유통기간이 임박한 상품을 강제 발주하거나 대형마트 등에 파견된 홍보사원의 임금을 대리점에 떠넘기고 그것도 모자라 본사의 회식비를 대리점주에게 부담하게 하고 시시때때로 금품을 요구하는 등 각종 불공정행위를 자행하고 있었다. 본사와 대리점의 관계는 대등한 사업 파트너가 아니라 '갑'과 '을'이라는, 절대 권력자와 노예보다 못한 관계임이 드러났고 우리 사회에 '갑질'이라는 용어가 등장하게 되었다. '갑질'은 단순한 경제적 불공정을 넘어선 '을'이라 불리는 당사자들에 대한 인격과 인권의 유린행위였다.

남양유업 직원의 대리점주에 대한 욕설·폭언 녹취록이 유포되기 전에 남양유업의 횡포는 민변과 참여연대에 민원 방식으로 제보가 접수된 상태였다. 대리점주들은 이미 1월부터 남양유업 본사 앞에서 밀어내기 등 각종 불공정 횡포의 시정을

국민들의 분노는 하늘로 치솟았다. 민변은 참여연대와 함께 대리점주들의 남양유업 전산조작 고발을 대리하였다. 언론의 뜨거운 관심 속에서 5월 6일 남양유업 사례가 포함된 피해사례 발표회가 진행되었는데, 이날 발표회는 이후 '갑을개혁운동'의 기폭제가 되었다.

요구하는 집회를 진행하고 있었고, 그 과정에서 녹취록이 인터넷을 통해 온 국민에게 공유되었다.

국민들의 분노는 하늘로 치솟았다. 민변은 참여연대와 함께 대리점주들의 남양유업 전산조작 고발을 대리하였다. 언론의 뜨거운 관심 속에서 5월 6일 남양유업 사례가 포함된 피해사례 발표회가 진행되었는데, 이날 발표회는 이후 '갑을개혁운동'의 기폭제가 되었다. 민변과 참여연대는 이 힘으로 2013년 5월 14일 최초의 가맹점 보호법인 '대리점거래의 공정화에 관한 법률' 제정안을 이종걸 의원을 통해 입법청원하였다. 2016년 12월 12일 대리점법이 제정되었으며, 남양유업 사례는 그 이전인 7월 18일 남양유업 대리점 협의회와 남양유업의 협상 타결로 이어졌다.

또 다른 사건이 있었다. 2013년 용인의 한 편의점주가 자살한 것이다. 그 뒤를 이어 3명이 잇따라 자살을 선택하였다. 외관으로는 그럴싸하게 보이며 동네동네의 골목을 장악해가던 편의점의 실상이 백일하게 폭로되었다. 본사와의 불공정한 계약과 수수료 징수로 인해 편의점주들이 자기 생계비도 벌기 어려운 극한상황에서도 심야영업을 강요받는가 하면 폐점을 하려 해도 과도한 폐점위약금으로 폐점도 어려운 상황에 처해 있다는 사실이 알려지게 되었다. 대기업인 가맹본사들은 매출액에 대한 허위과장 정보 등으로 신규 가맹점을 무차별 모집하고 이미 다른 가맹점이 입점해 있는 상권에 아무런 거리 제한 없이 출점시켰다. 통계청 기준으로 프랜차이즈 편의점은 2006년 9,847개에서 2011년 21,879개로 5년 사이에 210% 이상 폭발적으로 증가했다. 적자를 보는 편의점이 속출했다. 그러나 과도한 위약금 규정 때문에 계약해지도 선택할 수 없는 상태에서 가맹점들은 약관규정에 따라 24시간 영업을 강요받았다. 점주들의 자살로 밝혀진 실상에 여론이 들끓어올랐다.

민변과 참여연대는 그 이전부터 편의점주들의 권익을 보호하기 위한 가맹사업법 개혁에도 힘을 쏟고 있었다. 2012년에도 꾸준하게 공정거래위원회에 편의점 본사의 불공정행위에 대한 신고를 진행했으나 정부가 주춤하고 있는 사이에 이와 같은 비극이 초래된 것이다. 민변은 여론을 등에 업고 2013년에는 가맹사업법 개정안이 발의되도록 온 힘을 모았다. 가맹점 영업지역 보호 의무화, 계약해지 시 과도한 위약금 부과 금지, 24시간 심야영업 예외 확대, 가맹점에 단체결성권과 단체교섭권 부여, 인테리어 강요 금지 등이 주요 내용이었다. 남양유업 사례에서처럼 당사자 증언대회를 열었다. 그 대회가 큰 위력을 발휘했다. 2013년 4월 2일 민병두 의원과 민변, 참여연대가 진행한 편의점주 피해사례 발표회는 언론의 뜨거운 관심을 불렀다. 그 힘으로 4월 18일 '전국 편의점주 가맹점사업자단체 협의회'가 출범해 가맹사업법 개정운동에 앞장섰다. 민변과 참여연대의 개혁안이 상당 부분 반영된 가맹사업법 개정안이 2013년 7월 3일 국회 본회의를 통과해 시행되었다.

남양유업 사건은 육대 갑질을 비롯한 '갑을 문제'를 총체적으로 제기하는 계기가 되었다. 2013년은 조직적 '갑을개혁'운동의 원년이었다. '을' 살리기 운동은 크게 네 가지 목표로 진행됐다. 우월적 지위를 이용한 재벌·대기업의 불공정 관행 근절 집단자치 원리에 기초한 을의 교섭권 제고 갑 편향적인 공정거래위원회의 개혁 당사자와 함께하는 경제민주화운동의 동력 확보가 그것이다.

을의 교섭권 제고는 개별 노동자가 회사와 대등한 교섭을 하기 위해 노동조합을 결성해야 하듯이 중소상공인 역시 개별 사업주로서는 막강한 힘을 가진 재벌·대기업과 대등한 거래관계를 형성할 수 없다는 인식에 기초하였다. 민변과 참여연대는 공정거래법, 하도급법, 대규모유통업법, 가맹사업법, 대리점보호법(제정안) 등 공정거래 관련 법률에 을의 단체결성권과 단체교섭권이 부여되어야 한다고 주장했다. 그 결과 2013년 한해에만 10건의 불공정 문제가 갑-을 협상을 통해 타결되는 성과가 있었다. 이 가운데 가장 큰 의미를 부여할 수 있는 것은 물론 남양유업 사례다. 대리점협의회의 결성을 지원하고 여론과 정당 등의 개입을 통해 갑에 대한 사회적·정치적 압박을 극대화한 결과 대리점 업계 최초의 집단교섭에 의한 협상타결이라는 성과를 이끌어냈다. 롯데그룹과는 그룹 차원의 상생협약을 체결하기도 하였다.

'을' 살리기 운동과정에서 공정거래위원회 개혁운동의 필요성도 다시 부각됐다. 최대 4년에 걸친 공정거래 사건 처리기간, 전속고발권을 가진 공정위의 소극적인 검찰고발권 행사, 자의적인 과징금 감경, 신고인에게 불리한 사건처리절차와 불공정 피해에 대한 구제제도의 부재 등이 문제였다. 2017년 문재인 정부가 출범하자 공정거래위원회는 내부에 집행체계개혁 TF를 구성하였고 민변의 회원들이 개별적으로 참여하였다. TF는 전속고발권 폐지, 사인의 금지청구권 제도 도입, 검찰과의 협력행정체계, 지방지치단체에 가맹사업 등의 권한이양, 민사적 분쟁해결 활성화 지원, 징벌적 손해배상제도 확대 등 그동안 지적되어온 공정거래위원회 행정의 개혁 문제를 다루어 나가고 있다.

경제민주화의 길에서 끊임없이 수련하다

:

민변이 본격적으로 민생 문제에 집중한 지 10여 년의 세월이 흘렀다. 그 사이 한국사회의 양극화는 전 세계 어느 국가가 감히 따라오지 못할 정도로 심각해졌다. 변호사들은 경제라는 새로운 분야에서 이제껏 본 적이 없는 사회현상이 계속 생겨나는 속에 민생운동을 펴나가기 위해 끊임없이 공부해야 했다. 경제학과 교수들을 초빙해 특별강좌를 열어 직접 배웠을 뿐 아니라, 외국 제도를 직접 번역해 가며 공부를 거듭했다. 그렇지 않고서는 정부관료들과 보수적인 경제학자들의 주장에 반대조차 할 수 없었다. 대부분의 정부 경제공무원과 경제학자들은 강력한 미국이 주창되던 레이건·부시 시대에 미국유학을 갔다 온 사람들이었다. 그들은 시카고 학파와 같은 보수경제학계가 주장하는 규제완화, 작은정부, 신자유주의의 국정철학을 절대적으로 신봉하는 태도를 보여주었다. 민주정부로 불리는 김대중·노무현 정부마저도 미국식의 국정운영방식이 세계적으로 공인된 기준(Global Standard)이라는 생각과 함께, 보수적 관료들과 경제학자들에 포섭되어 있었다. 미국에 없는 규제라면 그것은 마치 존재해서는 안 된다는 식이었다. 우리 사회에 맞는, 우리 문제를 해결하는 제도를 만들어내기 위해 민변은 민생경제위원회 내에 금융부동산팀, 공정경제팀, 조세재정팀으로 팀을 나누어 매달 세미나와 활동을 전개해 나가고 있다.

그중에서도 가장 고도의 정책적 판단이 수반된다고 하는 조세와 재정 문제에 대해서도 민변은 그 감시에 나섰다. 국민의 혈세가 누구로부터의 감시도 받지 않는 눈먼 돈이 되어서는 복지나 인권의 증진이 보장되는 민주사회는 불가능하다는 판단에서였다. 민변 변호사들은 2014년 11월 시민단체들과 함께 한

국석유공사 사장과 한국광물자원공사, 한국가스공사 사장을 배임죄로 고발하였다. 2008년에서 2012년 이명박 정부 시절 자원외교에 투입된 전체 자금은 약 29조 원에 이르지만 부실한 사업투자로 인해 자원공기업들의 부채 40조 원은 현재에도 줄지 않고 있고, 자원외교에는 여전히 세금이 투입되고 있다는 이유였다. 그 뒤 이를 이어 미국의 납세자 소송 제도를 국내 도입하여 위법한 재정낭비행위에 대해 국민에게 원고적격을 인정하여 국민의 혈세낭비를 막는 국민소송법 도입을 위한 운동도 전개 중이다.

민변의 시간에서 경제민주화로의 길은 절반 정도를 차지하고 있으나, 그 활동은 결코 가볍지 아니하였다. 우리 사회가 형식적인 민주주의의 틀을 갖출수록 결국 핵심적 과제는 사회의 불공정과 부조리를 없애는 일이며, 모든 공동체 구성원들이 인간으로서의 최소한의 삶의 질을 보장받는 것이다. 오늘도 변호사들은 '을'의 눈물을 닦으며 한발 한발 전진하고 있다.

3

·

시민
촛불의 광장에서
시민과 함께

·

촛불소녀의 등장

:

2008년 4월 18일 언론은 일제히 제2차 한미 쇠고기 협상이 전격 타결되었다고 보도했다. 캠프데이비드 한미정상회담을 하루 앞둔 날이었다. 한국은 2003년 미국과 그 뒤를 이은 일본에서의 광우병 발생에 따라 미국산 쇠고기 수입을 전면 금지하였다가 2006년 일부에 한해서 조심스럽게 수입재개가 이루어지고 있던 상황이었다. 한미FTA의 체결 후 미국의 쇠고기 수입재개 공세에 이명박 정부는 전격적으로 무릎을 꿇고 '뼈와 내장을 포함한 30개월 이상, 대부분의 특정 위험부위를 포함한 30

개월 미만'의 미국산 쇠고기를 수입하는 데 합의하였다. 그 무렵 인터넷에는 미국에서 오로지 고기를 얻기 위해 소들을 끔찍하게 사육하고 학대하는 동영상이 유포되고 있었고 미국발 광우병에 대한 국민들의 염려는 더욱 커져가고 있었다. 게다가 협상 직후 공개된 주요 내용과 5월 5일에서야 공개된 합의문은 축산농가의 피해, 광우병의 위험성에 대한 우려와 함께 국민의 의견이 반영되지 않은 것이 지적되어 각계 각층으로부터 큰 비판과 논란을 불러일으켰다. 그럼에도 정부는 만연한 대처로 일관하였다. 2008년 5월 2일 한달 가까이 문자와 인터넷으로 소통하던 여학생들이 청계광장에 하나둘 모여들었다. 어느 누구도 그날로부터 시작된 집회가 100일 이상 지속될 줄 몰랐던 때였다.《주간경향》은 그 당시 상황을 아래와 같이 증언했다.

"서울 청계소라광장에는 교복을 입은 수천 명의 여학생들이 모여들었다. 시간이 갈수록 참가자 수는 불어났다. 거리에선 그들은 '초짜'로 보였다. 들고 나온 피켓의 문구도 전형적인 '중단하라!'가 아니었다. 연단에 선 학생들의 자유발언도 중구난방이었다. 0교시 수업에서부터 대운하 반대, 물 민영화 문제 그리고 연예인 오빠에 대한 걱정까지. 그 누구도 '광우병 쇠고기 반대 집회'에 1만여 명의 청소년이 운집할 것을 예상치 못했다. 청소년의 주축은 여학생이었다. 이날 행사 주최는 포털 '다

음'에 개설된 안티이명박카페와 청소년단체 등이었다. 단체를
이끄는 '성인들'은 그저 팔장을 끼고 구경했다. 이들도 집회가
이렇게 '대박'을 칠 줄은 미처 몰랐다. 처음 촛불을 든 여학생들
을 언론은 '촛불소녀'라고 불렀다."

  소녀들이 시작한 촛불집회는 비록 수많은 시민들의 체포와
구속으로 잠잠해졌지만 이명박 정부의 기초를 흔들었고 광장
에 울려퍼진 〈대한민국은 민주공화국이다〉라는 노래는 2016
년 촛불혁명을 예고하는 메시지였다. 인터넷으로 무장하고 새
로운 형식으로 발언하는 것에 거리낌없는 세대의 등장 또한 모
든 이들에게 놀라운 감동과 충격을 주었다. 그러나 이 사건은
민변이라는 조직에게도 30년의 역사에서 획을 긋는 중요한 변
화의 계기가 되었다. 변호사들이 '법정에서 광장으로' 한걸음
더 나아간 것이다.

촛불시민의 옹호자로 나선 민변

:

민변은 한미FTA 협상과정에서부터 굴욕적이며 졸속으로 이
루어지고 있는 한미FTA 협상을 반대하며 싸워왔다. 특히 그와
같이 중요한 협상을 국민들과의 소통없이 일방적으로 진행하

는 것은 큰 문제라고 판단하였다. 협상과정에서 탄생한 민변 국제통상위는 FTA에 관한 정보공개청구와 그와 관련한 소송 등 활동을 해오던 중 쇠고기 협상이 타결되었다는 소식을 듣고 바로 농림수산식품부에 한미간 쇠고기 위생조건 개정 합의문 영문본과 한글본에 대해 정보공개를 청구하였다. 농림부장관이 자구 수정을 위해 양국이 검토 중에 있다며 공개를 거부하자 행정소송을 제기했으며 '미국산 쇠고기 수입위생조건' 고시가 입법예고되자 곧바로 반대 의견서를 내고 국정조사에 대한 청원서를 제출하였다.

그 사이 청계천 광장에서 시작된 촛불문화제는 하루가 멀다 하고 참여자가 늘어갔다. 주로 자발적으로 모인 중·고등학생들과 평범한 시민들이었다. 《주간경향》의 보도처럼 평화로웠을 뿐 아니라 마치 작은 축제와 같은 분위기가 연출되었다. 누구 한 사람이 목소리를 높이는 법도 없었고 각자 둥그렇게 모여서 기타를 연주하고 노래하며 발언하다가 시간이 되면 헤어졌다. 집회가 평화롭다 못해 재미있다는 소문이 퍼지자 엄마들이 아기를 유모차에 데리고 나오기까지 하였다. 참여자들은 정부가 국민의 의견을 귀담아 듣지 않는다, 혹시나 있을지 모를 광우병의 위험에 투표권이 없는 청소년, 사회적 약자, 군인들이 더 취약하다며 정부에 대한 불만을 거침없이 표현했다. 그렇게 모인 사람들의 숫자는 5월 14일에 3만 명을 넘기고 나흘 후에는 10만 명을 넘겼다. 줄어들지 않는 집회 참여자들을 본 정부는 큰 위기감을 느꼈다. 검찰은 촛불집회를 미신고 집회로 규정하고 연행과 처벌 방침을 천명하였다.

나라의 주인들이 폭력을 행사한 바도 없이 모여 자유롭게 자신의 의견을 말하는 것인데, 정부가 처벌한다는 것은 있을 수 없는 일이었다. 민변은 법률지원이 필요함을 절감하고 촛불시민을 지원하기 위한 별도 기구를 구성하기로 했다. '미국산 쇠고기 수입강행 및 항의운동탄압 대응을 위한 민변 법률지원단'이 그것이었다. 43명의 회원이 참여하였고 최병모 변호사가 단장을 맡았다. 법률지원단은 5월 22일 기자회견을 열고 첫째, 쇠고기 수입 관련 의견개진, 촛불집회 참여 등을 이유로 발생하는 인권침해를 감시하며 둘째, 수사기관의 수사 및 이로 인한 기소가 이루어질 경우 적극 변론 대응하며 셋째, 수사기관의 위법행위에 대한 법적 대응을 수행하겠다고 발표하였다. 아울러, 정부가 고시공표를 강행할 경우 신속하게 위법한 고시에 대한 행정소송과 헌법소원 등 가능한 모든 법적 대응에 나서겠다고 밝혔다.

5월 24일은 민변에게 중요한 분기점이 되는 날이었다. 변호사들은 이날 집회에 대거 참가하여 유인물을 배포하였는데, 백승헌 회장이 연사로 나서 "앞으로 촛불집회로 연행되는 시민들을 최대한 접견하고 무료로 변론하겠다"고 약속하였다. 이 약속은 순식간에 인터넷을 타고 시민들에게 공유되었고 그 결과는 예상을 훨씬 뛰어넘는 것이었다. 그날 집회에서 36명의 연행자가 발생하면서 이후 민변 사무국의 전화는 거의 매일같이 연행자 접견요청, 불법적인 공권력 집행에 대한 문의와 항의, 집회현장에서의 인권감시 활동요청으로 불이 난 듯하였다.

경찰의 대응이 거칠어짐에 따라 체포되는 사람들도 늘어났고 5월 30일 집회에서는 물대포를 동원한 진압으로 많은 부상자까지 발생했다. 갈수록 위험하고 위법적인 공권력 행사가 도를 더해갔다. 이 무렵부터 민변은 효과적인 지원과 대응을 위하여 법률지원단을 세부 팀으로 나눴다. 법률지원단 내에 헌법소원소송팀, 고소고발팀, 인권침해감시단, 형사변론팀을 추가로 구성하고, 사건의 규모와 상징성이 큰 사건은 별도로 네티즌과 잉수사공동변호인단, 광우병대책회의공동변호인단과 같은 변호인단을 구성하여 대응에 나섰다. 사무국은 연행자 접견과 변론을 배당하고 시민들의 문의에 대한 답변과 지침을 제공했다. 최초 43명이었던 법률지원단 규모도 계속 증가하여 2008년 7월 2일에는 두 배 가까운 75명이 참여하였다. 모두 회원공지를 보고 자발적으로 참여한 변호사들이었다. 변호사들은 촛불집회 현장에서의 인권침해감시활동, 연행자에 대한 접견, 변론까지 전방위적으로 활동했다. 이 시기에는 변호사 사무실에서 퇴근하면서 촛불집회 현장에 와서 밤새도록 인권침해 감시활동을 한 후 그 복장 그대로 사무실로 출근하는 변호사들을 어렵

6월 이후 집회에서의 연행, 구속
자가 끊임없이 발생한데다가 시
민단체인 언론소비자주권행동이
광고주 불매운동에 나서면서 다
시 정부의 대대적인 구속과 수사
가 이루어지면서 변호사들이 대
응해야 할 현안이 날로 급증하였
다. 이에 민변은 전 조직적으로 비
상체제에 돌입하게 된다.

지 않게 볼 수 있었다. 6월 이후 집회에서의 연행, 구속자가 끊임없이 발생한데다가 시민단체인 언론소비자주권행동이 광고주 불매운동에 나서면서 다시 정부의 대대적인 구속과 수사가 이루어지면서 변호사들이 대응해야 할 현안이 날로 급증하였다. 이에 민변은 전 조직적으로 비상체제에 돌입하게 된다.

사상 최대 규모의 공익집단소송, 쇠고기 고시 헌법소원 진행

:

시민들의 비판과 저항이 들불처럼 퍼져 나갔지만 이명박 정부 역시 멈추지 않았다. 5월 29일 농림식품부 장관은 '미국산 쇠고기 및 쇠고기 제품 수입 위생조건 고시'의 관보게재를 의뢰하였다. 답답함을 느낀 시민들은 민변으로 연락해서 고시의 효력을 박탈할 수 있는 법적 대응방법을 찾아달라고 요청했다. 법률지원단 안에서도 홈페이지를 이용한 대규모 집단소송을 통해 시민들로 하여금 의사표현의 분출구를 열어주고 소송 자체가 하나의 메시지가 될 수 있는 기획을 해보자는 의견이 힘을 얻기 시작했다. 이제껏 민변이 진행한 전례가 없는 대규모 집단 소송의 기획이었다.

5월 30일 민변은 홈페이지를 통해 헌법소원 참가인을 공개

모집하였다. 참가자에게는 5,000원의 참가비를 받기로 하였다. 참가비는 헌법소원 진행비용으로 우선 사용하고 남으면 촛불 문화제로 인해 형사재판을 받는 시민들에 대한 변론비용으로 사용하겠다고 알렸다. 처음 예상하기에는 많아봤자 수천 명 정도가 참여할 것으로 보았다. 그러나 홈페이지를 열자마자 뭔가 분위기가 심상치 않았다. 공개모집 한 시간 만에 100여 명이 참여하였고 국내는 물론 해외에서도 참여의사를 밝혀왔다. 소식이 인터넷을 타고 퍼져나가면서 홈페이지가 다운될 지경에 이르렀다. 마감시각이었던 6월 3일 밤 12시까지 전산망으로 참여의사를 밝힌 사람은 무려 103,476명이었다. 우리 사법 역사상 최대 규모의 청구인이었다.

전무후무한 청구인 숫자로 인해서 사무국과 변호사들이 감당해야 할 난관이 한둘이 아니었다. 일단 청구서 제출을 위해서는 10만 명이 넘는 청구인의 명단을 일일이 정리하고 그중 청구인 자격이 없는 사람을 걸러내야 했다. 더 큰 문제는 위임장 작성에 있었다. 청구인들 10만 명 각각의 이름을 적은 후 도장을 날인해야 했다. 그때만 해도 집단소송에 필요한 컴퓨터 프로그램이 활성화되어 있지 않았기 때문에 일일이 수작업을 해야 했다. 홈페이지에 공지한 청구일까지 불과 이틀의 시간밖에 없었다. 사무국의 인원으로는 불가능한 일이었다. 고심 끝에 혹시나 하는 마음으로 다시 홈페이지와 포털에 '도장 날인작업 자원봉사'가 필요하다고 호소하였다. 결과는 놀라웠다. 얼마 안 되어 100여 명에 이르는 자원봉사자가 소식을 듣고 민변 사무실로 찾아온 것이다. 시민들은 몇 평 되지 않는 좁은 사무실을 가득 메운 채로 이틀 동안 밤샘작업에 동참하였다. 광장의 시민과 법정의 변호사가 촛불로 하나된 감동적인 시간이었다.

청구서를 접수하는 6월 5일 새벽이 밝아왔다. 송상교 사무차장은 다른 상근자들과 함께 밤샘작업을 하고 스티로폼에 누워 잠시 눈을 붙이고 있었다. 밤을 새웠던 자원봉사자들은 집으로 돌아간 시각이었다. "저…" 민변사무실 문을 열고 조심스럽게 몇 명의 시민이 들어왔다. "직장에 출근하기 전에 단 한 시간이라도 날인작업을 도울 수 있을까 해서 왔습니다." 그 새벽에 찾아온 시민들을 보고 송 변호사는 감동으로 울컥해진 마음을 감출 수 없었다. 그와 같은 마음들이 모여 이틀 만에 무사히 도장 날인작업이 끝났고, 청구인 96,072명 명의로 헌법재판소에 헌법소원심판청구서(헌재 2008헌마436호)가 제출되었다.

사상 초유의 집단소송이다 보니 청구인들과의 소통도 특별한 조치가 필요했다. 대리인단은 청구인들에게 사건의 의미와 진행경과를 직접 안내하는 공개설명회를 개최하기로 하였다. 민변 차원에서는 이전에 시도된 바 없는 새로운 기획이었다. 대리인단은 청구인들에게 일일이 이메일을 보내 설명회 개최를 알렸다. 날짜는 제헌절인 7월 17일로, 장소는 촛불집회 현장에서 가까운 프레스센터로 잡았다. 대리인단 전원이 사건의 쟁점을 파워포인트로 설명하고, 최병모 단장이 향후 소송진행계획을 보고한 후 한택근 사무총장이 모집된 참가비와 집행 현황, 향후 사용계획을 보고하였다. 이 자리에는 약 300여 명의 청구인단과 시민이 참가하여 뜨거운 질문과 답변이 이어졌다.

심판청구가 시작되었고, 농림식품부와 법무부는 장문의 답변서와 의견서를 제출하였다. 대리인단은 수차례 회의를 거치고 국내와 각종 자료를 번역하고 감수하였다. 또한 국제법, 수의학, 보건 전문가 등 외부 전문가와 함께 정부 측 주장을 검토하고 논리를 가다듬었다. 최종적인 결정과 관계없이 헌법재판의 절차가 국민들의 의견과 비판을 정부가 겸허하게 청취하는 절차가 되도록 해야 했다. 그런 의미에서 대리인단은 공개변론을 열어줄 것을 강력히 요구하였으나 이에 대한 헌법재판소의 대응은 실망스러운 것이었다. 헌법재판소는 한 차례의 공개변론도 없이 서면심리만으로 12월 26일 기각결정을 내렸다. 9명의 헌법재판관 중 기각의견 5명, 각하의견 3인, 위헌의견은 단 1명이었다. 10만 명이 넘는 청구인들의 절절한 주장은 간단하게 배척되었다. 대리인단의 실망은 말로 다할 수 없는 것이었으나 청구인들에게 소송경과를 끝까지 보고하고 헌재 결정의 문제점을 알려야 한다는 판단 아래 2009년 2월 25일에 보고대회를 열어 그간의 경과를 시민들에게 알렸다.

거리의 변호사, 인권침해감시단

:

촛불집회가 그 규모를 키워가자 이명박 대통령은 한편으로는 청와대 뒷산에 올라 노래 〈아침이슬〉을 들으며 반성했다고 말하면서도 '명박 산성'이라 불린 컨테이너박스로 시위현장을 원천봉쇄하고 물대포와 각종 진압장비로 참여자들을 탄압하였다. 5월 24일 집회에서 36명이 연행된 이후 매일같이 민변으로 각종 문의와 접견요청이 쏟아졌다. 사무국은 그 요청에 대응하면서 시민들이 자신의 권리를 구체적으로 알 수 있도록 「현행범 체포의 법적 문제점」과 「강제연행시 대응지침」 등의 대국민용 지침을 작성하여 홈페이지에 게시하였다.

6월에 들어서자 법률지원단은 '인권침해감시단'을 별도로 구성하기로 결의하였는데, 체포나 구속이 일단 발생하기 전에 경찰의 위법한 공권력 남용을 저지하고 현장에서의 인권침해를 최소화하는 일이었다. 큰 집회가 열리는 날이면 변호사들은 인권침해감시단 깃발을 들고 변호사들은 제작해둔 조끼를 입고 집회에 참석하였다. 조끼는 시민들이 어디에서도 잘 알아볼 수 있도록 푸른 형광색으로 만들었다. 사람들이 많이 모이는 주말만이 아니었다. 평일에도 집회현장에서 문제가 발생하면 시민들은 자연스럽게 민변으로 연락했다. 연락을 받으면 사무국의 중개에 따라 그 현장에 가까운 곳에 있거나 즉시 가볼 수 있는 회원이 현장으로 출동하였다. 인권침해감시단은 집시법과 관계법률에 따라 현장의 문제를 판단하고 경찰과 시민들 사이에서 우발적인 마찰이나 충돌을 최소화하려고 노력하였다. 그러나 경찰은 민변의 활동을 무시하면서 집회참가자들과 같이 취급하였고, 이로 인하여 인권침해감시활동 과정에서 변호사들은 적지 않은 고초를 겪게 되었다. 6월 1일에 김광중, 이재정 변호사가, 6월 25일에는 강영구, 이재정, 이정희 변호사가 경찰에 의하여 강제연행되었고, 같은 날 이준형 변호사가 인권침해감시활동 중 전경의 방패에 직접 가격당하여 머리에 큰 부상을 입고 입원하는 일마저 발생하였다.

1,398명 연행자에 대한 변호인 접견

:

매일 수십 명의 시민이 계속 연행되는 상황 속에서 낮밤을 가리지 않고 연행상황을 알리는 전화가 쏟아졌다. 사무국은 법률지원단에 소속된 변호사들에게 연락하여 최대한 빠른 시간 내에 변호인 접견이 이루어지도록 노력하였다. 누구나 접견에 참여할 수 있도록 서울, 경기 지역 전체에 거주하는 회원들에게 이메일 또는 문자로 연행상황을 공지하고 접견을 요청하였다. 변호사가 집회현장이나 인근에 있는 경우는 연행된 당일 밤이나 새벽에도 접견을 실시하였다. 연행자가 주로 주말에 발생하였기에 상근자들은 주말에도 집에서 편히 쉴 수가 없었다. 모든 접견배당이 완료될 때까지 연락을 거듭해야 했다. 6월 29일 집회는 연행자가 가장 많이 발생한 날이었는데, 그날 하루에만 무려 122명이 연행되어 16개 경찰서에 유치되었다. 변호사들은 하루 종일 경찰서를 돌아다니며 연행된 상황을 파악하고 불안에 떠는 사람들을 다독거려주고 수사 대응법과 피의자의 권리를 알려주었다. 통계를 내어보니 최초의 연행자가 발생한 5월 24일부터 촛불집회가 사실상 마무리된 8월 26일까지 총 183회에 걸쳐 1,398명의 연행자를 접견하였다. 연행된 사람들 대다수가 민변의 접견지원을 받았다.

변호사들이 만난 사람들은 대개는 반정부집회라고는 평생 참석해본 적이 없는 평범한 시민들이었다. 초기부터 집요하게 촛불집회의 배후에 반정부세력이 있어서 시민들을 조종하고 있다고 주장한 정부의 주장은 아무 근거가 없었다. 민변은 취합한 통계로 이를 정면으로 반박했다. 5월 28일까지의 연행자 113명 중 104명을 대상으로 조사한 결과 연행된 사람의 직업은 학생, 재수생, 회사원, 대학생, 취업준비생, 영어강사, 부동산 중개인, 대리운전기사, 자영업자, 사진 동호회 회원, 무직 등 매우 다양하였다. 대학생이 36명, 직장인 26명, 중고생 8명, 시민단체 6명, 자영업 5명, 일용직 3명 순이었고 전체에서 시민단체나 정당에 소속되어 있는 사람은 10명에 불과하였다.

접견을 통해 경찰의 무차별적이고 위법한 연행 실태 또한 드러났다. 집회에 적극 참여하지 않았음에도 연행된 사람들이 적지 않았다. 그냥 구경만 하다가 연행된 사람, 사람들이 연행당하는 것을 보고 의협심에 구출하려다가 함께 연행된 사람, 퇴근 후 집에 가던 길에 경찰이 막아서서 체포된 사람, 배차를 받기 위해 가던 중 체포된 사람, 심지어는 집회현장 부근에서 화장실을 가려다가 체포된 사람 등 그 유형도 다양했다. 1급 장애인 농아자로서 수화도 불가능하여 몸동작으로 간단히 제스쳐만 가능한 사람을 연행한 사례, 수업을 받아야 하는 학생에 대해서 다음날 오후까지 구금하는 사례도 있었다. 체포과정에서 묵비권과 변호인 선임권에 대한 미란다원칙의 고지가 제대로 이루어지지 않고 경찰차에 탄 후 한참 지나서나 경찰서에 도착해서, 또는 항의를 하자 그때서야 고지를 했다는 경우도 다수 발견되었다.

촛불연행자 무료변론,
8년간 이어진 촛불변론

:

경찰의 무차별적인 연행에 이어 검찰은 초기부터 연행자 대부분에 대한 수사 및 처벌의사를 밝혔다. 형사처벌을 예고함으로써 불타오르던 촛불의 기세를 꺾으려는 움직임이었다. 예상대로 2008년 하반기에 들어서자 검찰의 기소가 시작되었다. 놀란 시민들은 민변으로 다시 연락하기 시작했고, 수백 건에 이르는 변론요청이 민변에 접수되었다. 이 시기 전까지 민변은 주로 구속된 사람들을 어떻게 변론할지를 논의하고 있었는데, 검찰의 벌금형 구형과 법원의 약식명령이 집회 참가자들에게 전해지면서 변론요청은 기존의 법률지원단 소속 변호사들만으로는 지원이 불가능한 규모로 확대되었다.

2008년 9월경 사무국은 고심 끝에 모든 민변회원에게 촛불변론에 참여해줄 것을 요청하기로 결정하고, 특별히 반대의사를 표하지 않는 이상 가급적 많은 회원에게 변론을 일률적으로 배당하기로 정하였다. 두 차례에 걸쳐 전체 회원을 상대로 촛불변론 참여요청을 공지하고 참여가 어려운 회원은 미리 의사를 밝히도록 하였다. 사상 최대 규모의 촛불 무료변론의 시작이었다. 문제는 비용이었다. 다행히 그 해 여름의 쇠고기 고시에 대한 헌법소원 참가비가 별도 계정으로 적립되어 있었다. 기껏해야 수백, 수천 명으로 생각했던 청구인단 규모가 10만 명 가까이 되어 그 참가비로 형사변론을 진행할 수 있다는 판단이 내려졌다. 사무국은 촛불변론을 진행하는 변호사에게 촛불기금에서 교통비와 문서작성, 기록 복사 등을 모두 포함하여 총 30

만 원의 비용을 지급하였다. 촛불재판의 대부분은 무죄를 주장하고 있었고 그에 따라 여러차례 재판을 거듭해야 할 상황이었다. 그런 재판에서 사실상 자신의 돈을 써가면서까지 나서 줄 것을 회원들에게 요구한 셈이었다. 그럼에도 83명이나 되는 변호사들이 기꺼이 촛불변론을 맡아주었다.

촛불변론 건수는 계속 늘어갔다. 검찰이 발간한 수사백서에 의하면 2008년 5월 2일부터 같은 해 8월 15일까지 106일간에 걸쳐 열린 미국산 쇠고기 수입반대를 이유로 한 촛불집회에서 1,476명이 입건되어 이 가운데 43명이 구속기소, 165명이 불구속기소되었고, 1,050명이 약식기소되었다. 그중에서 민변은 총 939명을, 사건으로는 총 300건을 변론하였다.

법률지원단은 일관성 있는 변론을 위해서 촛불사건의 쟁점을 정리한 후 그 변론방향을 논의를 통해서 확정하여 「촛불변론 매뉴얼」을 작성, 회원들에게 회람하였다. 촛불사건은 서울중앙지방법원의 몇 개의 단독재판부에 배당되었는데, 재판정에 가면 민변의 회원변호사들과 촛불시민들로 법정이 가득하였다. 변호사들은 재판진행 상황을 공유하면서 차근히 대응해 갔다. 특히 검찰이 그 이전에는 적용이 없다시피 했던 일반교통방해죄를 적용한 것이나, 야간집회를 금지하는 집회및시위에관한법률(이하 '집시법')을 적용한 것은 헌법 위반이라는 생각이 강해졌다. 변호인단은 위헌제청결정신청을 해보기로 결의하였다. 선도적으로 재판을 진행하던 몇 사건에서 일제히 신청서가 접수되었다. 변호인단의 열의에 처음에는 대수롭게 생각하지 않았던 형사 재판부들 또한 조금씩 사건의 처리에 신중을 기하기 시작했고, 2008년 10월 13일 야간옥회집회를 금지한 집시법 제10조에 대하여 최초로 위헌제청결정이 내려졌다. 1년 후인 2009년 9월, 헌법재판소는 야간옥회집회 금지조항에 대해 집회의 시위에 관한 자유를 침해한다는 이유로 헌법불합치결정을 내렸다. 위헌결정이 나오자 검찰은 일제히 공소장을 변경하였다. 이번에는 집시법 제10조의 '야간옥외시위금지'였다. 변호인단은 다시 야간옥외시위금지조항에 대해서도 위헌제청결정신청을 했고 2009년 12월 7일 이에 대해서도 법원의 위헌제청결정이 이루어졌다. 대부분의 촛불재판이 다시 헌재결정을 기다리며 중단되었는데, 그 결정이 나오기까지는 4년이 넘는 시간이 필요했다. 헌법재판소는 2014년 4월이 되어서야 "구 집시법 제10조 및 제20조 제3호 중 '제10조 본문'에 관한 부분은 각 일몰시간 후부터 같은 날 24시까지의 옥외집회 또는 시위에 적용하는 한 헌법에 위반된다"고 결정하였다. 대법원도 그해 7월 밤 12시 이전의 야간옥외시위에 대하여 무죄를 선고하였다. 헌법재판소의 결정을 기다리고 있던 사건들이 일제히 다시 진행되었으며 그 뒤로도 민변은 당사자들의 요청이 있을 경우 항소심과 상고심에 이르는 변론을 모두 무료로 지원하였다. 2016

년이 되어서야 대부분의 형사사건이 마무리되었고 그간의 경과와 주요 쟁점에 대한 변론을 담은 『촛불백서Ⅱ』가 발간되었다. 무려 8년에 이르는 대장정이었다.

표현의 자유 시험대에 오른 법원

:

집회의 자유란 본질적으로 표현의 자유를 뜻하는 것이다. 2008년 정부의 쇠고기 수입협상에 저항한 촛불집회는 이명박 정부 치하에서 표현의 자유에 대한 하나의 시험장이었다. 이것은 단순한 촛불'집회'에 그치지 않았다. 주권자인 국민의 의사를 무시하는 정부에 대한 저항은 왜곡된 보도로 시민들을 기만하였던 몇몇 언론에 대해서도 거세게 타올랐다. 촛불집회의 현장에는 조선일보와 동아일보 사옥이 있는데 그 사옥 앞에는 조중동의 왜곡보도에 항의하는 집회가 그치지 않았다. 그럼에도 언론이 왜곡보도를 일삼자 시민들은 조중동 광고주 불매운동으로 나섰다. 그러나 정부와 이에 부역하던 언론은 가만히 있지 않았다. 카페 운영자들이 업무방해죄로 구속기소된 것이다. 민변은 여기에도 16명의 변호인단을 구성하여 대응하였다. 변론에 임하면서 소비자운동으로서 그 표현의 자유는 존중받을 것이라 생각하였지만 2013년 대법원은 광고주들에 대한 업무방해를 인정하는 판결을 내렸다.

그뿐이 아니었다. 촛불집회의 도화선을 당긴 MBC〈PD수첩〉제작진에 대하여 정부와 검찰은 전격적으로 대응에 나섰다. 농림수산식품부는 기자들을 명예훼손으로 수사의뢰하고 검찰은 즉각 수사에 나서서 무리한 기소를 서둘렀다. 당시 내부에서 무죄의 의견을 주장한 부장검사는 사직하였다. 보수단체들의 사과 및 정정보도, 손해배상청구도 이어졌다. 〈PD수첩〉제작진에 대한 재판이 계속되는 동안 언론은 더욱 위축되었으며 우리 사회의 표현의 자유 보장지수는 날이 갈수록 추락하였다. 검찰은 이 시기 표현의 자유를 탄압하기 위해 갖은 시도를 하였는데, 사문화되어 있는 법조항을 꺼내 기소하는 것이 그 한 방법이었다. 민변은 이를 '악법의 재발견'이라고 불렀다. 대표적인 것이 전기통신기본법 제47조 제1항에 근거한 허위사실유포죄 기소였다. 허위사실유포죄는 제정 후 거의 50년간 적용 사례를 찾아볼 수 없는 사문화된 조항이었다. 그런데 검찰은 이 조항을 다시 살려내서 고교생 휴교문자 발송 사건, 여대생 사망설 유포 사건 등을 포함하여 6건을 기소하였다. 법원은 이들 사건 중 고교생 휴교문자 사건에 대하여 무죄를 선고한 외에는 나머지 사건 모두에 대하여는 유죄로 판단하고, 변호인단이 제기한 위헌법률심판제청신청 역시 모두 기각하였다. 악법의 재발견, 그 절정은 이른바 '미네르바 사건'이었다. 검찰과 법원에 맞서 변호사들은 법정에서 꿋꿋이 싸워 나갔고, 마침내 허위사실유포죄 자체에 대한 2010년 헌법재판소 위헌결정으로 결실을 거뒀다.

변론요청에 대응하는 것 외에, 촛불집회 초반부터 민변은 이명박 정부가 자행하는 표현의 자유에 대한 탄압에 주목하였다. 표현의 자유가 보장되지 않는다면 그 사회의 다른 인권들은 더욱 심각한 수준으로 추락할 수밖에 없다. 그래서 표현의 자유 침해사례를 취합하여 고소고발, 손해배상 청구, 국가인권위원회에의 진정 등 다양한 방식으로 대응해 나갔다. 평화로운 집회까지 미신고 폭력집회로 몰아붙이며 시민을 무차별 연행하고 처벌하려는 정부와 검찰에 맞서면서 이를 근본적으로 제어하고자 하는 움직임이었다. 그러나 민변의 고소고발장을 접수한 검찰은 제대로 사건을 들여다보지도 않았다. 물론 관련자들에 대한 어떤 기소도 없었다. 이준형 변호사는 경찰의 폭력적인 진압에 이마가 찢어져 기절하고 병원에 입원하는 큰 부상을 입었으나 검찰은 관련 경찰관 누구도 기소하지 않았다. 이러한 상황에서 민변은 시민들을 단련시킬 필요성을 느꼈다. 변호사들에게만 무조건 의존할 게 아니라 시민으로서의 권리를 알고 이를 행사하는데 익숙한 시민들이 필요했다. 이 기획은 2009년에 시민용 형사절차 안내서인 『쫄지 마, 형사절차』 발간으로 이어졌다.

표현의 자유 기금

:

2011년 10월, 팟캐스트 '나는 꼼수다'의 김어준 총수가 민변을 방문했다. 2012년 총선과 대선을 앞두고 새로운 토론의 장으로 떠오른 SNS 사용자에 대해 선관위와 검찰이 나서서 선거법 위반과 명예훼손죄로 처벌하겠다는 의사를 공공연히 표명하고 있었던 때였다. 김어준 총수 역시 수사대상으로 지목되어 그 변론을 부탁하러 온 것이다. 그러나 민변의 변론지원 기준으로는 김어준 총수를 변론해주기 어려웠다. 정연순 사무총장은 변론 의뢰를 정중하게 거절하면서 지금 인터넷에서 수많은 시민들이 정부의 정책이나 여당 사람들을 비판한다는 이유만으로 수사를 받고 잔뜩 '쫄아 있는' 형편을 하소연했다. 옆사람이 이리 이리하여 처벌받았다더라 하는 소식만으로도 시민들의 표현의 자유는 크게 쪼그라들고 있었다.

민변은 회원들의 회비로만 움직이는 조직이라 시민들을 돕고 싶어도 변호사들에게 최소한의 비용을 마련해주기 어려웠다. 그 하소연을 들은 김어준 총수는 팟캐스트 '나는 꼼수다'를 통해서 SNS 사용자들에 대한 법률지원기금을 모금해보면 어떻겠느냐고 제안하였다. 민변이 특정 목적으로 일반 시민들로부터 변론기금을 모은 최초의 사례인, '표현의 자유 기금'의 시작이었다.

집행위는 정연순 총장을 통해 보고받은 모금 제안을 두고 집중적인 논의를 벌였다. 부작용은 없을지, 얼마나 모일지 여러 걱정이 있었다. 그러나 광우병 촛불을 거치면서 민변은 사후적 대응만으로는 인권과 민주주의 후퇴를 막기 어렵다는 점을 절감했고 선제적으로 표현의 자유 위축을 막아야 한다는 공감대를 형성했다. 만약 시민들이 언제라도 '민변이 변론해줄 것'이라고 신뢰한다면, 터무니없는 정부의 탄압과 검찰의 으름장에서 좀 더 자유로울 수 있을 것이었다.

기금 모집방식은 기부금품의 모집 및 사용에 관한 법률을 따랐다. 서울시에 기금 모집 및 사용 신청서를 접수하고, 정식 명칭은 '표현의 자유 옹호와 증진을 위한 공익변론기금'으로 정했다. 목표액은 5억 원, 모금기간은 3개월로 잡았다. 목표액을 정하면서 너무 많지 않냐, 그만한 돈이 모일까 걱정이었다. 그러나 시민들의 반응은 민변의 기대를 뛰어넘는 것이었다. '나는 꼼수다'에서 민변이 '쫄지 마' 기금을 모은다는 사실을 알리고 그 기자회견이 보도되자 그야말로 순식간에 폭발적인 호응이 이루어졌다. 이미 우리 사회의 소통의 방식은 변화하고 있었고 스스로를 주권의 행사자라 생각하는 시민들이 늘어나고 있었다. 게다가 시민들은 2008년 촛불집회에서 민변을 만났다. 무려 10만 명이나 되는 시민들이 미국산 쇠고기 고시 위헌 헌법소원을 제기하면서 민변과 함께 일해본 경험을 가지고 있었던 것이다. 그 지지와 성원은 기금으로 이어졌다. 2011년 12월 25일부터 2012년 1월 6일까지 단 13일 만에 9,038명의 시민이 4억 79,977,233원을 기부하여 행복한 조기 마감을 기록했다.

민변으로서는 그 성원에 가슴 벅차기도 하고 한편으로는 책임감에 어깨가 무겁기도 하였다. 집행위는 바로 기금을 투명하고 공정하게 사용하기 위한 운영규정, 집행규정을 만들었다. 누구에게 어떤 경우에 기금을 지원하는 것인지, 어떻게 지원할지를 세세히 규정하였다. 2015년 5월 말까지를 1차적인 지원기간으로 정했다. 온라인에서 이루어진 각종 발언, 구체적으로 한미FTA, 4대강 사업, 반값등록금, 무상급식과 같은 당시 이슈가 된 정부의 정책과 선거 후보자, 공무원에 대해 어떤 사실이나 의견을 밝혔다는 이유로 수사를 받게 된 경우를 그 지원대상으로 하였다.

그로부터 2017년 12월에 사업을 마감하기까지 6년 가까이 민변은 총 229건의 변론지원을 수행하였다. 당사자의 수는 개인 158명, 단체 9개, 변론을 담당한 변호사는 68명에 이른다. 변론활동 외에도 2013 표현의 자유 페스티벌, 토크쇼, 서울인권영화제 지원, 통신행정심의 모의심의회 등 위축되는 표현의 자유를 지키기 위한 각종 행사를 지원하였다. 2012년에는 대선 유권자를 위한 '응급처치 선거법' 책자를 제작하였고 표현의 자유를 확대 보호하기 위한 지침을 담은 『시위에 대한 시민행동

지침서』를 발간했다. 2017년에는 시민들이 공공의 주제에 대해 발언하고 싶은 경우, 집회를 포함한 다양한 방식을 안내한 『말 좀 해도 될까요』라는 책자도 발간하였다. 표현의 자유 기금은 깨어 있는 시민들과 변호사들의 접점이 되었다.

2008년 촛불과 민변

:

대규모 변론은 2008년 촛불집회 이전에도 없지 않았다. 1996년 9월 수천 명의 연행자를 기록한 한총련 8·15 범민족대회 개최와 관련한 연세대 사태에서의 대응이 그것이다. 당시 민변은 피해자신고센터를 개설하고 정부의 강경진압을 비판하며 구속자들에 대한 공동변론에 나섰다. 그러나 2008년 촛불집회는 그와 다른 성격을 가진 사건이었다. 연세대 사태만 하여도 한총련, 즉 학생운동이라는 특정한 그룹에 속한 사람들이 변론의 대상이었다. 그러나 2008년은 집회나 시위에 평생 참여해보지도 않았고 스스로 관계가 없다고 생각해왔던 사람들이 민변의 변론을 받았다. 이명박 정부의 언론탄압은 역설적으로 민변이라는 변호사 단체와 민변이 옹호하고자 하는 인권의 가치를 시민들에게 널리 전파하였다. 평범한 시민들은 평생을 가야 법원에 드나들 일이 없다고 생각했기 때문에 시국사건 변론과 정책활동에 집중하였던 민변을 상층전문가 단체 또는 명망가 중심 단체로서 생각하는 경향이 강했다. 게다가 노무현 정부 이후 일부 언론은 민변을 정치지망생이 모인 곳이나 친정부단체로 매도하기도 하였다. 그러나 2008년 촛불집회를 거치면서 시민들은 민변을 달리 보게 되었다.

여기에는 주목할 만한 세 번의 전환점이 있었다. 초기에는 국제통상위원장 송기호 변호사의 정보공개를 통한 문제제기처럼 전문가가 아니면 수행할 수 없는 일들을 해내는 것을 보면서 시민들의 신뢰가 쌓였다는 것이다. 이는 고전적인 의미의 전문가의 역할이다. 중기 이후, 시민들과의 접촉이 폭발적이고 지속적으로 넓어진 데에는 '국민소송 헌법소원'이라는 타이틀을 걸고 진행한 10만인 헌법소원 청구인단 모집이 중요한 계기가 되었다. 이것은 다시 연행자들에 대한 대대적인 무료변론으로 이어져 수많은 시민들에게 민변이 약자를 대변하는 법률전문가 집단이라는 신뢰를 갖도록 하였다. 마지막으로 시민들의 신뢰가 형성되는 데에는 민변 특유의 '현장성'과 '헌신성'이라는 요인이 작동하였다. 이것은 자칫 법률전문가라는 특성에 골몰하는 경우 놓치기 쉬운 핵심적 요소였다. 민변의 변호사들은 현장으로 나가 시민들과 함께 호흡하며 인권침해 감시활동을 벌였다. 이러한 모습은 책상에 앉아서 권위적 태도를 보이는 전문직으로 변호사를 생각하고 있던 시민들에게는 다소 충격적인 경험이었다. 촛불집회 참가자들은 SNS를 통해서 민변의 전화번호를 공유하며 시민들과 함께하는 변호사들을 알고 있음을 스스로 자랑스러워했다. 그것은 곧 바로 민변에 대한 신뢰로 이어졌다.

이 경험은 2008년 촛불집회로 끝나지 않았다. 2011년 김진숙 한진중공업 지도위원의 고공농성을 지지하는 희망버스가 전국에서 출발하여 부산에 모인 현장에서도 민변의 변호사들은 시민의 자격으로 동시에 변호인의 자격으로 함께하였다. 시민들뿐만 아니라 민변 스스로도 시민과 소통하며 함께 나아가야 함을 당위로 깨우쳤다. 그리고 이는 2012년 민변의 발전전략으로 제시되었다. '시민과 함께하는 진보적 법률가 단체'가 민변의 지향점으로 제시된 것이다. 진보적 법률가단체로서의 정체성 강화는 전문성/대안성과 현장성/헌신성이 함께 어우러져야 성공적으로 이루어질 수 있다. 현장의 목소리를 외면하지 않고 그 아픔에 공감하며 동시에 시민들과 함께 민주주의와 인권을 지켜가려는 변호사들이야말로, 진정 그 창립정신을 날마다 새로이 되새기는 주역들인 것이다.

,

3장

평화와 통일을 위한
한길

,

1

·

평화
이 땅의 주권을
지키기 위하여

·

반세기 동안 금기의 영역,
미군 문제에 도전하다

:

해방은 미군과 함께 왔다. 1945년 9월 6일, 일본의 항복과 무장 해제를 위해 미군 24군단 선발대 30여 명이 김포비행장에 도착했고, 이틀 후인 9월 8일에는 인천항으로 미군이 상륙했다. 미군은 상륙과 동시에 '포고령'을 발표했고, 대한민국 정부가 수립되기까지 3년간 한반도의 남쪽을 지배한 것은 미군정이었다. 동족상잔의 전쟁 끝에 미군은 한미상호방위조약과 한미주둔군 지위협정으로 '합법적' 지위를 확보했다. 수도 서울의 한복판 용산과 전국 각지에 자리 잡은 미군 기지와 그곳에 주둔한 미군은 '우리나라'를 지켜주는 감사한 존재였을 뿐 비판과 감시의 대상은 아니었다. 기지촌 인근에서 벌어지는 미군의 범죄는 거론조차 되지 못했다. 미군 '철수'나 미군 범죄, 미군의 주둔비용 등을 문제 삼는 것은 한미 '혈맹'을 깨뜨리고 위험하게 만드는 '불경스러운' 행위였다. 이와 같은 금기의 영역은 반세기 동안 지속됐다.

한반도에서 미군이 차지하고 있는 지위에 대해서 발언하는 것은 한반도에서 '평화'가 갖는 의미를 되묻는 것이었고, 미군의 범죄나 불평등한 행정협정에 대해 발언하는 것은 한반도에 사는 사람들의 '인권'을 외면하지 않으려는 몸부림이었다. 그러므로 인권과 민주주의를 위해 모인 변호사들의 단체인 민변이 미군의 지위와 역할, 그와 관련된 각종 법률 문제에 관심을 기울이는 것은 당연한 일이었다. 민변은 창립 그해 가을, 자주민주통일국민회의가 주최한 '한미행정협정에 관한 공청회'에 후원단체로 참여한다. 한미행정협정[1], 정확히는 한미주둔군지위협정(SOFA : States of Forces Agreement, 이하 'SOFA')은 미군들에 대한 편의제공 차원을 넘어 한국의 주권을 포기하였다고 할 정도로 불평등한 협정이었다. 1967년 한미상호방위조약에 기초해 체결된 한미행정협정은 동 협정에 의하면 미군의 범죄에 대해서 대한민국은 사실상 재판관할권을 가지지 못하였다.[2]

그에 따라 미군들이 벌이는 범죄에 대해서 대한민국 정부는 어떤 조치도 취하지 못한 채 자국민의 안전과 인권을 포기해야만 했던 것이다. 빗발치는 국민들의 항의에 1991년 일부 개정을 하기는 하였으나 여전히 그 불평등은 극복되지 않던 중 1992년 10월 온 국민을 경악케 하는 사건이 발생하였다. 동두천 미 2사단 케네스 리 마이클 이병이 윤금이 씨를 잔인하게 살해한 사건이다. 이 사건에서 미군 측은 한미행정협정을 근거로 강간 살인범 마이클 이병의 신병 인도를 거절했다. 온 국민의 분노가 들끓어 올랐다. 민변은 윤금이 씨 살해 사건을 계기로 결성된 주한미군범죄근절운동본부가 개최한 공청회를 통해 SOFA의 개정 방향을 제시했다. 또한 1996년 11월 '인권과 평화를 위한 한일법률가 교류회'를 개최하여 장주영 변호사가 '미군의 한국 주둔에 관련된 제반 법률 문제'를 주제로, 일본의 나카야마 타다카츠 변호사는 '일미지위협정재검토 요구와 오키나와 현민의 투쟁'을 주제로 상호 발제하고 토론하기도 했다.

그 뒤 민변에 미군 문제 연구위원회(이하 '미군위')가 설치된 것은 2001년 5월이었다. 윤금이 씨 살해 사건 이후에도 미군범죄는 전혀 근절되지 않았다. 2000년 4월 이태원 술집에서 여종원을 살해하고도 그 범인인 매카시 상병이 도주하는 사건이 발생하고 석 달 후인 5월 8일에는 화성시 매향리 폭격장에서 미 공군의 오폭으로 주민 6명이 부상당하는 사고가 발생했다. 그해 2월에는 용산 미8군 기지에서 맹독성 발암물질인 포르말린 용액 470병이 한강에 무단 방류되는 사건이 발생했다. 봉준호 감독의 영화 〈괴물〉의 모티브가 되기도 했던 용산기지 포르말린 방류 사건의 주범인 미 군무원 맥팔랜드(Albert L. McFarland)에 대해 미군 측은 "공무 중 발생한 일이므로 대한민국 당국의 형사재판권이 미치지 않는다"는 주장을 했다. 미군 측은 맥팔랜드에 대한 공소장 수령마저 거부했다. 전 국민의 분노가 끓어올랐다. 그동안 한미행정협정 개정요구를 계속 무시하던 미군은 이에 밀려 마지못해 2000년 일부개정[3]을 하였으나 본질적인 독소조항은 여전하였다. 그 동안 개별적 대응을 해 오던 민변은 주한미군의 문제가 대한민국의 주권과 직결되는 '법률적' 연구와 활동의 대상이라는 결론에 이르렀다. 조직적 대응의 결의에 이른 것이다. 미군위의 설립은 그동안 산발적으로 이루어지던 미군과 관련한 연구와 활동을 보다 체계적으로 기획함으로써 다수의 회원들이 참여할 수 있도록 하고, 관련 단체들과의 지속적인 연대를 이끌어낼 수 있는 중요한 계기가 되었다.

촛불저항운동의 시작을 열다-
미군장갑차 여중생 압사 사건

:

2002년 6월 13일 경기도 양주군 56번 지방도로 언덕길에서 당시 중학교 2학년이던 신효순, 심미선 두 학생이 갓길을 걸어가다가 훈련 중인 미 제2사단 공병대대 소속 부교 운반용 궤도차량 바퀴에 깔려 사망했다. 사건 발생 이후 '효순이', '미선이'라는 이름으로 기억된 두 학생의 나이는 열네 살이었다. 미군은 사건 발생 직후 한국 경찰에 연락도 하지 않은 채 현장을 방치했고, 미군의 조사만을 거친 후 6월 19일 조사결과를 발표했다. 미군의 발표는 이러했다.

"이번 사고는 고의적이거나 악의적인 것이 아닌 비극적인 사고였다. 장갑차 조종수인 마크 워커 하사가 두 명의 여학생을 확인하지 못하였고 전차장 페르난도 니노 하사의 통신 장애까지 겹쳐서 피치 못하게 발생한 사건, 즉 지휘체계에 과실이 있었다."

그런데 6월 28일 미2사단 대변인은 라디오 인터뷰에서 "누구의 과실도 없으며 사고 운전자에 대한 조사가 종결되어 정상적인 생활을 하고 있다"고 밝혔다. 앞뒤가 맞지 않는 미군의 조사결과와 입장발표에 대해 한국정부는 침묵했다.

민변은 사건 발생 직후 결성된 '미군 장갑차 여중생 고 신효순, 심미선 양 살인 사건 범국민대책위원회'로부터 진상조사를 의뢰받았다. 6월 29일 미군위원장 이석태 변호사와 이정희, 권정호 변호사, 전명훈 간사가 조사위원으로서 현장조사에 나섰고, 미2사단의 발표자료 등 관련자료를 검토하고 증언을 청취했다. 7월 3일 민변은 '고 신효순, 심미선 양 사망 사건 진상조사 중간조사결과'를 발표를 통해 "이 사건은 미군의 조사만으로 끝나서는 안 되는 사안으로, 추가수사가 필요한 사항이 많다. 한국정부는 미군 측에 재판권 포기를 요청하여 진상을 조사하라"고 촉구했다.

당시만 해도 한미행정협정 때문에 한국정부는 아무것도 할 수 없다는 무력감이 팽배할 때였다. 협정에 의하면 공무 중 발생한 사건에 관한 1차적 재판권은 미국이 가지고 있기 때문이었다. 그러나 변호사들은 협정 양해사항 제22조에서 "일방 당사국이 타방 당사국의 일차적 관할권 포기를 요청하고자 할 경우, 해당 범죄의 발생을 통보받거나 달리 알게 된 후 21일을 넘지 아니하도록 가능한 한 빠른 시일 내에 이를 서면으로 요청하여야 한다"라는 규정하고 있는 것에 주목했다. 이 규정에 따라 한국정부가 미군 측에 재판권 포기 요청을 하고 한미합동수사를 진행해야 한다고 강력히 요구했다. 재판권 포기요청 시한

민변은 사건 발생 직후 결성된 '미군 장갑차 여중생 고 신효순, 심미선 양 살인 사건 범국민대책위원회'로부터 진상조사를 의뢰받았다. 6월 29일 미군위원장 이석태 변호사와 이정희, 권정호 변호사, 전명훈 간사가 조사위원으로서 현장조사에 나섰고, 미2사단의 발표자료 등 관련자료를 검토하고 증언을 청취했다.

은 2002년 7월 5일로 임박해 있었다. 민변이 7월 3일 서둘러 중간조사결과 발표를 강행한 것도 바로 이런 사정 때문이었다. 민변은 사망한 두 중학생의 아버지를 신청인으로 하여 법무부장관에게 형사재판권 포기요청 신청을 했다. 법무부는 이를 받아들여 7월 10일 미군 측에 형사재판권 포기 요청을 했다. 한국정부가 한 최초의 재판권 포기 요청이었다. 8월 7일 미군은 전례가 없는 일이라며 한국정부의 요청을 거부했다. 미군 측이 거부하기는 했으나, 한미행정협정 규정에 따라 한국정부가 미군에 요청한 최초의 재판권 포기 요청이라는 점에서 의미 있는 성과물이었으며, 미군위를 설립하여 조직적이고 지속적으로 대응해 보자는 민변의 활동목표가 적절했음이 확인된 순간이었다.

정작 이 사건으로 국민들의 분노가 폭발한 것은 사망사고를 일으킨 미군 2명에게 무죄판결이 내려졌다는 것이 알려진 때였다. 2002년 11월 동두천 미군기지 군사법정에서 열린 재판에서 배심원단은 두 범죄자에 대해 무죄판결을 내렸고, 이들은 '유감'이라는 말만 남기고 미국으로 떠났다. 추모의 의미로 들었던 촛불은 '저항'의 촛불이 되었다. '촛불시위'라는 말이 최초로 등장하였으며, 인터넷을 통한 추모 및 참여가 광범위하게 이루어졌다. 특히, 2002년 12월 14일 개최된 '주권회복을 위한 10만 범국민평화대행진'과 31일의 '100만 촛불평화대행진'으로 국민들의 분노는 정점에 이르렀고, 부시 미 대통령이 직접 유감을 표시하기도 하였다. 한국국민들의 목소리를 외면할 수 없는 상황임을 미국도 분명히 인식했던 것이다. 미선이, 효순이 두 중학생 사망 사건의 진상을 규명하고, 미군에게 책임을 물었던 2002년의 촛불은 대내외적으로 주권자들의 촛불저항운동의 시작을 알리는 전환점이었다.

평화를 위해 타협은 있을 수 없다-
이라크 파병 반대
:

2003년 3월 미영 연합군이 이라크에 대한 대규모 공습작전을 감행했다. 걸프만에 정박 중인 미 항공모함에서 발사된 토마호크 미사일 수백 기가 바그다드 곳곳을 강타했다. 이라크 전쟁의 시작이었다. 노무현 대통령은 대국민담화를 통해 미국과 영국의 이라크 공습에 대한 지지 입장을 표명했다. 3월 21일 소집된 임시 국무회의에서는 미국과 동맹군의 기지 운용 및 진료에 필요한 지원을 위해 600여 명 규모의 1개 건설공병지원단과 100여 명 이내의 1개 의료지원단을 이라크 현지에 파견하는 내용의 '국군부대의 이라크 전쟁 파견동의안'을 의결했다. 4월 2일 국회는 정부가 제출한 이라크 파견동의안을 찬성 179표, 반대 68표, 기권 9표로 의결했다.

노무현 대통령이 이라크 전쟁을
지지하고 파병을 결정하자, 민변
은 즉시 반대성명을 발표했다. 민
변은 3월 28일 국회 앞에서 '이라
크 침략전쟁과 한국군 파병반대
기자회견'을 개최하고, 「이라크
전쟁의 불법성과 한국군 파병의
위헌성에 대한 의견서」를 국회의
장에게 전달했다.

노무현 대통령이 이라크 전쟁을 지지하고 파병을 결정하자, 민변은 즉시 반대성명을 발표했다. 민변은 3월 28일 국회 앞에서 '이라크 침략전쟁과 한국군 파병반대 기자회견'을 개최하고, 「이라크 전쟁의 불법성과 한국군 파병의 위헌성에 대한 의견서」를 국회의장에게 전달했다.

이라크 전쟁은 그 절차와 실체적 측면 모두에서 불법적 침략전쟁이었다. 미국은 UN 안전보장이사회의 결의도 없고, 자위권 발동의 최소한의 요건도 충족되지 않았음에도 이라크를 침공했다. 그럼에도 불구하고 정부가 국군 파병을 결정한 것은 "국제평화의 유지에 노력하고 침략적 전쟁을 부인"하고 있는 헌법에 반하는 것이고, 대한민국과 그 국민들을 국제 분쟁과 무력충돌의 소용돌이에 휘말리게 하는 것이었다.

파견동의안이 국회에서 의결된 바로 다음날 민변은 최병모 회장이 직접 청구인이 되어 다른 시민사회단체들과 함께 '이라크 전쟁 파견결정 등 위헌확인, 이라크 전쟁 파견동의안 동의 위헌확인' 헌법소원을 제기했다. 그러나 헌법재판소는 이라크 파병으로 청구인들의 기본권이 현재, 직접 침해되었다고 볼 수 없다는 이유로 각하했다.

세월이 흘렀다. 2016년 7월 영국의 이라크전 참전 진상조사위원회는 「칠콧보고서(Statement by Sir John Chilcot)」를 통해 세계 2차 대전 종전 후 최초로 영국이 주권국가에 대한 침공과 전면적 점령에 참여한 것에 대한 조사 결과를 발표했다. 이 보고서는 이라크 전쟁의 본질을 다음과 같이 확인하고 있다.

"정부가 평화적인 무장해제 수단이 소진되기에 앞서 이라크 침공에 합류하는 쪽을 택했다는 결론에 이르렀다. 당시 영국정부의 군사적 행동은 최후의 수단이 아니었다. 또한, 우리는 다음과 같은 결론도 내리게 되었다. 이라크의 대량살상무기로 인한 위협이 심각하다는 판단은 검증되지 않은 확신에 따른 것이었다. 명확한 경고에도 불구하고, 침공의 결과가 과소평가되었다. 사담 후세인 이후의 이라크 정국에 대한 계획과 준비는 총체적으로 부실했다. 정부는 참전 당시 천명한 목표를 달성하는 데 실패했다."

평화를 외친 목소리가 결국 옳았다는 것, 전쟁의 당사자 스스로 '침략전쟁'이었음을 인정하는 데는 그리 오랜 시간이 걸리지 않았다.

3장. 평화와 통일을 위한 한길

우리 모두는 평화 속에서 살 권리가 있다 – 대추리 사람들과 함께

:

전국에 산재한 주한미군의 군사시설을 통폐합하고 불필요한 시설과 토지는 반환함으로써 주한미군기지 및 한·미 양국 군의 시설을 효율적으로 유지관리하는 방안을 모색하기 위한 '연합토지관리계획(LPP: Land Partnership Plan)'에 대해 국회가 비준 동의 의결을 한 것은 2002년 10월이었다. 그렇지 않아도 218만 평을 차지하고 있는 오산기지와 151만 평을 차지하고 있는 평택기지로 인해 환경권 침해, 미군범죄는 물론 극심한 소음피해에 시달리고 있던 평택주민들은 2001년 11월부터 '미군기지 확장반대 평택대책위원회'를 구성하여 '미군기지 땅 한 평 사기 운동'을 벌여오던 중이었다.

그런데 이후 상황은 오히려 악화되었다. 관리계획에 의하면 당초 약 74만 평 정도의 면적이 미군기지로 공여될 예정이었는데 2003년에 들어서자 미군은 태도를 바꾸어 약 500만 평의 땅을 요구했다. 그것은 지역 공동체의 완전한 해체를 의미하는 것이었다. 상황이 심상치 않음을 파악한 주민들은 2003년 7월에 '미군기지 확장반대 팽성읍 대책위원회'를 결성했다. 당시 대책위원회에는 팽성읍 이장협의회, 새마을 남녀 지도자회, 농촌지도자회, 농업경영인 연합회, 농민회 등 지역 자치단체가 총 망라되었다. 대책위는 미군기지 확장을 막기 위해 모든 노력을 기울였으나 결국 2004년 12월 용산기지이전계획과 그 이행합의서가 발효되었고, 국방부는 평택시 팽성읍 285만 평과 서탄면 인근 64만 평의 토지를 미군기지로 제공하기 위한 토지매수와 수용절차를 진행했다. 더 나아가 한미 외무장관은 '전략적 유연성' 합의를 발표하면서 평택기지는 더 이상 한반도 방위만을 목적으로 한 것이 아님을 천명했다. 평택기지가 미국의 이해관계에 따라 세계적 분쟁에 휘말릴 위험성이 높아짐으로써 평택주민은 물론 한국국민의 평화적 생존권이 침해될 개연성이 커진 것이다.

주민들과 대책위는 2004년 말 용산기지 이전협정과 연합토지관리계획 개정협정이 국회를 통과한 직후 헌법소원을 준비했다. 불평등 조항이 많고 비준 절차에 문제가 있을 뿐만 아니라 이와 같은 조치가 주민들의 기본권 침해를 가져온다는 것을 확인받기로 하였다. 주민들뿐만 아니라 미군기지 확장으로 인한 소음, 기름유출 등 환경훼손, 미군범죄 증가 등으로 피해를 입을 가능성이 높아진 사람들도 청구인으로 한다는 계획을 세웠다. 변호사들은 마을별로 주민간담회를 개최하여 헌법소원의 취지를 설명했다.

2005년 3월 15일 팽성읍 주민들을 포함한 1,033명의 청구인들은 '대한민국과 미합중국간의 미합중국 군대의 서울지역으로부터의 이전에 관한 협정 등'에 대한 헌법소원심판청구서를 제출했다. 청구원인은 국회비준동의의 하자, 한미상호방위조약과 헌법 제5조 위반, 청구인들의 평화적 생존권과 행복추구권 침해, 중대한 재정부담을 모두 한국이 부담하게 하는 평등권 위반이었다. 변호사들은 그 논리를 설득력 있게 펼치기 위해 공동토론과 자료검토를 거듭했다. 당시만 해도 1,000명이 넘는 청구인들이 헌법소원을 청구하는 사례가 흔치 않았는데, 변호사들이 마을별로 주민들을 만나 직접 설명한 노력의 결과였다. 2006년 2월 23일 헌법재판소는 위 사건에 대한 결정에서 처음으로 평화적 생존권을 기본권으로 인정한다.

> "오늘날 전쟁과 테러 혹은 무력행위로부터 자유로워야 하는 것은 인간의 존엄과 가치를 실현하고 행복을 추구하기 위한 기본 전제가 되는 것이므로, 달리 이를 보호하는 명시적 기본권이 없다면 헌법 제10조와 제37조 제1항으로부터 평화적 생존권이라는 이름으로 이를 보호하는 것이 필요하다. 그 기본 내용은 침략전쟁에 강제되지 않고 평화적 생존을 할 수 있도록 국가에 요청할 수 있는 권리라고 볼 수 있을 것이다."

물론 헌법재판소는 이후 '2007년 전시증원연습 위헌확인 사건'에서는 평화적 생존권이 기본권임을 부정하였지만 당시 미군기지 확장으로 인해 팽성읍 주민들이 생존권을 위협받고 있음이 얼마나 절박한 문제였는지를 헌법재판소조차 쉽게 외면할 수 없었던 것이다.

헌법소원청구가 진행중이었지만 수용절차는 그에 아랑곳하지 않고 진행되었고 곳곳에서 물리적 충돌이 발생했다. 주민들의 저항도 더욱 절실해졌다. "오는 미군 막아내고 올해도 농사 짓자"며 땅을 내어줄 수 없다는 주민들에게 가해진 물리적 폭력은 가혹했다. 급기야 2006년 5월 4일 새벽 국방부와 경찰은 '여명의 황새울' 작전을 감행했다. 경찰 110개 중대 약 1만 3,000여 명, 용역 1,200명, 군인 3,000여 명이 팽성읍 대추리를 포위했다. 이들은 대추분교에 있던 1,500명의 주민과 학생, 시민단체 활동가들을 진압했고, 당일 대추리에 군대를 주둔시켰다. 경찰은 대규모 연행과 폭력적인 진압을 서슴지 않았는데, 당일 연행자만 524명이었다. 김지태 이장은 구속되었고, 어제까지만 해도 논밭이던 땅에 철조망이 쳐지고 사람들의 접근이 차단되었다. 철조망 내에 주민들의 집이 남아 있었지만 불심검문과 출입금지 조치가 계속되었다. 국가인권위원회가 2006년 11월 7일 "무차별 불심검문 및 외지인 출입금지 조치는 인권침해"라는 결정을 하였으나 달라지는 것은 없었다.

연행자들을 접견하고 구속영장이 청구될 때마다 경기도 전역을 뛰어다녀야 하는 건 변호사들의 몫이었다. 그러나 사건이 발생할 때마다 평택으로 달려가는 것은 한계가 있었다. 2006년 2월 4일 민변은 미군기지 예정지에 무료법률상담소를 열었다. 이주를 거부하며 저항하고 있는 팽성읍 주민들과 함께하기 위해서였다. 마을 주민들은 변호사들을 따뜻하게 환대했으며, 변호사들은 이주가 마무리되는 2007년 2월까지 주민들과 함께했다.

한편 평택미군기지에 대한 헌법소원은 최종적으로는 각하 결정으로 끝났다. 재판부는 "미군기지 이전이 인근 지역 주민들의 삶에 사회적 영향을 미치게 되나 이것은 개인의 인격이나 운명에 관한 사항은 아니며 개인적 선택에 직접적인 제한을 가하는 것도 아니다"라고 그 이유를 밝혔다. 그러나 과연 그러한가. 대추리에 뿌리를 내리고 살던 사람들은 그 뿌리가 뽑혀 다른 곳으로 심겨졌다. 땅과 함께한 모든 삶이 지워진 것이다. 국방부는 이주단지로 이주하여 살게 된 주민들에게 행정명칭으로 '대추리'를 사용하는 것을 승인하기로 약속했고, 평택시는 협상대표로 참여하여 이를 보증했다. 주민들은 이를 믿고 합의서에 서명했다. 마을이름이라도 가져감으로써 공동체의 정체성을 지켜보려는 노력이었다. 이주가 이루어지자 주민들은 '대추리'로 마을이름을 변경해줄 것을 요청했다. 그러나 국방부와 평택시는 차일피일 미루며 아무런 조치를 취하지 않다가 최근에는 노와리 주민들이 반대한다며 명칭변경을 허용할 수 없다고 밝혀왔다. 조성된 이주단지의 주소는 '대추안길'이고, 이미

'대추리 평화마을'로 평택시 지도에도 나와 있지만 공식적으로 인정해줄 수 없다는 것이었다. 땅과 고향, 그와 함께 삶을 모두 두고 나온 주민들의 소박한 요구를 그나마 받아주지 않아 44가구 주민들은 현재 또다시 힘겨운 소송을 진행 중이다.

한반도의 평화와 주권을 지키기 위해 꾸준히 발언하다

:

1967년 한미행정협정이 발효된 이래 수많은 미군범죄 사건을 겪어오면서 한국국민들의 인식은 이제 더 이상 미군이라는 이유로 관대한 처분을 하는 것을 용납하지 않는 수준에 이르렀다. 그러나 여전히 미군의 존재와 미군이 한국에 주둔하면서 발생하는 다른 문제에 대해서는 이에 대한 문제제기를 '한미동맹'의 차원에서 불온시하는 의견들이 있었고 현재도 그러하다. 민변은 그 의견들에 맞서며 주한미군의 문제는 주권과 평화의 문제로 바라보아야 한다는 원칙 아래 다양한 대응활동을 펼쳐왔다.

첫째, 주한미군의 주둔비용 문제이다. 한미행정협정 제5조는 주한미군의 주둔경비를 미군이 부담하는 것으로 규정하고 있으나, 실제로는 1991년부터 이에 대한 특별조치로 '방위비분담금 특별협정'을 체결하여 한국정부가 방위비 분담금을 지출해 왔다. 그 금액은 꾸준히 증가하여 2007년에 연간 7000억 원을 넘어섰고 2008년 보도에 따르면 주한미군이 그 분담금을 받아서 쌓아놓은 돈이 1조 원을 넘었을 뿐 아니라 자금운용으로 연 1천억 원의 이자수익까지 얻고 있는 것으로 알려졌다.

　한반도의 안전을 중시한다 해도 이와 같은 불평등하고도 일방적인 비용분담과 용도 외 사용은 주권자로서는 수용하기 어려운 것이다. 변호사들은 이에 대해서 소송을 제기하기로 결심하였다. 2009년 2월 200여 명에 이르는 원고들은 방위비분담금을 기지이전에 사용한다거나 축적하는 것은 협정에 위배될 뿐만 아니라, 국가재정법상 회계연도 독립의 원칙 등을 위배한다는 이유로 손해배상청구 소송을 제기했다. 소송 중 뱅크오브아메리카에 대한 증거조사를 통해서 미군이 얻은 이자수익액과 세금 탈루 등이 사실로 드러났고, 결국 이후 현금이 아닌 현물로 방위비가 제공되는 계기가 되었다.

　둘째, 미군기지로 인한 환경오염 문제이다. 미군은 주둔하는 전 세계 곳곳에서 환경 문제를 일으켰고 한국도 예외가 아니었다. 그러나 주둔지 국가가 이에 대해 강력하게 문제제기하지 않는 한, 자국의 영토가 아니라고 늘 무시해왔다. 2000년 한강독극물 방류뿐만이 아니다. 2017년 민변이 시민단체들과 함께 입수한 '용산 미군기지 내부 유류 유출사고 기록(1990~2015)'에 따르면 25년간 총 84건이며 알려진 사고를 합치면 90건에 이르렀다. 그러나 한국정부가 주한미군을 통해서 파악한 것은 단 5건에 불과했다. 반환된 미군기지의 환경오염에 대한 정보를 공개하라는 판결은 이전에도 다수 있었다. 민변은 여기서 더 나아가 현재 사용 중인 미군기지의 환경오염에 대한 정보도 공개되어야 한다는 소송을 진행했다. 2015년 용산미군기지의 유류오염 정도를 공개하라는 민변의 정보공개청구에 대해 환경부는 "외교안보에 관한 사항이며, 공개될 경우 업무의 공정한 수행에 현저한 지장을 초래한다"는 이유를 들어 비공개 결정을 했다. 주한미군사령부도 "이 사건정보가 미완성된 자료로서 공개될 경우 오해를 부르고 부정적 여론이 형성되어 한미동맹 관계가 악화될 우려가 있다"며 정보공개에 반대하는 의견을 환경부에 제출했다. 민변은 즉각 행정소송을 제기했다. 이 소송은 원고들의 청구를 받아들인 1심판결에도 불구하고 정부 측의 항소와 상고로 말미암아 2017년에서야 대법원 판결로 확정되었으며 그 뒤의 2차, 3차의 오염정보 공개청구소송도 승소하여 현재 대법원에 계류중이다.

기지 내 유류오염뿐만이 아니다. 2007년 11월 주한미군은 오산기지 내 활주로가 노화되었다고는 이유로 그 옆에 제2활주로를 추가로 건설하는 공사에 착수하였다. 활주로 추가공사는 그 기지 주변 주민들에게 더 많은 소음피해와 각종 환경피해를 가져오는 일임에도 국방부는 아무런 환경영향평가도 하지 아

3장. 평화와 통일을 위한 한길

니하였다. 변호사들은 환경영향평가 없는 활주로 공사는 위법하다는 소송을 제기하였다. 법원은 이 공사의 승인 주체가 한국 정부이며 따라서 미군기지 내에서 이루어지는 공사라도 한국 환경법이 적용되어야 하며 환경영향평가를 사전에 실시하지 않은 것은 위법하다고 판단해주었다. 비록 제소기한이 지났다는 이유로 원고청구를 기각하기는 하였으나 이 판결은 그동안 미군기지 안에서 벌어지는 일은 '치외법권'의 영역처럼 인식되어 온 잘못을 바로잡았다는 점에서 중요한 의미를 지닌 판결이었다.

셋째, 2015년 치명적인 생화학 무기인 탄저균 샘플이 국내에 무단반입된 사건이다. 탄저균 반입은 국제법적으로는 생물무기 금지협약 위반이며, 탄저균은 「감염병의 예방 및 관리에 관한 법률」이 규정하는 '제3군감염병'으로 고위험병원체에 해당하므로 이를 국내에 반입하려면 보건복지부장관의 허가가 있어야 한다. 그런데 한국민들은 아무도 모르는 사이에 탄저균이 한국 내로 들어온 것이다. 2015년 5월 27일 미국 언론들은 "미국 국방부가 군 연구소에서 배송한 비활성화된 탄저균 샘플이 살아있는 것으로 파악되어 조치 중에 있다"고 보도했고, 문제의 탄저균 샘플은 평택 오산공군기지로 발송되었다는 사실도 밝혔다. 이 소식을 들은 한국민은 경악을 금치 못하였다. 우리 국토에 치명적 무기가 들어오는 문제를 우리 정부가 통제하지도 알지도 못하는 상황이 벌어진 것이다. 주한미군이 왜 탄저균 샘플을 반입했고 그것을 무엇을 한 것인지를 묻는 여론이 들끓자 다음날 미군은 "탄저균의 샘플을 폐기했으며, 훈련에 참가했던 22명의 요원들이 감염되었을 가능성이 있으므로 검사, 항생제, 백신을 포함한 적절한 의료예방 조치를 취했다"는 내용의 보도자료를 냈다. 해당 탄저균 샘플은 '주한미군 위협인식(JUPITR)' 프로그램을 관리하는 오산공군기지 훈련실험실 요원들의 훈련 중에 사용되었으며, 미국 국방부와 미국 질병관리센터가 조사 중에 있다는 것이었다.

민변은 즉시 긴급성명을 발표하여 철저한 진상규명과 함께 과연 한국정부가 사전에 이 사실을 알고 있었는지에 대한 정보공개청구를 하였다. 결과는 대한민국 정부의 어떤 부처도 사전에 이를 알지 못했다는 것이었다. 결국 미군이 군사적 목적으로 반입하였음이 명백히 드러났는데도 한국정부는 미온적으로 대처하였다. 질병관리본부 담당자들이 오산공군기지를 방문했지만 미군 측의 일방적인 설명을 듣고 왔을 뿐이었다.

민변을 비롯한 평화통일운동단체, 보건의료단체, 인권단체 등은 '탄저균 불법 반입·실험 규탄 시민사회대책회의'를 꾸렸다. 고발인을 모집했는데, 단 열흘 만에 8,704명이 모여들었다. 이 사건에 대한 시민들의 충격과 분노, 불안이 어느 정도였는지를 알려주는 증거였다. 민변은 국민고발인의 이름으로 주한

미군사령관을 고발하였다. 한편 국방부는 2015년 12월 17일에 비로소 조사결과를 발표했는데, 2009년부터 2014년까지 탄저균 샘플을 15차례나 반입하여 용산미군기지에서 실험을 하였고, 2015년에는 페스트균도 들여왔다는 사실을 밝혔다. 그러나 그 반입량이 얼마였는지, 반입하여 무엇을 했는지, 그동안 국민들에게 이에 대한 정보를 제공하지 않은 것에 대해서는 어떠한 입장 표명도 하지 않았다.

넷째, 미사일 방어체계의 하나인 '사드' 배치 문제이다. 한국 정부와 미군은 북한의 위협 때문에 사드 배치가 불가피하다는 논리 외에는 어떤 정보나 설명도 그로 인한 이해관계자인 지역 주민들에 대한 설득도 없었다. 주민들은 갑작스레 미군기지가 들어오는데도 불구하고 정부나 미군으로부터 사전에 설명을 들은 바가 없는 것은 물론, 지금 이 시점까지도 얼마만큼의 미군과 한국군이 마을을 경유하여 기지로 갈지, 주둔하는 미군과 한국군이 무엇을 할 것인지, 주민들에게 어떤 영향을 미칠지에 대해서 알지 못한다.

이처럼 미국과 관련하여 문제들이 사회에 드러날 때마다 민변의 변호사들은 적극 대응방법을 찾아나섰다. 단순히 미군의 반인권적·반평화적 성격을 반복주장하는 것이 아니라 국내외의 자료와 법령을 찾고 토론을 거듭했다. 하주희 변호사는 사드 배치의 국제법·국내법 문제를 연구하여 토론회를 누볐다. 탄저균 사태가 발생했을 때 김예림, 오민애, 오현정 변호사는 수원교구의 신부와 수도자들을 방문하여 함께 대응방안을 논의하였으며 방서은 변호사는 미 국무부의 비밀해제문서를 통해 과거 미국이 소련을 생물무기금지협약(BWC, Biological Weapons Convention) 위반으로 제소한 것과 비교하며 사드 배치의 위법성을 지적했다. 조성호, 김남주 변호사는 현장으로 가서 사드 배치 반대를 위해 싸우는 주민들의 뜻을 듣고 모았다.

평화와 인권의 이름으로
풀어야 할 문제, 미군

:

이 원고가 작성되는 현재, 남북정상회담이 예정되어 있고 미국과 중국 양국에서 '종전(終戰)'이라는 단어가 거론되고 있다. 이번에야말로 한반도에 진정한 평화가 찾아올 수 있을지 모든 국민들의 기대가 커지고 있다.

한반도의 봄은 외부로부터 오는 것이 아니다. 한반도에 살고 있는 사람들의 주권자로서의 각성과 평화에 대한 열망 의지로부터 오는 것이다. 자신을 삶의 주체로 올바르게 자리매김할 때 인권과 평화의 봄은 싹트기 시작한다. 주한미군의 주둔으로 인한 여러 문제에 대한 대응활동은 바로 그 봄을 부르기 위한

3장. 평화와 통일을 위한 한길

변호사들과 시민들의 연대활동이었다. 민변의 변호사들은 더 나아가 동북아의 평화를 함께 고민하고 실천하기 위하여 2007년부터 11년간 일본 자유법조단 오키나와 지부 변호사들과 상호방문 형식으로 연례 교류회를 갖고 있다. 한국과 동일하게 미군기지 공여로 인한 각종 범죄, 환경오염 문제를 갖고 있는 오키나와 지역과 실천적인 고민과 논의를 나눠왔고 이는 동북아 평화에 대한 굳건한 연대로 자리잡았다.

지난 30년간의 금기에 대한 끊임없는 도전으로, 미군 문제에 대한 국민들의 의식 또한 변화되어왔다. 당당한 주권국가의 구성원으로서 잘못된 것을 바로잡고 인권을 이야기하기 시작한 것이다. 일례로 최근 경기도의회는 '경기도 주한미군기지 및 공여구역 환경사고 예방 및 관리 조례'를 제정했다. 세계적 차원의 전략이거나 방위사업의 일환이라는 이유만으로 그 지역주민들이 침묵 속에서 피해를 감수하여야 하는 상황은 더 이상 용인되어서는 안 된다. 이 조례와 같이 지방자치단체 차원에서 지역 주민들에게 주한미군이 미치는 영향을 검토하고 문제 제기를 할 수 있는 기반이 하나둘씩 마련되어 가기를 기대한다. 그것이 진정한 '민주주의'의 시작이다.

2

·

통일
냉전과 독재,
분단의 장벽을 넘어

·

"원고 민변은 한국사회의 민주화와 정의 실현, 기본적인 인권용호 등의 문제가 협소하게 남한 내에서만 실현되어야 하는 문제가 아니라 한반도 차원에서 실현되어야 함을 주목하고 그 주요한 활동 분야 중의 하나로 통일활동을 상정하고 남북한 사이의 평화정착과 통일을 통한 한반도 차원에서의 기본적 인권용호와 민주화, 개혁을 달성하기 위해 꾸준한 관심을 보여 왔습니다."

— 1998. 9. 18., '북한주민접촉신청불허처분 취소' 상고이유서

우리 사회에서 인권의 문제는 상당 부분 분단의 문제로부터

왔다. 민주주의 역시 마찬가지였다. 일제 강점기를 끝내고 자주
독립국가의 꿈이 무르익기 전에 우리 민족은 분단되었다. 분단
과 뒤이은 남북전쟁의 와중에서 수많은 사람들이 목숨을 잃는
세계사적 비극이 발발하였고, 그에 이은 휴전과 분단체제는 이
를 악용하고자 하는 정권에 의해 인권탄압의 도구와 명분으로
사용되었다. 대표적인 것이 국가보안법이다. 민변의 역사는 국
가보안법에 대한 투쟁의 기록이라 해도 지나치지 않을 만큼"[1]
국가보안법으로 표현된 분단체제에 대한 저항의 역사였으며,
분단과 독재의 현실을 뛰어넘어 남과 북을 하나로 껴안고자 하
는 통일운동의 역사이기도 하였다.

통일운동을 변론하다

:

1987년 6월 항쟁은 남북관계에도 변화의 조짐을 가져왔다. 여
기에는 전 세계적인 탈냉전 분위기도 한몫을 했다. 1988년 7월
7일 노태우 대통령은 '민족자존과 통일번영을 위한 대통령 특
별선언'을 발표하였는데, 이 선언에 따라 대북 비난 방송이 중
단되는 등 남북간 화해 분위기가 조성되자 국내의 통일운동도
고무되기 시작했다. 그러던 중 1988년 3월25일 문익환 목사가
정부의 사전허가 없는 방북을 감행하였다. 정부는 문 목사가 귀

국하자 방북을 도운 유원호 선생과 함께 즉시 구속수감하였다. 국가보안법 제6조 2항(잠입 탈출)과 제8조 1항(회합 금지) 위반이었다. 석달 후에는 더욱 놀라운 일이 벌어졌다. 전대협에서 파견한 학생 임수경이 순안비행장에 모습을 드러낸 것이다. 역시 비밀리에 이루어진 방북이었다. 임수경은 무사귀환을 돕고자 미국에서 입북한 문규현 신부와 함께 8월 15일 판문점 군사분계선을 넘어 돌아왔다. 그리고 두 사람 모두 구속되었다.

문익환 목사가 구속되자 민변은 그 변론을 위한 변호인단을 구성하였다. 먼저 선배그룹인 한승헌, 황인철, 조준희, 홍성우 변호사가 문 목사에 대한 접견을 담당하고 노무현, 박원순, 박인제, 조용환 변호사가 합류하여 변론을 담당했다. 임수경과 문규현 신부가 구속되자 황인철 변호사는 김형태 변호사 등에게 변호인단 구성을 요청하여 민변회원을 포함한 70명의 변호인단이 구성되었다.

문익환 목사와 임수경 학생의 방북은 국내의 통일운동 내에서도 찬반이 뜨겁게 달아올랐던 사건이었다. 변호사들은 재판 과정을 통해서 시종일관 피고인들이 방북한 이유와 통일운동의 당위성을 설득력 있게 제시하려고 노력하였다. 정부 스스로는 북한과 대화하는 제스처를 취하면서 국민들은 국가보안법으로 처벌하려는 모순도 지적했다. 그러나 재판부는 이런 노력에 무성의로 일관하였다. 결국 문익환 목사 공판에서는 재판부의 태도에 분개한 변호인단의 기피 신청이 이어졌고, 임수경 재판 역시 마찬가지였다. 피고인과 변호인들 모두가 재판부의 편파적 재판진행을 이유로 퇴정하고 70명 변호인 전원이 사임계를 냈다.

두 사건은 통일운동의 당위성을 법정에서 설파하며 적극적으로 나선 변론이라는 의미도 있지만, 피고인의 절차상 권리를 확보하기 위한 민변의 싸움이기도 하였다. 그 당시만 해도 안기부나 수사기관의 변호인 접견거부행위는 흔한 일이었다. 두 사건에서도 변호인단은 모두 접견거부를 당했다. 그러나 문익환 변호인단은 여론에 호소하며 직접 이건개 공안부장을 찾아가 항의하여 결국 피고인을 접견하였고, 임수경 사건의 변호인들은 준항고신청으로 법원의 인용결정을 받아냈다. 임수경 재판에서 변호인단은 '변호인이 피고인의 옆자리에 앉을 권리'를 위해서도 싸웠다. 당시 법정에서 피고인들은 판사를 마주보고 앉게 되어 있고 변호사들은 검사와 마주하여 재판부의 왼쪽에 앉도록 되어 있었다. 변호사들이 피고인의 옆자리로 가려고 하자 재판부는 이를 막았으나 그무렵 개정된 형사소송규칙을 제시하며 변호인들이 그 권리를 주장하자 마침내 허용하였다.

두 사건은 이후 정부가 국내 통일운동세력을 압박하며 신공안정국 몰이를 하도록 명분을 제공했는데, 그 일환으로 당시 방북취재를 준비중이던 리영희 교수가 반국가단체의 지배하에 있는 지역으로의 잠입·탈출 예비음모 혐의로 구속기소되었다. 우리 사회의 진정한 지성인으로 추앙받고 있었던 리영희 교수의 재판에는 한승헌, 조준희, 홍성우, 황인철, 김창국, 조영래, 박원순, 천정배, 이석태, 김형태 변호사 등이 사건 발생 초기부터 변호에 나섰다. 한승헌 변호사는 이들 변호인들을 "변호인단이기 전에 무슨 팬클럽 같은 면면"이었다고 회고한다. 리영희 교수는 1989년 9월 25일 선고된 1심 판결에서 징역 1년 6월, 집행유예 2년을 받고 석방되었다.

국가보안법을 조준하다

:

분단체제의 법적 표현, 권력의 도사견이라 불리는 국가보안법은 1948년 12월 1일에 태어났다. 1948년 10월 발생한 여순 사건이 진압되고 난 후 비상시 임시입법으로 제정된 것이어서 5년 후인 1953년 형법이 제정될 당시 폐지가 논의되기도 했으나 국회의결 과정에서 살아남았다. 제정 당시만 해도 이 법이 이렇게 오래 갈까, 누가 생각했으랴마는 사람의 나이로 따지더라도 일흔 살, 국가보안법은 올해 '고희'를 맞는다.

1988년 5월 민변이 창립될 당시, 국가보안법은 어떤 모습이었을까. 그 무렵 한 신문기사는 다음과 같은 통계를 보여주고 있다.

　　"지난해 6·29 선언 이후 학원과 노동현장 등에서 검거돼
국가보안법위반 혐의로 구속된 사람은 모두 457명으로 밝혀
졌다. 12일 치안본부에 따르면 이들 중 265명은 학원가와 노
동현장 등에서 민중통일론을 내세우며 국민을 선동한 23개 조
직 관련자이며 192명은 노동현장에 위장취업해 근로자를 선동
한 배후세력이다. 경찰은 좌익 관련자로 동태 감시 대상인 인
물은 6·29 선언 이전 석방자 2,235명, 이후 석방자 723명, 지
난 2월 27일 석방자 135명 등 모두 3,093명이라 밝히고, 이들
이 총선 이후의 기강이 해이된 사회분위기에 편승, 국민을 선동
하고 체제개혁을 기도할 움직임을 보여 계속 감시 중이라고 밝
혔다."[2]

　　민변 창립총회에서 박원순 변호사가 '국가보안법에 관하여'
라는 연구발표를 하고, 대표간사로 선출된 조준희 변호사가 국
가보안법 폐지를 위한 민변의 활동계획을 천명했던 것은 바로
이런 시대상황과 무관하지 않다. 국가보안법 사건에 대한 변론,
국가보안법 개정과 폐지를 위한 민변회원들의 활동은 냉전의
산물이자 독재정권 유지의 도구였던 국가보안법의 장벽을 넘
어 통일조국과 진정한 민주사회를 만들어나가기 위한 노력이

었다.

1988년 6월 15일 민변은 첫 공개행사를 개최했다. '양심수 문제 공청회'였다. 이날 공청회에서 한승헌 변호사는 "양심범 내지 정치범은 반민주적 독재권력 때문에 생기는 것이 사실이지만 더 근원적으로 거슬러올라가면 조국분단의 장기화라는 민족의 비극에서 연원한다'고 지적했다. 국가보안법은 사상양심의 자유의 문제이기도 하지만 조국통일의 장애물이라는 것이다. 그 자신이 반공법 위반으로 구속되어 '분단시대의 법정'에 서야만 했던 한 변호사는 "북한과의 교류확대가 논의되고 있는 마당에 북한이 반국가단체임을 전제로 한 용공사범의 배출은 재고되어야"고 강조했다. 민변은 창립 후 곧바로 국가보안법을 포함한 반민주악법 개폐에 관한 의견서 발간작업을 준비했고, 창립 이듬해인 1989년 2월 『반민주악법 개폐에 관한 의견서』를 발간했다. 의견서의 첫장은 국가보안법이었다.

국가보안법 폐지운동의 경과

:

민변은 태어나서는 안 되었을 악법으로 국가보안법을 지목했지만 국가보안법은 분단체제에 기생하며 계속 목숨을 이어갔다. 정권의 부침에 따라 때로는 숨을 죽이고 때로는 더욱 활개를 치며 돌아다닌 정도의 차이가 있었을 뿐이다.

1988년 노태우 대통령이 당선되고 나서 '7·7 특별선언'과 UN 연설을 통해 남과 북을 '민족공동체' 관계로 선언하고 남북한 상호교류 확대를 선언하면서 잠시 국가보안법 개폐논의를 기대하였으나, 문익환 목사 방북 등으로 인해 조성된 '신공안정국'은 개폐논의의 시계를 거꾸로 돌려놓았다. 검찰, 경찰, 안기부, 보안사 요원으로 구성된 '공안합동수사본부'가 부활하였고 심지어 1989년 7월에는 국가보안법의 대표적 독소조항인 불고지죄로《한겨레신문》윤재걸 기자가 구속되는 사태까지 발생했다. 서경원 의원의 북한 방문계획을 취재했음에도 수사기관에 알리지 않았다는 이유였는데, 공안당국은 심지어 김대중 평민당 총재, 김수환 추기경까지 불고지죄로 조사하겠다고 으름장을 놓았다. 1990년 제1차 남북고위급회담이 열리는 와중에도 수많은 사람들이 국가보안법 위반혐의로 구속되었다. 1990년에 57건이던 국가보안법 변론요청은 그 다음해에는 107건으로 늘어났다. 사흘이 멀다 하고 새로운 사건이 민변으로 온 것이다. 제6공화국 들어 최대의 공안사건이었던 사노맹 사건과 서울사회과학연구소 사건의 변론 역시 민변의 몫이었다.

국가보안법 변론을 맡는 것과 별도로 민변은 집요하게 국보법의 위헌성을 계속 제기하였다. 마침내 1990년 6월 25일 헌법재판소는 국가보안법 제7조 제5항은 '국가의 존립·안전을 위태롭게 하거나 자유민주적 기본질서에 위해를 줄 경우에만' 적용된다는 한정합헌의 결정을 내렸다. 여세를 몰아 민변은 1991년 1월 국가보안법을 폐지해야 한다는 내용의 의견서를 국회의장과 각 당에 발송하고 5월 4일에는 민교협과 공동으로 '국가보안법 어떻게 할 것인가' 토론회를 개최하였다. 그런데 토론회가 있은 지 며칠 안 되어 5월 10일 민자당은 국회에서 국가보안법과 경찰법을 기습 상정, 날치기 통과시켰다. 개정된 국가보안법은 날치기라는 절차상 문제도 있었지만 여전히 북한을 반국가단체로 규정하고 일부 조항만 목적범으로 규정하는 등 근본적 한계를 안고 있었다. 민변은 성명을 내어 "날치기 통과는 시대적 요구에 대한 반역이며 국민의 민주화 열망을 짓밟는 폭거로 즉각 철회되어야 한다"고 주장했다.

국내의 이러한 상황과 무관하게 1991년 9월 18일 남한과 북한은 UN 회원국이 되었고, 12월 13일 「남북 사이의 화해와 불가침 및 교류 · 협력에 관한 합의서」(남북기본합의서)가 탄생했다. 합의서 제1장 제1조에서는 "남과 북은 서로 상대방의 체제를 인정하고 존중한다"라고 선언하고 있다. 시대는 국가보안법이 '사실상의 허구'에 기초한 법이라는 사실을 보다 분명하게 드러내주는 방향으로 변모하고 있었으나, 여전히 국가보안법은 그 뒤에도 활개를 치면서 목숨을 이어갔다.

국가보안법 변론을 맡는 것과 별
도로 민변은 집요하게 국보법의
위헌성을 계속 제기하였다. 마
침내 1990년 6월 25일 헌법재판
소는 국가보안법 제7조 제5항은
'국가의 존립·안전을 위태롭게
하거나 자유민주적 기본질서에
위해를 줄 경우에만' 적용된다는
한정합헌의 결정을 내렸다.

간첩을 변호하는 변호사들

:

"김낙중 씨 같은 간첩들을 민주사회를 위한 변호사모임 소속 변호사들이 접견할 수 있도록 하는 것은 어린아이에게 칼을 쥐어주는 격이다."

1992년 9월 7일 '김낙중 씨 간첩 사건 중간 수사결과 발표' 자리에서 정형근 안기부 수사차장보가 한 말이다. 그는 "김 씨를 접견하려는 민변 소속 변호사들은 진정한 변호인들이 아니라 '딴 일'을 하는 사람들이다. 김 씨에 대한 변호인 접견 불허가 비록 실정법에는 어긋나지만 크게 보면 정당한 것이므로 앞으로도 계속 이런 조치를 취하겠다"했다.[3] 민변은 다음날 바로 정형근에 대하여 명예훼손 등으로 고소하였고 정형근은 이후 "인권을 위해 활동해온 변호사들의 모임인 민변에 대해 듣기 거북한 말을 한 것은 견해 차이에서 비롯된 것으로 깊이 사과하며 자성하겠다"며 사과했지만 국가보안법 위반자를 변호하고 법률의 폐지를 주장하는 민변 변호사들에 대한 '삐딱한' 시선과 변론권 침해는 최근까지도 계속되고 있다. 국가보안법 위반자를 변론한다는 이유로 '빨갱이'나 '종북 좌빨'이라고 비난하는 것은 물론, 수사기관은 유독 국가보안법 위반 변론에 나선 변호사들에 대한 변론권 침해를 일삼았다. 일례로 2006년 11월, 일명 '일심회' 사건 피의자에 대한 국정원 신문 도중 장경욱 변호사가 부당한 신문에 대해 피의자에게 "진술거부권이 있다"고 알리자 수사관들은 장 변호사가 수사를 방해한다며 강제로 조사실 밖으로 밀어냈다. 2015년 5월에는 조사에 앞서 "수갑을 풀고 조사해달라"는 박치현 변호사의 요구를 역시 수사방해라며 거절하고 박 변호사를 조사실 밖으로 퇴거조치하기도 했다. 법원은 두 사건 모두에 대해 "변호인의 변론권이 침해"되었다고 판단했다.

변호인이나 가족이 구금된 자를 자유로이 접견할 권리는 민변이 오랜 세월 투쟁으로 확보한 권리인데, 특히 국가보안법 위반 사건에서 그와 같은 변호인 접견권의 침해가 빈발하였다. 국가보안법 피의자들은 검찰 송치 전까지는 가족은 물론, 변호인과의 접견도 허용되지 않았다. 어느 날 소리 소문 없이 끌려가 1주일이 넘도록 생사불명의 상태가 되는 것이다. 민변 변호사들은 끌려간 사람들을 접견하고자 갖은 방법을 다 썼다. 수사 담당자를 방문하여 항의하기도 하고, 준항고절차를 통해 "접견 불허는 위법"이라는 결정을 받아내기도 했다. 변호인의 권리를 무시하는 권력기관에는 본때를 보여줄 필요가 있었다. 김형태 변호사는 1997년 안기부 감찰실 직원 김홍석의 양심선언 사건에서 변호인 접견을 거절당하자 안기부장 권영해를 고소해

3장. 평화와 통일을 위한 한길

서 유죄판결을 받아냈으며, 2004년 송두율 교수 사건에서는 변호인 접견권은 물론이고 수사과정에서도 변호인이 피의자 옆에 같이할 권리가 있음을 대법원으로부터 확인받았다. 1991년 김한주 변호사는 변호인 접견을 이유 없이 거부하고 방해한 수사기관에 대한 위자료 청구를 제기하여 최초로 200만 원의 위자료판결을 받아냈다. 그 이후 체포된 군인에 대한 접견금지가 위법하다는 판결(안상운 변호사, 1996), 복역중인 수감자에 대한 접견금지가 위법하다는 판결(이상희 변호사, 2001), 합신센터에서 보호중인 탈북자에 대한 변호인 접견금지가 위법하다는 판결(장경욱 변호사 외 5, 2015) 등으로 이어졌으며, 변호인의 접견권은 불가침의 권리로 승인되었다.

국가보안법 연구와 분석

:

국가보안법 위반자를 변론하는 것에만 그쳐서는 안 되었다. 민변은 창립 당시 '통일·평화분과'를 둔 것을 시작으로 통일과 관련한 동향 및 법제 연구를 계속해왔다. 1998년 송두환 변호사를 1대 위원장으로 하는 '통일위원회'가 정식 출범하면서부터는 본격적으로 통일을 위한 연구와 준비, 국가보안법에 대한 변론과 자료축적에 나섰다. 통일위원회는 남북교류 확대에 발맞추어 '남북법제연구팀'을 만들어 매월 연구모임을 갖고, 이를 기초로 '남북경제협력 법률지원단', 대북전단 법률지원단' 등 남북관계와 관련한 현안에 대응하고 통일운동 관련 단체들과의 연대활동을 계속해왔다.

통일위는 국가보안법 사건에 대한 변론기와 판례분석을 담은 보고서를 정기적으로 발간하기로 결의, 1999년 5월 『김대중 정부 1년, 국가보안법 보고서』를 발간하였다. 첫 국가보안법 보고서였다. 이 보고서는 국가보안법을 대체하는 '민주질서보호법' 제정을 당론으로 하던 국민회의가 자유민주연합(자민련)과 연합하는 과정에서 국가보안법 부분 개정론으로 입장을 전환한 것에 대한 분석, '김대중 정부 1년, 국가보안법 적용 및 구속 실태', '준법서약서의 반인권성' 등 국가보안법을 둘러싼 당시의 사회상황을 일목요연하게 정리하였다. 그 다음해에 민변은 민가협, 인권운동사랑방과 함께 『1999년 국가보안법 보고서』를 발간하였고 그 뒤로 부정기적이기는 하나 연속적으로 국가보안법 관련 평석, 해석론, 통일 관련 법률분석, 시론, 국가보안법 위반 사건 변론결과 등을 담은 『국가보안법 보고서』를 발간해왔다. 최근 발간한 것은 2014년부터 2017년까지의 4년간의 국가보안법 변론상황을 담은 보고서이다.

국가보안법에 대한 지속적인 연구와 분석 외에 민변의 회원들이 담당한 국가보안법 기록과 자료를 보관할 필요가 제기되었다. 이에 2000년 국가보안법 자료실을 개설할 실무담당자를 채용하고 약 2년 가까운 준비기간을 거쳐 2001년 연말에 '국가보안법 자료실'을 개관하였다. 자료실 홈페이지를 보면 그 설립취지에 대해서 "언제가 될지는 모르지만 국가보안법이 폐지된 후세에도 이러한 국가보안법이 어떻게 기능하였는지를 체계적으로 알려줄 수 있을 만한 자료의 축적이 없었음"을 반성하고 "국가보안법 재판자료를 비롯하여 관련 논문, 단행본, 기사, 칼럼, 자료집 등을 총망라하려 하였다"고 밝히고 있다. 그러나 현실적인 제한으로 80년대 이후의 사건기록 중심에 그쳤으며 온라인으로는 목록의 검색만 가능하였다. 국가보안법 사건기록은 별도의 창고에서 보관하고 있다가 2017년 민주화운동사업기념회에 전체 기록을 기증하였다.

2004년 국가보안법 폐지운동

:

2004년은 국가보안법과 민변에게는 특별한 한 해였다. 회원이었던 노무현 변호사가 대통령으로 당선되자 어느 때보다 국가보안법 폐지에 대한 기대가 올라갔기 때문이다. 그러한 기대는 국가보안법의 최대 피해자이기도 했던 김대중 대통령이 당선된 2000년에도 있었다. 당시 민변과 232개 단체들은 7월 21일

'국가보안법폐지 국민연대0125'를 발족시켜, 남북정상회담을 계기로 국보법 폐지운동에 매진하였다. 그러나 결과적으로 국보법 폐지는커녕 개정도 이루지 못하였다.

2004년에는 그 기대가 더욱 커졌다. 노무현 대통령에 대한 탄핵심판 청구의 여파로, 집권여당인 열린우리당이 과반수의 의석을 차지하였다. 민변은 1월 21일 '국가보안법 폐지 걷기대회' 참석을 시작으로 국가보안법 폐지의 결의를 다졌다. 4월에는 제60차 UN인권위원회에 참가해서 국보법과 인권상황을 국제사회에 알렸고, 6월에는 민주법연과 공동으로 '국가보안법 연구팀'을 구성하였다. 8월에는 국가보안법 폐지 해설서 『국가보안법을 없애라!』를 발간했다. 이 책은 국가보안법의 제정과 개정 연혁을 정리하고 개폐론과 그에 대한 반론, 대체입법론 등 국보법을 둘러싼 논박을 상세히 정리하여 무엇이 쟁점인지를 밝혀주었다. 8월 29일에는 회원 13명이 국가보안법 폐지를 위한 전국 도보순례에 참여했다.

가을이 되어 정기국회가 개최되자 국회 앞은 국가보안법뿐만 아니라 갖가지 개혁입법의 통과를 바라는 단체와 활동가들로 메워지기 시작했다. 국가보안법 폐지 단위도 마찬가지였다. 민변 역시 보다 결연한 의지를 다지면서 1인 시위를 결의, 2004년 11월 9일 이석태 회장부터 시작하여 국보법 폐지를 위한 1인 시위에 돌입하였다. 모두 39명의 회원이 12월 31일까지 그 자리를 지켰다. 거기에서 그치지 않았다. 12월 27일부터 29일까지 사흘간 민변은 '국가보안법 폐지를 위한 단식농성'에 돌입했다. 서초동과 명동 거리에서 시민들에게 국보법 폐지를 직접 호소하기도 하였고, 시민단체들이 개최한 국회앞 단식농성에도 적극 참여하였다. 그러나 이러한 노력과 별개로 집권여당은 냉전수구세력에 발목을 잡혀서 무능력한 모습을 연출하였다. 결국 아무것도 성취하지 못한 채 '보안법 폐지를 위한 민변 시국농성 특별결의문'을 발표하는 것으로 2004년의 활동은 막을 내려야 했다. 2004년 투쟁은 '원칙론에 사로잡혀 현실을 제대로 보지 못하였고 차라리 개정투쟁으로 하는 게 나았을 것'이라는 비판을 가져오기도 하였다. 그 여파로 상당 기간 국가보안법은 현실적인 힘을 잃은 듯 잠잠해진 것처럼 보였다. 그러나 그것은 잠시 숨을 죽인 것이었을 뿐이었다.

이명박 · 박근혜 정부와 국가보안법

:

이명박 정부가 출범한 후 그나마 조금씩 화해와 교류를 지속하였던 남북관계는 꽁꽁 얼어붙기 시작했다. 북미대결은 더욱 첨예해졌고 2009년 북한이 인공위성을 발사하자 미국은 이를 미사일 발사로 규정하고 유엔 안보리의장은 규탄성명을 발표했다. 북한의 2차 핵실험 강행으로 유엔 안보리는 대북제재를 결의하면서 한반도는 일촉즉발의 긴장상태로 다시 돌입하게 되었다. 북한의 핵실험에 따른 북한지역 방문 금지가 취해졌으며 6·15공동선언과 10·4선언은 어느덧 실종되었고, 이명박 정부는 한미동맹의 강화와 북한에 대한 적대적 태도를 공공연하게 드러냈다. 금강산관광은 중단되었다. 그리고 힘을 잃은 듯 보였던 국가보안법은 다시 맹활약을 하기 시작하였다.

남북공동선언실천연대 사건(2008), 사회주의노동자연합 사건(2008), 범민련남측본부 사건(2009, 2013), 한국진보연대 사건(2010), 사이버민족방위사령부 사건(2010), 왕재산 사건(2011), 안재구 사건(2011), 현장실천연대 사건(2011), 우리민족끼리 계정 리트윗 사건(2012), 노동해방실천연대 사건(2012), '평통사 사건'(2012), 울산대학교 '세기와 더불어' 감상문 사건(2012), 이석기 의원 등 내란음모 사건(2013), 코리아연대 사건(2014), 기독평화행동 김성윤 목사 등 사건(2015) , PC방 체포 국가보안법 사건(2016), 폐타이어 북한 반출 미수 사건(2016), 노동자의책 대표 이진영 사건(2017) 등 수많은 국가보안법 사건들이 꼬리에 꼬리를 물고 이명박, 박근혜 정부의 공안정국 조성에 활용되었다. 1, 2차 남북정상회담을 계기로 남북관계 개선과 발전의 분위기로 인하여 국가보안법 사건이 줄어들고 국가보안법

3장. 평화와 통일을 위한 한길

폐지의 열망이 드높아졌던 국민의 정부, 참여정부 시절과는 사뭇 달라진 양상을 보여주었다. 이명박·박근혜 정부의 국가보안법 사건은 하나같이 국정원, 공안검찰 등 공안수사기관이 국가보안법 사건을 이용하여 종북몰이로 통일운동 및 노동운동 단체를 탄압하며 독재정치로 위기에 몰린 정권의 위기돌파용으로 준비한 것이었다.

예전과 다른 점이 있었다. 정권위기 돌파용 공안정국 조성으로 학생이나 양심적 지식인이 아니라 단순 탈북자를 위장간첩으로 조작한 사건들이 등장한 것이다. 대부분 자백밖에 증거가 없는 사건들이었는데, 북한에서 있었던 일이라 검증조차 할 수 없었다. 국정원 등 공안수사기관은 원정화 씨 사건을 시발로 수많은 탈북자 간첩 사건을 조작하여 반북대결과 반북여론몰이에 앞장섰다. 남북관계는 갈수록 경색되었고 평화통일의 분위기는 위축되며 민주주의는 후퇴하였다. 그처럼 탈북자들이 간첩으로 조작되기 용이하였던 이유는 탈북자들을 외부와 6개월간 완전 격리하여 신문할 수 있는 합동신문센터가 있어서 가능한 일이었다. 합동신문센터에서의 회유와 협박을 이기지 못한 탈북자 한준식 씨가 조사 도중 자살을 하는(2011. 12.) 등 인권유린 간첩조작 사건들이 줄을 이었다.

2013년 민변의 변호사들은 서울시 공무원 간첩조작 사건이라 불린 '탈북화교남매 간첩조작 사건'을 맡게 된다. 그 사건에

© 연합뉴스

2013년 민변의 변호사들은 서울시 공무원 간첩조작 사건이라 불린 '탈북화교남매 간첩조작 사건'을 맡게 된다. 그 사건에서 합동신문센터에서 격리된 상태로 강압과 회유에 못 이겨 거짓진술을 한 유우성 씨의 동생 유가려 씨를 인신보호구제심사청구를 하여 신변을 인수받은 후 진상조사에 나섰다.

서 합동신문센터에서 격리된 상태로 강압과 회유에 못 이겨 거짓진술을 한 유우성 씨의 동생 유가려 씨를 인신보호구제심사 청구를 하여 신변을 인수받은 후 진상조사에 나섰다. 그리고 기자회견을 통해 유가려 씨가 6개월여 합동신문센터에서 겪은 인권유린과 허위자백에 의한 간첩조작 사실을 세상에 알렸다. 꼼짝없이 간첩으로 몰려 유죄의 판결을 받을 줄 알았던 재판은 극적으로 변해갔다. 변호사들은 국정원이 증거를 조작했다는 사실을 밝히기 위해 중국 현지를 직접 방문하기까지 하는 등 필사적 노력 끝에 무죄의 판결을 얻어냈다.

이 사건은 2015년 대법원에서 최종적으로 무죄가 선고되었을 뿐 아니라, 해직기자인 최승호 씨의 의해 〈자백〉이라는 영화로 만들어졌다. 이 사건을 통해서 국정원이 탈북자들에게 어떤 위해를 가해왔는지가 만천하에 드러나게 되었다. 한편 화교남매 간첩조작 사건에서 국정원이 중국 공문서를 위조했다는 사실이 중국 대사관의 사실조회 회신 결과로 드러나자, 국정원은 상황을 만회하기 위해 탈북자 홍강철 씨를 보위사령부 직파간첩으로 발표하였다. 그러나 결국 이 사건도 변호사들의 노력으로 합동신문센터에서 감금폭행에 의한 허위자백으로 만든 간첩조작임이 밝혀졌다. 이후 박근혜 정부에서 일한 김영한 민정수석의 업무일지가 세상에 공개되었는데, 거기에는 유우성 씨에 이어 홍강철 씨마저 무죄선고를 받자 이에 대처하여 사법부

길들이기와 한국판 애국법 도입을 모의하고 장경욱 변호사를 비롯한 민변 변호사들에 대한 보복적 징계기획을 모의하여 실행한 사실이 담겨 있어 사회에 충격을 던져주었다.

이명박·박근혜 정부 시절 국정원이 합동신문센터에서 탈북자 위장 간첩으로 발표한 어느 사건이나 조작되었을 개연성이 매우 높아 과거사 청산 차원에서 이들 사건들에 대한 전수조사를 실시하여 간첩으로 조작된 피해자들의 구제가 시급히 요청되고 있다. 민변 변호사들은 탈북자 간첩조작 사건 피해자들의 구제와 정착지원을 위해 '민들레 국가폭력 피해자와 함께하는 사람'이라는 비영리 민간단체를 설립하여 조작간첩 피해자들과 탈북자들을 적극 지원하고 있다.

영화 〈자백〉의 영화 마지막에는 1970년대부터 2015년까지 조작된 간첩 피해자들의 사건목록이 오랫동안 펼쳐지는데, 그 대부분의 사건은 민변의 선후배 변호사들이 꽤 긴 시간대를 이어가며 국가폭력의 희생자들과 함께 싸운 사건이기도 하였다. 모든 사람들의 사상과 양심의 자유를 위해 대공분실(현 보안분실)과 경찰서, 검찰과 법정에서 싸워온 변호사들의 노고가 머지않은 미래에 국가보안법 폐지라는 열매로 결실을 맺을 것이라 믿는다.

북한 쌀보내기 운동

:

통일위원회가 정식 출범하게 된 계기가 된 사건은 1996년 북한에 대한 쌀 지원 사업이었다. 1995년과 96년 북한에 잇따라 수해가 발생하면서 식량난이 극심해지고 대규모 기아 사태가 발생했다. 1996년 6월 민변은 동포애와 인도주의적인 차원, 남북한 통일에 기여하기 위해 북한주민을 돕기로 결정하고 '북한 쌀 지원 임시특별위원회'를 구성했다. 회원들을 대상으로 모금을 시작했고, 일부 사법연수생들까지 참여하여 1200만 원 정도가 모금됐다.

그러나 북한의 동포들에게 쌀을 보내는 과정은 수월하지 않았다. 8월 23일 민변은 통일원장관에게 북한주민 접촉 신청서를 제출했으나 통일부 장관은 대한적십자사를 통해 지원하라며 이를 불허했다. 김영삼 대통령이 아무런 근거 없이 "우리가 지원해준 쌀이 군량미로 사용되었다"는 발언을 하여 북한에 대한 국민들의 불신이 조금씩 커지고 있는 시기였고 그해 가을에는 북한 잠수정이 강릉 해안에 침투하여 국민들을 놀라게 하였다. 민변은 불허처분을 취소해달라는 행정심판을 제기하면서 그와 별도로 모금액 전부를 세계기독교교회협의회(WCC)에 보내 그곳에서 쌀을 산 뒤 북한에 전달하기로 결정하였는데, 북한잠수정 사건이 해결될 때까지 유보해달라고 하던 통일원은 그해 연말이 되도록 아무런 답변을 주지 않았다. 이에 정부의 공식 답변을 더 이상 기다릴 수 없었던 민변은 1997년 1월 당초 계획대로 WCC에 1220만 원 전부를 현지에서 쌀로 바꿔 북한에 보내달라고 요청하였다.

그런데 사건은 엉뚱하게 전개되었다. 1월 16일 통일원이 민변을 남북교류협력법 위반으로 서울지검에 수사의뢰하였고 검찰이 백승헌 사무국장을 소환하였다는 언론보도가 난 것이다. 민변으로서는 경악을 금치 못할 일이었다. 민변은 이 사건은 사무국장 개인이 아니라 민변 전체에 대한 수사로 간주한다는 입장을 발표했다. 이후 검찰은 내사사건이며 참고인의 자격이라고 하면서 서울지검으로 출석해달라는 요청이 있었지만 민변은 참고인 자격으로 출석할 답변은 법적 의무가 아니라는 이유로 일체 응하지 않았다. 팽팽한 기싸움을 두 달간 벌이고 나서야 검찰은 무혐의처분을 내렸는데, 그 이유는 '쌀이 실제로 북한으로 전달된 사실이 없다는 결론에 따른 것'이라는 황당한 이유였다.

당시 민변이 북한에 쌀을 지원하기 위한 모금을 하고, 통일원장관의 북한주민 접촉신청 불허에 대해 행정심판, 행정소송을 제기한 것은 북한주민들에 대한 "인도주의적 지원은 어떤 정치적 고려보다 우선하여 이루어져야 한다"는 원칙을 확인받고자 한 것이었다. 1999년 7월 대법원은 민변의 '북한주민 접촉

신청불허처분 취소' 사건에 대한 상고를 기각했으나, 민변은 상고이유서를 통해 헌법에 나타나 있는 통일규정에 대한 해석론, 통일의 방법으로서 민족적 단결과 그 실현수단으로서의 정의, 인도, 동포애, '남북기본합의서'의 법적 성격, 북한주민 접촉을 위해 예외 없이 통일원장관의 승인을 받도록 남북교류협력법 제9조 제3항의 위헌성에 대해 정밀한 법리를 제시하였다.

두 번째 쌀 보내기는 2011년에 이루어졌다. 이명박 정부는 2008년부터 쌀, 비료의 지원을 중단하였고 2009년 북한의 2차 핵실험이 행해지자 대북 지원물자의 반출과 주민접촉, 북한방문을 전격적으로 막기 시작하였다. 그 결과 2011년에 이르러 민간 차원의 식량지원조차 완전히 단절된 상황이 지속되었다. 당시 북한은 만성적 식량위기를 겪고 있었고 특히 어린이들이 큰 고통을 받고 있다는 국제기구의 보고가 잇따르는데도 이명박 정부는 전혀 그 태도를 바꿀 뜻을 보이지 않았다. 이에 민변은 민간 차원의 식량지원을 촉발, 확대시키기 위해 선도적으로 앞서나갈 필요가 있다고 판단, 2차 대북지원 모금사업을 시작하였다.

2011년 6월 15일 모금 독려를 위한 김미경, 김동균, 천낙붕 회원의 릴레이편지가 회원들에게 송부되면서 모금사업의 막이 올랐다. 보름 동안 모두 1810만 원이 모금되자 집행부는 그 돈으로 밀가루를 구입, 전달하기로 하고 여러 단체를 방문하여 비교한 끝에 한국기독교교회협의회를 통해 이를 송부하기로 결정하였다. 그해 8월 정연순 사무총장이 기독교교회협의회 관계자들과 개성을 방문하여 통일부의 승인조건에 대한 협의까지 마쳤으나 통일부는 석달 가까이 승인을 미루다가 11월이 되어서야 최종적으로 식량반출을 허가하였다. 11월 11일 황희석 사무차장이 개성을 방문하여 기독교교회협의회와 함께 약 2억 원어치 상당 밀가루 180톤을 전달하는 자리에 참석하였으며, 12월에는 조동환 변호사가 방북하여 평안 등지를 방문하고 밀가루 분배 현황 모니터링까지 마쳤다.

새로운 시대가 오고 있다

:

민변의 활동은 궁극적으로 냉전과 독재, 분단이라는 장벽을 넘어 평화와 통일이라는 길로 가기 위한 끝없는 걸음이었다. 냉전의 산물인 국가보안법을 폐지하는 일에 누구보다도 앞장서 싸워왔으며 통일을 위해 애쓰는 통일운동단체들과도 지속적인 연대 활동을 펼쳐왔다. 2001년 6월에는 금강산에서 열린 '6·15 금강산민족대토론회'에 참여했고, 유적을 답사하거나 백두산 통일기행 등의 행사에는 민변회원뿐만 아니라 가족, 지인들을 초청해 함께하였다. 그러나 이러한 노력에도 불구하고 남북의 화해는 지난 10년간 뒷걸음질치는 안타까운 모습을 보여왔다.

지금 이 글을 마무리하는 2018년 4월 27일 오전, 2016년 촛불혁명으로 탄생한 문재인 정부와 김정은 위원장 간의 남북정상회담이 판문점에서 열리고 있다. 1953년 7월 27일 '널문리' 콩밭 임시천막에서 이루어진 '휴전'협정이 70년 만에 '종전'선언을 넘어 '평화'협정으로 가는 첫길을 여는 만남이 되기를 바란다. 아니 반드시 그렇게 되어야 한다. 2000년 6월 15일 남북 정상이 처음 만나 오늘에 이르기까지 남과 북이 합의했던 '화해', '불가침', '상대방의 체제 인정과 존중', '우리 민족끼리', '상호존중과 신뢰관계'라는 말과, 국가보안법이 규정하는 '반국가단체' '잠입·탈출'이라는 말은 나란히 존재할 수 없는 상극의 말이다. 이 모든 언어들의 위에 '평화, 새로운 시작'이라는 단어가 나부끼고 있다. 더 이상 국가보안법으로 고통받는 사람이 없기를, 국가보안법을 남북이 함께 세울 평화의 박물관 전시실로 보낼 그날이 속히 오기를 고대한다. 이 땅에 새로운 시대가 오고 있다.

3

·

과거사 청산
새로운 미래를 불러오는 그 길로

·

과거사 피해의 일부였던 변호사들

:

'과거사 청산'이란 공동체가 역사적 진실을 밝히고 그 과정을 통해 과거에 저질러졌던 불의와 인권유린의 잘못을 반성하며 다시는 되풀이되지 않도록 기록으로 남기는 작업 일체를 일컫는다. 우리 사회는 일제강점과 남북전쟁, 군사독재의 역사적 격동기를 지내오면서 정의의 관점에서 반드시 '청산해야 할 역사'를 물려받았다. 그러나 그 청산작업은 번번이 좌절되었고 피해자들은 오랜 시간 침묵을 강요당해야만 했다. 해방 이후 반민특위의 좌절과 6·25 한국전쟁 전후 시기 수많은 민간인 학살 사건, 제주 4·3 사건뿐만이 아니었다. 그 뒤를 이은 독재정권들은 과거사 청산 움직임을 탄압했고 불법적인 체포·구금과 폭력·고문을 벌이며 조작간첩과 양심수들을 만들어냈다. 당사자뿐만 아니라 그 가족들과 연관된 사람들이 연좌제의 사슬 아래 피해자가 되었고 수많은 무고한 목숨들이 스러져 갔다.

민변이 창립되기 이전부터, 민변을 세운 1세대 변호사들은 조작간첩 피고인과 양심수, 학살의 피해자들과 함께 싸워 나갔을 뿐 아니라, 창립회원들 스스로가 불의한 과거사의 피해자이기도 하였다. 최영도 변호사는 판사재직 시절 박정희 정권의 사법장악에 항의했던 사법파동에서 초안을 작성하였다는 이유로 재임용에 탈락하여 판사직을 그만두어야 했으며, 한승헌 변호사는 조작간첩 피해자의 억울한 죽음을 애도하는 '어떤 조사'를 썼다가 1975년 구속되어 8년간 변호사 자격을 박탈당하기도 하였다. 조영래 변호사는 변호사 활동을 하기 전에 훗날 무죄판결이 내려진 민청학련 사건의 가담자로 몰려 6년간의 수배생활을 견뎌야 했다. 그러나 조작된 간첩은 풀려나오지 못하고 학살의 진상과 그 책임은 밝혀지지 않은 채 그날의 역사들은 후일을 기약하는 '과거사'로 변해갔다.

과거사 청산작업 시작되다

:

1987년 6월 민주항쟁 이후 과거사 청산 문제는 우리 사회의 핵심과제가 되었다. 첫 번째가 5·18 광주항쟁이었다. 1990년 7월 '5·18 민주화운동 관련자보상 등에 관한 법률'이 제정되었고 민주화운동 관련자들은 명예회복과 물질적인 보상을 받게 되었으나 사건의 진상규명과 책임자 처벌은 없었다. 오히려 1994년 5·18 학살 책임자 35명에 대한 고소·고발건에 대해 검찰은 "성공한 쿠데타는 처벌할 수 없다"는 해괴한 논리를 내세우며 불기소처분을 내렸다. 시민사회는 강력히 항의하였고 민변도 창립 이래 최초로 독자적인 가두시위를 벌이며 검찰의 불기소처분을 규탄하였다. 여론이 급격히 악화되자 1995년 12월 '5·18 민주화운동 등에 관한 특별법'이 제정되었다. 결국 전두환, 노태우는 무기징역과 17년 형을 선고받았지만 1997년 대선 직후 국민대화합의 명분으로 특별사면되었다. 그리고 5·18과 관련하여 누가 국민들에게 총을 쏘라고 명령했는지는 밝히지도 못하였다.

1996년 1월에는 '거창 사건 등 관련자의 명예회복에 관한 특별조치법'(거창사건특별법)이 제정되었고 한국전쟁 전후 군경에 의해 저질러진 민간인 학살 사건을 다룬 최초의 진실위원회가 출범하였다. 김대중 정부가 들어선 뒤에는 과거사 청산작업의 시동이 본격적으로 걸렸다. 2000년 1월 12일 '제주도 4·3 사건 진상규명 및 희생자 명예회복에 관한 특별법'이 제정되었고 그에 기초한 제주 4·3 진상보고서가 작성되었다. 2003년 노무현 대통령은 사건 발생 55년 만에 처음으로 국가 차원의 잘못을 공식 사과했다.

1999년 12월 권위주의 정권 아래서 발생한 의문사 사건의 진상을 규명하기 위한 목적으로 의문사진상규명위원회가 설치되었다. 1기와 2기에 백승헌, 이원영, 전해철, 이기욱(이상 비상임), 김형태 변호사(상임)가 참여하였다. 의문사위는 모두 97건의 사건을 조사하여 30건의 위법한 공권력 행사로 인한 사망 사건을 밝혀냈고, 재발방지를 위한 제도개선 등의 권고안을 담은 종합보고서를 대통령에게 제출했다. 그와 별도로 민주화운동 참가자에 대한 보상사업을 수행하기 위해 민주화운동관련자명예회복및보상심의위원회가 설치되었는데, 조준희 변호사가 위원장을 맡았다.

노무현 정부 이전까지 이루어진 정부와 시민단체들의 과거사 청산작업에 민변의 변호사들은 조직적으로 때로는 개인으로 결합하여 법률적 지원을 아끼지 아니하였다. 정부위원회에 참여하는 것뿐만 아니라 변호사들이 개인적으로 과거사 피해자들과 연대하여 활동한 것은 일일이 열거하기 어려울 정도이다. 그러던 중 노무현 정부에서 과거사 청산이 중요한 국가적

과제로 떠오르자 민변은 이에 대응할 필요를 느껴 2003년 과거사 청산위원회(이하 '과거사위'라 함)를 설치하기에 이른다. 과거사위는 그 후 일제 강점기 강제동원, 일본군'위안부' 문제, 원폭 피해, 강제동원 희생자의 유골반환 문제, 1965년 한일청구권협정, 한국전쟁 전후 민간인 학살, 의문사, 군의문사, 조작간첩 사건, 베트남전쟁 당시 한국군의 민간인 학살, 고엽제 피해, 삼청교육대, 한통련 등을 주요 '과거사'의 주제로 정하고, 시민사회단체와의 네트워크, 법률자문, 입법활동, 소송지원 등의 활동을 계획하는 등 올바른 과거사 청산을 위한 활동에 조직적으로 대응해 나갔다.

노무현 정부의 과거사 청산

:

2004년은 '과거사 청산의 해'라 불러도 부족함이 없는 해였다. 노무현 대통령은 광복절 축사에서 과거 독재정권 시절 국가권력의 불법적 행위, 인권침해 사건에 대한 재조사와 정리의 필요성을 강조하였고, 그에 따라 본격적인 과거사 청산작업이 시작되었다. 일제강제동원피해진상위원회, 친일반민족행위진상규명위원회, 친일반민족행위자재산조사위원회, 노근리희생자심사위원회, 삼청교육피해자보상심의위원회, 동학농민혁명참여자명예회복위원회가 법률에 따라 설치되었으며, 국정원, 경찰, 국방부에서 스스로 진상규명에 나서 기구를 구성하였다. 그 결과 2015년 현재 16개의 과거사 정리위원회가 활동하게 된다.

그중 국정원의 '과거 사건 진실규명을 통한 발전위원회'는 인혁당 및 민청학련 사건, 부일장학회 강제헌납 및 경향신문 강제매각 사건 등의 진상을 규명하였다. 경찰청의 '과거사 진상규명위원회'는 강기훈 유서대필 사건, 보도연맹 민간인 학살 사건, 남민전 사건, 서울대 깃발 사건 등의 진상을 규명하였다. 국방부의 '과거사 진상규명위원회'는 삼청교육대를 내란죄의 한 부분으로 규정하고 강제징집과 녹화사업이 전두환의 지시에 의해 자행된 것임을 확인하였다. 2006년에는 군대 내의 수많은 의문사 사건의 진상을 규명하기 위한 '군의문사진상규명위원회'가 발족되어 활동을 시작하였다. 군의문사진상규명위원회에는 김호철 변호사가 상임위원으로 참여하였고 그 외 다수의 민변회원들이 참여정부의 위원회 활동에 적극 참여하였다.

위와 같은 흐름 속에서 공동으로 종합적인 대응을 할 필요가 있어 2004년부터 피해자단체와 시민단체 등 과거사 관계자들이 '올바른 과거사 청산을 위한 범국민위원회'로 뜻을 모으고 논의를 시작하였다. 정부도 과거사 청산에 개별적으로 대응할 게 아니라 체계적이고 포괄적으로 대응하여야 함을 인식, 마침내 2005년 12월 진실·화해를 위한 과거사정리위원회(이하 '진화위')'가 출범하였다.

2006년 11월 민변은 정부기구들의 과거청산 활동을 중간
점검하고 향후의 실천적 대안을 마련하기 위해 과거사 전 분야
를 주제로 한 집중토론회를 이틀에 걸쳐 개최하였다. 정부 산
하 9개 위원회와 유족단체 및 인권단체 등 시민사회단체, 언론
인 등 과거청산과 관련된 거의 모든 관계자들이 참여한 대규모
회의였다. 민변은 거기에서 더 나아가 정부 주도의 과거사 청산
작업의 한계를 극복하고 시민들과의 소통을 통해 과거사 현안
들에 적극 대응하고자 '포럼 진실과 정의'의 설립을 제안하여,
2008년 9월 과거사 관련 전문가들의 네트워크로서 '포럼 진실
과 정의'가 창립되었다.

과거사 청산작업의 위기

:

이명박 정부가 들어서자 우리 사회의 모든 인권상황이 후퇴하
기 시작하였다. 과거사 청산작업도 예외가 될 수 없었다. 정권
이 교체되자 기존의 입법운동과 정부기구를 중심으로 한 과거
사 청산작업의 한계가 곧바로 드러났다. 진화위의 권고는 정부
차원에서 수용되지 않았고 과거사 피해자들은 결정문만을 받
아들고 다시 냉가슴을 앓아야 했다. 민변은 그와 별도의 고민이

있었다. 운동 차원에서 조직적 대응을 해왔는데, 과거사 청산의 중심이 정부로 넘어가면서 어느 정도 마무리되어 이를 계속해야 할지 아니면 조직을 해산해야 할지에 대한 고민이 깊어가던 중, 2010년 사할린 한인들의 문제가 새로이 제기되었다. 변호사들은 사할린 변호단을 구성하는 한편, 그 무렵부터 과거사 관련 사건들에 대한 법원의 판결과 그에 대한 대응을 위주로 과거사 청산작업의 활동방식과 대오를 정비하였다. 박근혜 정부하에서 국정교과서 집필강행과 일방적인 일본군'위안부' 피해자 한일합의 파동이 발생하면서 우리 사회는 다시 과거사에 대한 관심이 조금씩 고조되었으며, 그에 따라 한때 해소까지 고민했던 과거사위원회는 현재까지 적극적인 활동을 펴나가고 있다.

사법부의 과거사 청산

:

과거 권위주의 정권 아래에서 사법부는 '권력의 하수인'이었다. 중앙정보부나 안기부, 국정원, 경찰등의 권력기구가 인권유린의 1차 가해자였지만, 법원 역시 국민의 인권을 최후의 선에서 지킨다는 본래의 기능을 다하지 못했다. 판사들은 불법체포, 감금, 고문 등으로 조작된 인권침해 사건에 대해 한 치의 주저함도 없이 이른바 '정찰제' 판결을 선고했다. 군사독재에 저질러

3장. 평화와 통일을 위한 한길

진 국가범죄가 법원의 판결로써 완성되는 과정에 되려 부역하였던 것이다. 일례로 국가정보원 산하 과거 사건 진실규명을 통한 발전위원회는 2007년 조사보고서에서 안기부가 법원의 일부 판결에 깊숙이 관여한 사실을 밝혀내기도 했다.

새로운 시대적 상황에 맞춰 사법부는 마땅히 자신들이 저지른 잘못에 대해 사죄를 구하고 피해자들의 인권회복과 재발방지를 위해 나서야 했다. 그러나 사법부는 법적 안정성을 해칠 우려가 크다는 이유로 소극적인 입장으로 일관했다. 참여정부가 출범하고 2005년이 되어서야 이용훈 대법원장은 취임사에서 "사법부는 독립을 제대로 지켜내지 못하고 인권보장의 최후 보루로서 소임을 다하지 못한 불행한 과거를 갖고 있다"고 하며, 국민께 끼쳐드린 심려와 상처에 대해 가슴 깊이 반성한다고 밝혔다. 뒤늦은 반성문이었지만, 과연 대법원이 과거사 청산과 관련하여 적극적인 진상규명에 나설 것인지 법조계는 그 귀추를 주목하였다.

기회를 놓쳐서는 안 되었다. 민변은 '사법부의 과거사 청산을 위한 간담회'와 토론회를 주관했다. 확정판결이 내려진 사건을 사실상 진상조사의 대상에서 제외한 '진실·화해를 위한 과거사 정리 기본법'이 문제였다. 민변은 법의 개정과 정부위원회가 진실을 규명한 사건에 대해 특별재심절차를 두는 특별규정을 마련하라고 촉구하였다. 그러나 대법원은 재심사유가 있는 224건을 선정하여 명예회복이 이루어지도록 하겠다고 밝히면서도, '재심을 통해 바로잡는 것이 유일무이한 방법이다'라는 기존의 입장을 완강하게 고수하였다.

특별재심과 정부 차원의 배상 등 피해자에 대한 회복조치가 이루어지지 않자 변호사들은 피해자들이 형사재심이나 국가배상청구 소송 등을 통해 권리구제를 받을 수 있도록 피해자들의 소송도 적극적으로 지원하였다. 그때까지만 해도 형사재심은 거의 이루어진 바가 없다시피 했고 과거사 문제를 법정에서 풀어나가기에는 소멸시효가 완성되었다는 등의 문제가 잔뜩 쌓여 있었다. 과거사위는 변호사들의 변론에 도움을 주기 위해 『재심 사건 소송자료집』을 발간하였다. 일찍이 과거사 사건의 법리를 연구하고 피해자 구제를 위해 헌신해온 최병모, 김형태, 조용환, 이덕우, 김승교 변호사가 인혁당 재건위 사건, 강희철 사건, 아람회 사건, 수지 김 사건, 최종길 교수 사건 등의 형사재심청구서와 소장을 기꺼이 제공해주었으며, 후배 변호사들은 이 자료집을 경전 삼아 과거사 변론에서 마주치는 어려움을 하나씩 돌파해 나갔다. 그와 별도로 민변은 수지 김 사건 이후 반인도적 범죄와 공권력에 의한 사실 은폐와 관련된 범죄에서는 공소시효가 배제되어야 한다고 보아 '공소시효배제특별법제정연대'에 가입하고 법률개정운동과 1인 시위를 전개하기도 하였다.

긴급조치 변호단 구성과 활동

:

진실화해를위한과거사정리위원회는 2007년 1월 「2006년 하반기 조사보고서」를 통해 긴급조치위반 사건의 판결문 1,412건을 분석하여 해당 판결을 내린 판사의 실명을 공개하였다. 이는 판사명단 공개와 관련한 논쟁을 불러왔고, 다시 한번 사법부의 과거사 청산이 논란의 중심에 서게 되었다. 그와 관련, 당시 대법원 내부에서도 1,000명이 넘는 긴급조치 피해자들을 구제하기 위해 여러 방안을 검토하였는데, 긴급조치위반 사건 자체를 무효로 만들어버리는 특별법 제정부터 법원 차원의 과거사 정리기구를 만드는 방안 등을 다각도로 논의하였다. 그러나 끝내 이용훈 대법원장은 법적 안정성이 훼손될 수 있다는 이유로 모든 피해자들에게 형사소송법에서 정한 재심절차를 밟을 것을 강조하는 것에서 그쳤다. 국회도 긴급조치 유죄판결을 한꺼번에 해결하기 위한 특별법 제정에 노력을 다하지 않았다.

피해자들이 개별적으로 소송을 진행하기에는 너무 먼 길이었다. 그럼에도 달리 방법이 없었다. 민변 과거사위는 2007년 3월 진화위가 주최한 '긴급조치의 위헌성과 피해자 명예회복 방안에 관한 토론회'에 참석한 것을 계기로 긴급조치 위반 사건을 통한 사법부의 과거사 청산을 위한 소송을 기획하기 시작하였다.

그러던 그해 가을, 진화위가 '오종상 긴급조치 위반 사건'에 대하여 진실규명 결정을 내렸다. 오종상 씨가 버스에서 고등학생에게 한 발언이 문제가 되어 긴급조치 제1호 위반으로 처벌받고 복역한 사건이었다. 이 사건을 맡았던 조영선 변호사는 민변 차원에서 긴급조치 사건에 대한 변론을 기획하여 진행해보자고 제안하였다. 민변은 더 많은 피해자를 구제하기 위하여 긴급조치변호단을 구성하기로 결의하였다. 그에 따라 결성된 긴급조치변호단에는 25명의 변호사들이 합류하였으며 함께 모여 머리를 맞대고 재심청구의 법리를 연구하고 관련 학자들과 함께 넘어서야 할 쟁점에 관한 세미나를 수차례 열면서 소송을 준비해갔다.

처음 가보는 길이었다. 사법부의 결단이 필요한 일에서 사법부를 설득할 만한 재심법리를 만들어내는 것은 쉽지 않았다. 과연 사법부가 피해자들의 손을 들어줄지 회의하는 후배들에게 단장 이석태 변호사는 "꼭 이길 수 있다"는 격려를 아끼지 않았다. 변호단은 더 많은 피해자들이 구제를 받을 수 있도록 민변 홈페이지와 신문광고, 학교 동문회 등을 통해 소송계획을 알려 소송참가신청을 받았다. 민변 사무실에서 면담일정을 잡고 변호사들이 시간을 정해 피해자들과 인터뷰를 했는데, 회의실마다 변호사와 피해자가 마주 앉아 노트북을 두드리며 서류정리와 조사에 몰두하는 소리가 가득했다. 준비를 거쳐 2009년 2월 마침내 진실화해위원회에서 진실규명 결정을 받은 두 건에 대해 재심청구서가 접수되었으며, 그 뒤를 백기완, 고 장준하 선생 등 9건의 사건에 대한 재심청구가 뒤를 이었다.

변호단은 형사재심청구와 함께 긴급조치 및 면소규정에 대해 위헌제청을 신청하기로 결정하였다. 모든 피해의 근원이 되는 긴급조치 자체에 대한 확실한 판단을 받을 필요가 있다는 취지에서였다. 그러나 법원은 재심청구를 기각하면서 긴급조치와 면소규정에 대한 위헌제청신청도 각하하였고, 헌법재판소 역시 긴급조치에 대한 헌법소원청구를 각하하였다. 법원에서 첫 각하결정을 받은 날, 변호사들은 말로 표현할 수 없는 참담한 심정을 억눌러야 했다. 사법부는 자신의 과거를 반성할 준비가 되어 있지 않았던 것이다.

한편 긴급조치 사건으로는 오종상 씨 사건이 최초로 진행되었는데 이 사건을 담당한 서울고등법원은 법령이 폐지되었다는 이유로 긴급조치 위반의 점에 대해서 면소판결을 내렸다. 다른 사건에서도 같은 판결이 반복되었다. 정기적으로 변호단 회의를 갖기는 했지만 매번 같은 판결이 되풀이되는 것을 확인하는 게 일이었다. 낙담이 깊어지며 변호단의 동력도 점차 떨어지는 듯했다.

침체기가 계속되던 가운데 마침내 2009년 12월 16일 대법원에서 오종상 씨에 대한 선고기일 통지가 발송되었다. 연거푸 패소를 당한 터라 주심이었던 조영선 변호사는 이번에도 패소

© 연합뉴스

선고를 듣는 순간 조 변호사는
그 자리에서 오종상 씨와 얼싸안
았다. 피고인과 변호인이 함께 서
로를 부둥켜 안고 기쁨에 넘쳐 법
원을 나서는 모습을 찍은 보도사
진은 지금도 긴급조치변호단이
선정한 최고의 순간으로 기억되
고 있다.

겠지 하는 생각으로 울적한 기분에 막걸리까지 한잔 걸치고 대법원으로 향했다. 예상을 뒤엎는 판결이었다. 대법원은 오종상씨에 대해 원심을 취소하고 긴급조치 제1호에 대하여 무죄판결을 선고했다. 선고를 듣는 순간 조 변호사는 그 자리에서 오종상 씨와 얼싸안았다. 피고인과 변호인이 함께 서로를 부둥켜 안고 기쁨에 넘쳐 법원을 나서는 모습을 찍은 보도사진은 지금도 긴급조치변호단이 선정한 최고의 순간으로 기억되고 있다.

대법원이 긴급조치에 대해 위헌무효를 선고했지만 그 판결이 진행 중이던 다른 사건들의 재심사유로 활용될 수 있는지가 새로운 쟁점으로 떠올랐다. 변호단은 다시 법리연구에 들어갔고, 이와 별개로 위헌청구를 심리중이던 헌법재판소에도 신속한 결정을 내려줄 것을 촉구했다. 대법원의 획기적인 판결에 놀라서였을까, 헌법재판소는 뒤늦게 공개변론을 열었고 2011년 10월 13일 위헌결정을 내렸다. 또한 긴급조치 사건에 대해 형사재심을 담당하고 있던 재판부들이 모두 위 대법원 판결을 이유로 재심개시 결정을 내려 무죄판결을 선고하기 시작했다.

그러나 기쁨은 잠시, 일반 시민들이 대다수인 긴급조치 피해자들 상당수는 이런 판결이 내려져도 형사재심을 어떻게 하는 건지, 그게 뭐라는 것인지조차 잘 모르는 게 현실이었다. 피해자들이 직접 알아서 해야 하는 것이다. 2013년 변호단은 검찰총장에게 긴급조치 피해자들 전부에 대해서 그 명단을 작성하여 직권으로 법원에 재심청구를 하라는 내용의 비상상고를 청원하였다. 그러나 검찰총장은 피해자들이 직접 나서야 한다며 청원을 기각하였다. 검찰 스스로 과거사를 청산할 기회를 차버린 것이다. 문재인 정부가 들어서자 검찰은 그제야 긴급조치 제9호 위반자 145명에 대해 직권으로 재심청구를 했다. 뒤늦게나마 국가가 적극적으로 피해자 구제에 나선 것은 다행이 아닐 수 없었다.

형사재심에 따른 무죄판결들이 내려지자 변호단은 국가배상청구 소송을 준비하였다. 무죄판결을 받았으므로 국가배상청구는 쉽게 진행될 것으로 예측하였다. 실제로 하급심 재판부들은 긴급조치 발동이나 그에 기초한 수사의 위법성을 인정하여 국가책임을 인정하였다. 그런데 양승태 대법원장의 생각은 달랐다. 대법원은 해괴한 논리를 만들어냈다. 위법한 수사를 자행한 경찰공무원 등 담당자에게 '고의'가 있다고 할 수 없다는 이유로 면죄부를 주고 긴급조치권 행사는 통치행위라서 법적 책임을 물을 수 없다는 것이었다. 국가폭력의 피해는 존재하는데 아무도 책임지지 않는다는 것이 그 결론인데, 변호단은 물론 어느 누구도 받아들일 수 없는 궤변이었다. 심지어 상급심인 대법원의 판결이 있은 이후에도 그 판단을 정면으로 부인하고 피해자에게 국가배상을 명한 하급심 판결이 이어졌을 정도였다. 변호단은 대법원의 판결에 대한 헌법소원과 재판헌법소원을 금지한 헌법재판소법 제68조 제1항에 대해 헌법소원을 제기하였다. 다시 제2라운드가 시작된 것이다.

한편, 대법원은 '민주화운동 관련자 명예회복 및 보상 등에 관한 법률' 제18조 제2항에 따라서 민주화보상금을 수령하면 국가배상청구 소송을 제기할 수 없다고 판단하였는데, 변호단은 위 법률에 대해서도 법원에 위헌제청신청을 하여 제청결정을 받아내는 성과를 거두었고, 지금도 현재 헌법재판소 심리 중이다. 또한 변호단은 보상판결을 받은 피해자들에게 형사보상금을 늦게 지급해 온 정부의 나쁜 관행을 바로잡고자 지연이자 청구 소송을 제기하여 승소판결을 받아냈다.

사할린 한인 소송

:

2010년, 민변 과거사위원회가 달라진 정국상황에 따라 위원회 해소를 논의할 즈음 민변은 사할린 한인 문제를 검토해달라는 요청을 받았다. 이상희 과거사 위원장과 정정훈 변호사가 이 문제를 검토하기로 하고, 직접 사할린을 찾아갔다. 두 사람의 방문에 사할린 동포들은 직접 꽃다발을 들고 공항으로 나와 뜨겁게 환영해주었다. 사할린 한인의 문제를 위하여 변호사들이 방문한 것은 해방 이후 처음이라는 것이었다. 두 변호사는 환대에 감사하면서도 한민족의 구성원으로서 지금까지 이 문제를 돌아보지 못한 것에 대한 송구스러운 마음으로 사할린 지역을 두루 다니며 한인들을 인터뷰하면서 무엇이 문제인지를 파악해 나갔다.

해방 이후에 소련의 영토인 사할린에 남겨진 한인들은 소련과 북한 국적 가운데 하나를 선택해야만 했는데, 어느 쪽도 선택하지 않고 무국적으로 남은 사람들이 있었다. 사할린에서 만난 한 여성은 아버지의 유언으로 무국적을 선택했는데 오빠는 2009년 한국에 영주귀국을 하여 한국 국적을 취득했다. 1945년 8월 15일 이전에 태어난 사할린 한인들은 한일 양국의 합의로 한·일 적십자사를 통해 한국에 영주귀국을 할 수 있었지만 이 여성은 그 이후에 태어나서 영주귀국 혜택을 받지 못하였다. 두 변호사로부터 보고를 받은 과거사위원회는 일단 국적확인 소송을 제기하고 그 뒤에 영주귀국의 가능성을 찾아보기로 했다.

한편, '대일항쟁기 강제동원 피해조사 및 국외강제동원 희생자 등 지원에 관한 특별법'은 강제동원 희생자의 유족 중 대한민국 국적이 없는 사람에게는 위로금 지급을 제한하고 있었다. 사할린 한인들은 일제 강점기를 거쳐 냉전으로 조국이 분단된 상황에서 사할린에 머물게 되었고 한국과 소련의 미수교로 인해 그 뒤로는 한국에 돌아오고 싶어도 돌아올 수가 없었다. 사할린 한인들이 무국적을 유지하거나 소련 국적을 취득할 수밖에 없었던 것은 본인들의 자유로운 선택이 아니었다. 그럼에도 국적을 이유로 이들에게 위로금을 지급하지 않는 것은 역사적 정의에도 반하고 평등의 원칙에도 위반되는 것이었다.

변호사들은 사할린 한인들의 인터뷰에 대한 검토와 몇 차례의 세미나를 거쳐 국적확인 소송과 위로금 지급청구 소송을 제기하기로 했다. 그러나 의뢰인들이 사할린에서 살고 있고 한국어를 모르는 분들이 많아 재판준비에도 어려움이 많았다. 1년 동안 이메일과 전화를 통해 위로금 지급청구를 하기 위한 서류를 요청했으나 제대로 전달되지 않아 결국 2011년에 변호사들이 사할린으로 당사자들을 찾아가 소송서류와 위임장을 받아서 왔다. 그뿐만이 아니었다. 국적확인 소송에서는 정부가 변호사들이 사할린에서 받아온 러시아 정부의 공문서들을 믿을 수 없다고 주장하여, 변호단은 영주귀국한 원고의 오빠를 찾아가 가족사진과 증거가 될 만한 자료들을 찾아서 받아오기도 했고, 원고의 부친 사망증명서와 본인의 출생증명서에 대한 아포스티유(Apostille)를 받아 증거로 제출했다.

국적확인 소송은 원고승소였다. 그러나 국적확인을 받았음에도 불구하고 원고는 한·일 적십자사가 일방적으로 설정한 영주귀국의 요건인 1945년 8월 15일 이전 출생에 해당하지 않는다는 이유로 영주귀국을 할 수 없었다. 이렇듯 한국으로의 귀환을 바라는 사할린 한인들이 한국으로 올 수 있도록 정부가 그 책임을 다할 것을 요구하기 위하여 무엇을 해야 할지 변호단은 여전히 고민하고 있다.

한편 변호단은 사할린 한인들을 대리하여 위로금 지급을 청구하였는데 예상대로 대한민국 국적이 없다는 이유로 기각 통보를 받았다. 변호단은 법원에 그 취소를 구하면서 국적에 따라 위로금 지급을 제한한 특별법 제2조에 대하여 위헌제청을 신청하였다. 1심 법원은 원고들의 청구와 위헌제청신청을 모두 기각하였다. 원고들은 항소하면서 위 법률 제2조에 대해 헌법소원을 제기하였지만 헌법재판소는 6인의 다수 의견으로 합헌결정을 내렸다. 그에 따라 고등법원도 원고들의 항소를 기각하였다. 혹시나 하며 일말의 기대를 갖고 있던 사할린 한인들의 실망은 클 수밖에 없었다.

사할린 변호단은 소송에 들어가기 전에 브이코프, 코르사코프, 홈스크, 뽀로나이스크 등에서 한인들을 만나 일제 강점기부터 오늘에 이르기까지 그들이 겪어온 역사에 귀를 기울였다. 또한 일제 강점기에 사할린에 끌려온 조선인들이 강제노동에 시달렸던 탄광과 고향으로 돌아오지 못하고 묻혀 있는 묘지를 직접 찾아갔다. 8월인데도 날씨가 을씨년스럽고 먹구름으로 우울한 빛이 감돌며 사방에서 까마귀 소리가 끊이지 않아 사할린 한인들이 고향을 떠나 동토의 땅에서 느꼈을 외로움과 그리움이 더 사무치게 다가왔다. 당시 신입회원이었던 이동준 변호사는 영문도 모른 채 사할린에 따라갔다가 과거사 위원회의 간사로 핵심적인 역할을 맡아 헌신하기 시작했다.

일본군'위안부' 피해자 소송 지원

:

1991년 일본군'위안부' 피해자 김학순 할머니가 최초로 그 피해를 증언한 이래 민변은 위안부 피해를 전쟁 중 여성에 대한 폭력과 인권유린의 대표적인 사례로 규정하고 대응해 갔다. 그 이듬해인 1992년 4월 정신대 문제 대책 소위원회를 구성하고 정대협과 함께 '정신대 문제와 한·일 정부의 책임에 관한 공청회'를 개최하였다. 정대협의 요청에 따라 전후 보상에 관한 법률적 문제를 분석하고 일본 변호사인 도즈카 변호사를 면담하는 등 법률적 지원을 아끼지 않았다. 일본정부가 유엔인권이사회에 제출한 3차 보고서에 대한 반박 보고서를 작성해서 1993년 10월에 책자로 발간하여 보도자료와 배포하기도 하였다. 1994년 11월에는 특별위원회를 구성하여 국제중재재판소에 변호인단을 구성하여 정대협과 함께 전쟁범죄 및 종군위안부[1] 문제에 대한 처벌과 배상 문제를 제소하는 것을 검토하기도 하였다. 박원순 변호사는 인권단체, 연구자들과 함께 2000년 동경에서 '일본군 성노예 전범 여성 국제 법정'을 조직하고 검사로 활동하며 국제사회에 전시 여성 성폭력의 문제에 대한 관심을 집중시켰으며, 이석태, 이상희, 정연순 변호사는 정대협에게 관련 소송 수행과 자문으로 꾸준히 법률지원을 하였다.

피해자들과 관련 단체들의 노력에 따라 이 문제에 대한 국제사회의 관심이 높아짐에도 일본의 진정 어린 사과와 과거사 청산을 위한 노력은 이루어지지 않았다. 특히 일본법정에서 제기된 피해자 할머니들의 소송이 잇따라 패소하자, 최봉태 변호사는 2006년 첫 국내 소송으로 헌법소원을 청구하였다. 일본군 '위안부' 문제의 해결에 대하여 한·일 양국 간에 청구권 협정의 해석을 둘러싸고 분쟁이 발생했는데, 이 문제를 청구권 협정 제3조에서 정한 절차에 따라 분쟁해결에 나서지 않은 것은 위헌이라는 주장을 폈다. 이를 지원하기 위해 공동변호단이 구성되었고, 공개변론을 거쳐 2011년 8월 30일에 드디어 헌재로부터 위헌결정을 받아냈다.

헌법재판소의 결정으로 마침내 일본군'위안부' 문제가 한·일 양국간에 외교적 현안으로 등장하게 되었다. 수십 년 동안 인권과 존엄의 회복을 위해 싸워온 일본군'위안부' 생존자들은 한국정부가 헌법재판소의 결정에 따라 자신들의 존엄과 가치가 회복될 수 있도록 협상에 임해줄 것이라고 크게 기대했다. 그러나 박근혜 정부는 2015년 12월 28일 한·일 외교장관 기자회견을 통해 갑자기 일본군'위안부' 문제의 타결을 일방적으로 선언하였다. 피해자들의 의사도 묻지 않고, 진실·정의·배상에 대한 권리도 무시한 채, 1965년 박정희가 한일청구권협정으로 강제동원 피해자들의 인권을 내팽개친 것과 같이 정치적 '야합'으로 피해자들의 인권을 짓밟은 조치였다.

민변 여성인권위원회, 국제연대위원회, 과거사위는 긴급좌담회를 열어 대응방안을 모색했다. 그리고 조직 차원의 일본군 '위안부' 문제 대응 TF를 구성하여 한·일 외교장관 기자회견 내용과 합의에 대한 헌법소원과 국가를 상대로 손해배상청구 소송을 제기하였다. 여기에는 헌법재판관을 지낸 송두환 변호사가 함께하면서 후배들을 격려하였다. TF는 한국법원에 직접 일본정부를 상대로 하는 손해배상청구 소송도 제기하였다. 김기남, 장보람 두 변호사는 제네바에서 열린 유엔 여성차별철폐위원회, 유엔인권이사회 등에 참석하여 합의의 문제를 알리는 활동을 하였다.

일본군'위안부' 문제는 용기를 내 역사적 진실을 알린 피해자들의 노력으로 이제 한일 양국 간의 역사갈등의 차원을 넘어선 보편적인 여성인권의 문제로 전 세계에 자리매김되었지만 아직도 해결되지 않고 있는 현재진행형의 문제이다. 고령의 생존자들이 하루가 달리 세상을 뜨는 상황에서 문제를 해결하기 위해 남겨진 시간도 그리 길지 않다. 변호사들로서는 일본정부를 상대로 한 소송에서 송달 문제와 국가면제이론도 극복해야

박근혜 정부는 2015년 12월 28일 한·일 외교장관 기자회견을 통해 갑자기 일본군'위안부' 문제의 타결을 일방적으로 선언하였다. 피해자들의 의사도 묻지 않고, 진실·정의·배상에 대한 권리도 무시한 채, 1965년 박정희가 한일청구권협정으로 강제동원 피해자들의 인권을 내팽개친 것과 같이 정치적 '야합'으로 피해자들의 인권을 짓밟은 조치였다.

하는 과제로 두고 있다.

『일제 강점기 인권침해 관련 소송자료집』 발간

:

과거사 문제 중 여전히 해결되지 아니한 문제가 일제 강점기 인권침해 사례들이다. 일본군'위안부'의 문제도 있지만 그 외에 강제동원, 원폭 피해자 등 수많은 문제들이 아직도 우리 사회가 진상규명의 밝은 빛을 비추고 그 피해를 위로해주기를 기다리고 있다. 민변의 변호사들은 이 문제에 대해서도 계속적인 관심을 조직 차원이나 개인적인 차원에서 기울여왔는데, 그중에서도 장완익, 최봉태 변호사의 활동은 변호사의 전문성에 근거한 귀중한 헌신이었다. 그 공로로 최봉태 변호사는 2014년 변협한국법률문화상을 수상하였고, 일제 강제동원 피해를 밝히고자 사비를 털어 일본으로 오간 장완익, 이상갑 변호사와 함께 변호사 공익대상을 공동수상하기도 하였다.

　과거사위는 한일강제병합 100년을 앞둔 2009년에 일제 강점기 인권침해와 관련하여 제기한 그간의 소송을 정리한 소송자료집을 발간하였다. 한일협정 정보공개 청구 소송, 일본군'위안부' 및 원폭피해자 헌법소원, 강제동원 피해자 손해배상청구 소송, 유골반환 소송 등 10개 사건의 기록을 온전히 담았다. 이

자료집은 "한일 양국 정부에 의하여 거부된 진실발견 의무를 피해자들 스스로 나서 반걸음 반걸음 힘겹게 나아간 기록"으로 일제 강점기 과거청산의 측면에서 소중한 의미를 갖고 있다. 박재화 간사가 소송기록을 정리했고, 당시 간사이던 이상훈 변호사가 소송의 의의와 요지 등을 정리해주었다.

이 자료집을 발간할 때만 해도 한일협정 정보공개 청구 소송만 승소했을 뿐, 나머지 소송들은 몇 년간 법원에서 잠자고 있거나 패소하여 상소심의 판결을 기다리고 있었다. 대부분이 '패소로 점철된 기록'이었다. 그런데 2011년에 들어서 헌법재판소가 일본군'위안부' 및 원폭 피해자의 헌법소원에서 피해자들의 청구를 인정하였고, 2012년 5월 24일 대법원이 일본 전범기업에 대해 손해배상책임을 인정하는 획기적인 판결을 내렸다. 승리의 기록이 시작된 것이다. 강제동원 피해자들이 제기한 문제가 아직 완전히 해결된 것은 아니지만, 언젠가는 승리의 기록을 완성하는 날이 올 것이라 믿는다.

한국전쟁 전후 민간인 학살과 유골발굴 지원

:

민변의 변호사들은 출범 당시부터 한국전쟁기 민간인 학살에 깊은 관심을 갖고 활동해왔다. 한국전쟁 전후 민간인 학살과 관련하여 소송들이 개별적으로 진행되자 이를 지원하기 위해 과거사 위원회를 중심으로 모여 법리개발과 판례정보를 공유했고, 배·보상을 위한 법률개정작업을 진행하였다. 민간인 학살의 문제는 소송과 별개로 피해규모조차도 제대로 밝혀지지 않은 것들이 많다. 특히 아직도 학살터에 유골이 그대로 묻혀 있어서 유골발굴과 신원확인, 유족들에게의 인도 내지는 안치와 같은 기초적인 작업이 시급한 상태였다. 그러나 노무현 정부에서 그나마 이루어지던 민간인 학살 유골발굴 및 안치 등 작업은 이명박 정부 들어서 거의 진행되지 아니하였다. 심지어 발굴된 유골조차 갈 곳을 찾지 못해 방치되는 사태까지 벌어졌다.

과거사위는 이 문제의 심각성에 주목하여 2014년부터는 한국전쟁유족회, 민족문제연구소 등 관련 단체들과 '한국전쟁 시기 민간인 학살 유해발굴 공동조사단'을 구성하여 진주 명석면 용산리, 대전 동구 낭월동, 홍성군 광천읍 담산리 등에서 유해발굴을 진행하였고, 2018년에는 아산시 배방읍 중리에서 유해발굴 조사를 진행하였다. 이 활동에는 국군 유해발굴단 출신의 배광열 변호사가 전문성을 발휘하여 큰 활약을 했고, 권태윤 변호사는 위원회에 가입하자마자 선배들과 함께 며칠 동안 상주하며 발굴현장에서 땀을 흘렸다. 윤천우 변호사는 민간인 학살 소송의 법리개발에 큰 도움을 주었다.

어두웠던 과거로부터
새로운 미래를 불러오는 그 길로

:

"피고인은 무죄"

2017년 6월 서울중앙지법 형사 항소9부는 재판정에 선 한
승헌 변호사에게 무죄를 선고하였다. 43년 만이었다. 한승헌
변호사가 글로 그 죽음을 애도했던 조작 간첩 피해자 김규남
씨는 1972년 사형집행이 이루어져 세상을 떠났다. 무고한 사람
을 돕다가 스스로 감옥에 갇혔던 한 변호사의 분투가 오랜 기
다림 끝에 현실의 법정에서도 승리를 거두는 순간이었다.

1987년 이후 군부독재정권에서 이루어진 인권유린 사태는
조금씩 그 진실을 드러냈다. 물론 그 이후에도 정의가 항상 바
로 섰던 것은 아니다. 우리 사회는 청산해야 할 과거사가 되어
버린 사건들을 계속 만들어왔다. 강기훈 유서대필 사건이 그 예
였고, 조작간첩 피해자들은 악명 높은 국가보안법의 서슬 아래
계속 생겨났다. 변호사들은 하루하루 과거가 되어버리는 현재
의 사건들을 붙들고 현실의 법정에서 싸워왔고, 과거가 된 사
건을 다시금 역사의 법정에서 평가받기 위해 애써왔다. 43년의
투쟁과 기다림이 끝내 무죄의 판결을 이뤄냈듯이 민변의 과거

사 청 활동은 당대의 법정에서 비록 이기지 못하였으나 역사의 법정에서 반드시 승리한다는 것을 계속 확인하는 과정이었다.

권위주의 정권하에서도 인권과 민주주의를 옹호하는 소명을 포기하지 않았던 선배 변호사들의 정신을 이은 후배들은 그 선배들이 현실의 법정에서 거두지 못하였던 승리를 위해, 잘못된 과거를 바로잡고자 법정과 현장에서 싸워왔다. 그 싸움은 이제 국내에서 벌어진 과거사에만 그치지 않는다. 변호사들은 한국군이 가해자였던 과거사인 베트남 민간인 학살 사건에 대해서도 그 진상조사에 나서 마침내 2018년 4월 한국군에 의한 베트남민간인 학살 평화법정을 서울에서 개최하여 그 진상을 규명하는데 헌신하고 있다. 평화와 인권의 문제는 결코 국경이나 국적의 문제가 아님을, 우리 사회가 되새기도록 노력하고 있다. 긴 호흡으로, 진실은 반드시 승리하며 역사는 한 걸음씩 앞으로 나아간다는 믿음으로 선후배의 세대를 아우르는 연대활동은 지금도 이어지고 있다.

4장

연대로 강해지는 인권

1

·

여성
세상의 절반,
여성과 함께 간다

·

민변의 변호사들,
세상을 뒤흔든 사건의 변론에 나서다

:

1993년 8월 24일 서울대학교에 "한 교수의 지위를 이용한 성희롱을 밝힙니다"라는 대자보가 붙여졌다. 세상을 뒤흔든 사건의 시작이었다. '서울대 성희롱 사건'으로 알려진 이 사건의 피해자는 대자보를 붙이게 된 경위에 관하여 항소심에서 다음과 같이 진술하였다.

　"저는 그냥 그만두면 그만이었는데, '그래 나도 그 사람들한테 아무 말도 듣지 못했기 때문에 그래서 피해를 당했으니까 얘기를 해주고 가야 되겠다. 그래야지만 다른 학생들도 그 피해에 대처할 수 있겠다.' 이런 마음으로 대자보를 썼어요."[1]

성희롱이라는 말조차 일반인에게 알려져 있지 않았던 시절이었다. 수많은 여성들이 직장 내 성폭력을 당하면서도 침묵해야 했던 시절, 한 여성의 용기있는 결단에 호응하여 이것이 범죄적 행위임을 선언해달라고 법정으로 가져간 변호사들이 있었다. 김창국, 박원순, 박성호, 최일숙, 이종걸, 최은순 변호사 등 민변의 회원들이었다.

그들은 이런 것까지 문제삼으면 오히려 여성의 사회적 진출이 가로막힐 것이라는 우려 아닌 우려를 뚫고 1심에서 3000만 원의 손해배상 판결을 받아낸다. 직장에서의 친밀감의 표현 정도로 간주되어 온 '물리적 강제력을 수반하지 않은 일련의 성적 언동'이 직장 내의 위계구조 아래에서 우월적인 지위를 가진 일방 당사자에 의하여 피해자의 의사에 반해 이루어진 것으로서 위법한 행위임이 선언되었고, 마침내 '직장 내 성희롱'이라는 이름으로 우리 법질서에 들어오게 되었다.

여성인권위원회, 설립되다

:

1988년 민변이 창립되던 당시 여성회원은 박주현 변호사 1명 뿐이었다. 그러한 탓이었을까, 회원들의 여성인권에 대한 높은 인식과는 별개로 여성인권을 연구하고 논의하는 단위는 상당기간 출현하지 못하였다. 조직 차원에서 일본군'위안부' 피해자를 지원하는 모임이나 윤금이 살해사건공대위에 협력하고 가정폭력방지법 제정운동에 참여하는 등 현안에 대응하였을 뿐이다.

　1994년이 되어서야 상설특별위원회로 여성특위가 설치되었으나 활동부진으로 1996년에 폐지되기에 이른다. 그만큼 당사자운동조직으로서 여성위원회를 꾸릴 정도의 여성변호사들의 숫자가 확보되지 못하였던 것이다. 1999년 여성회원들의 다수 입회로 비로소 그 숫자가 10명을 넘어서자 2000년 여성위원회[1]가 제1대 위원장을 최일숙 변호사로 하여 출범하였다. 민변의 창립으로부터는 무려 10년이 지난 뒤였으나, 여성위원회는 그 뒤 민변의 어떤 위원회보다 모범적으로 연구와 입법모니터링 및 의견서 발표, 공동변론, 정책연구와 연대활동에 앞장섰으며 자매애로 다져진 동료의식을 가지고 활동하였다. 여성위 변호사들은 남성 중심의 법조계에서 여성의 목소리로 여성의 생각을 전달함으로써 남성과 동등한 여성의 권리를 쟁취해내기 위하여 끊임없이 함께 연구하였다. 그 결과 2000년부터 이루어진 주요 여성 관련 법률의 제·개정에는 여성위 변호사들의 손길이 닿지 않은 것이 없었으며, 변호사들은 군산성매매업소화재사망 사건, 호주제 위헌소송, 미군기지 위안부피해배상소송 사건 등에서 탁월한 공동변론으로 여성인권변론사를 거듭 써왔다. 이하에서는 몇몇 중요한 변론을 소개하면서 한국 여성인권의 현실을 극복하고 그 증진에 애써온 민변의 활동을 살펴보고자 한다.

사내부부 해고 소송에 나서다

:

1930년대 대공황 시기 미국은 여성이 남성의 일자리를 빼앗는다고 하며 교사나 공무원 조직에 고용된 기혼여성을 해고했다. 미국 노동부장관은 기혼 근로여성들에 대해 '부유한 용돈벌이 노동자'라며 스스로 부끄럽게 생각해야 한다고 비난했고, 의회는 1932년 한 가족 내 두 명이 공직에 고용되는 것을 금지하는 법안을 만들었는데 3년 후 이 법은 폐지되었지만 그동안 해고된 1,603명의 3분의 2가 여성이었다.

　그로부터 60년이 지난 대한민국에서 이런 일이 그대로 반복된다. 1999년 농협중앙회는 구조조정을 단행하며 '부부직원'

을 '상대적 생활안정자'라고 하여 명예퇴직 권유대상에 포함시켰다. 그 대상자들 중 사내부부의 경우는 "1인이 명예퇴직신청을 하지 않으면 남편이 휴직대상이 된다"는 단서가 붙었는데 이에 따라 총 762쌍의 사내부부 직원 중 688쌍의 '아내' 직원이 사표를 냈다. 남편을 차마 휴직대상으로 둘 수 없는 아내들이 스스로 사직할 것을 정확히 예측한 조치였다. 일방적으로 여성들이 피해를 입게 되자, 여성단체들은 여성노동자에 대한 차별이라고 보아 피해신고센터를 개설하였다. 그러나 남편의 직장을 상대로 소송을 제기할 정도의 간 큰 아내는 없었다. 소송을 포기하려던 즈음에, 여성 두 명이 센터를 찾아왔다. 입사한 지 8년, 15년의 경력에 남자도 붙기 어렵다는 과장시험에 합격하여 승진을 앞두고 있었던 여성과 우수사원으로 선정되었을 정도로 자부심과 능력이 넘치던 여성이었다. 이들의 남편들 역시 사실상 해고된 아내들을 위해 재판을 적극 돕겠다고 나섰다.

재판이 시작되었다. 그러나 한국사회의 반응은 완고했다. 당시 급작스럽게 닥친 IMF 경제위기로 수많은 가정이 파탄하였고, '가장'이었던 남성들이 자살하는 등 하여 아버지나 남성가장에 대한 동정적 여론도 비등하였다. 둘 중의 하나라면 여성이 양보해야 하지 않느냐는 믿기지 않은 말들이 아무렇게나 뱉어지는 시대였다. 1997년 1심 재판부는 "원고들에 대하여 명예퇴직을 권유하는 과정에서 농협중앙회의 어려운 상황을 다소 과장하거나 명예퇴직하지 않을 경우 어떠한 불이익을 입을 수 있다는 취지의 설명을 한 바가 있다고 하더라도, 그와 같은 사정만으로는 원고들의 의사표시를 진의 아닌 의사표시로 볼 수 없다"라고 하며 원고들의 청구를 기각하였다. 가부장제 문화가 노동현장에서 어떻게 차별을 만들어내는 것인지를 외면한 것이다. 원고들은 항소했지만 2심 재판부 역시 "사회·경제적 관점에서 보아 성차별 행위가 아닌 합법적인 행위"라 하였으며 대법원 역시 똑같이 원고들이 자발적으로 사직서를 제출한 이상 부당해고가 아니라고 하였다.

이 사건을 담당했던 김진 변호사는 당시 열정 넘치는 1년차 신입변호사였다. 부당하다는 생각이 커질수록 반드시 이기고 싶었던 사건이었으나 받아든 것은 패소 판결이었다. 그 기나긴 재판을 견뎌낸 당사자들에게 미안한 마음을 감출 수가 없었다. 그러나 원고들은 오히려 변호사를 격려해주었다. 김진 변호사는 "운이 좋았다. 이처럼 씩씩한 언니들을 만나 용기를 얻었다"고 회고한다. 그 이후 김진 변호사는 민변의 여성위와 노동위에서 중추적인 역할을 담당하며 수많은 여성노동자들을 변론하였고, 2015년 12월 서울지방변호사회로부터 조영래상을 수상하였다. 그보다 오래전 여성노동자의 정년차별에 맞서 싸운 민변의 선배인 고 조영래 변호사의 정신을 기리는 상이었다.

세월이 흘렀다. 2016년 3월경 강원도 원주 소재 농협에서 사내부부 중 아내직원에게 퇴사를 강요하여 사직서를 제출받은 사실이 보도를 통해 알려졌다. 1999년과 똑같은 조치였다. 그러나 그때와는 달랐다. 농협중앙회에서는 부랴부랴 지역 농협에 공문을 보내 "불공정하고 합리적 사유 없는 인사 조치는 근로기준법을 명백하게 위반하는 것으로 지역사회에 기반한 농축협에 악영향을 끼칠 수 있으므로 부부사원 퇴사종용, 여직원 차별 등 불합리한 처우 사례가 발생되지 않도록 인사 관련 제규정을 준수하라"고 하였고 퇴사한 여직원은 다시 복직하게 되었다. 많은 시간이 지났지만 농협중앙회에서 아내사원 우선 퇴직조치가 불합리한 성차별에 해당한다고 인정한 것이다. 세상은 끊임없이 앞으로 나가며 변하고 있다. 그러나 이기기 힘들다는 것을 알면서도 소송이라는 가시밭길을 걸어간 앞선 사람들과 이를 도운 변호사들의 열정이 아니었다면 그 변화는 쉽게 이루어지지 않았을 것이다.

결혼한 여성은 퇴직해야 하는가

:

1987년 남녀고용평등법이 제정되면서 공식적으로 여성근로자에게 결혼을 이유로 퇴직을 강요할 수 없게 되었다. 그러나 사람들의 인식이 하루 아침에 바뀔 리가 없었다. 법 제정 이후에도 여성이 결혼을 하게 되면 의사에 반하여 퇴직을 하는 불합리한 관행은 면면히 이어졌다.

밀가루를 만드는 회사인 대한제분 역시 마찬가지였다. 원주 영업소에서 근무하던 김은정 씨(가명)는 1998년 결혼을 앞두고 7년간 일했던 회사에 사직서를 제출하였다. 여성직원들은 결혼퇴직을 조건으로 입사했고 회사는 여직원이 결혼사실을 알리면 축하인사와 함께 사직서를 제출받았다. 이것은 회사가 창립된 1953년 이래로 46년간 계속되어 온 관행이었다.

김은정 씨 역시 사직서를 제출했지만, 여성단체와 상담을 하면서 결혼을 사유로 한 퇴직이 부당해고에 해당한다는 사실을 깨닫게 되었다. 용기를 내어 그 해 겨울. 강원지방노동위원회에 부당해고구제신청을 하였다. 지방노동위원회와 중앙노동위원회는 연이어 김은정 씨의 의원면직은 부당해고라는 결정을 하였으나, 회사 측은 서울행정법원에 불복소송을 제기하였다. 여성단체협의회는 사건의 공익성을 주목하여 민변의 이유정 변호사에게 사건을 도와달라고 요청하였다. 그 당시만 해도 이 변호사는 "지방노동위원회와 중앙노동위원회에서 모두 부당해고로 판단했고 너무도 당연한 결론이었다. 그래서 이길 줄 알았다"고 한다.

1심까지는 순조로웠다. 재판부는 여직원이 결혼퇴직이라는 회사의 방침을 알고 있었고 어쩔 수 없다고 생각하여 사직서를

4장. 연대로 강해지는 인권

제출한 것이라면 형식적으로는 근로자가 자발적으로 사직하겠다고 하고 회사가 이를 받아들인 것처럼 보이더라도 "여성근로자에 대하여 혼인을 퇴직사유로 하는 근로계약을 금지"하는 남녀고용평등법 위반이라고 판단하였다.

그러나 기쁨은 여기까지였다. 재판이 계속되자 회사 측은 여성근로자들에게 압력을 가해 대한제분에는 결혼퇴직관행이 없다는 진술서를 제출하게 하였다. 아무 근거 없이 자신들의 최초 진술을 번복한 것이었는데도 어찌된 일인지 항소심 재판부는 그 진술서를 근거로 1심판결을 취소하였다. 결국 재판부에 의하면 김은정 씨는 결혼퇴직관행이 있다고 혼자 착각하여 사직서를 제출한 것에 불과하다는 것이었다. 당사자의 착각이었다는 이 황당한 판단은 어이없게도 대법원에서도 유지되었다.

2, 3심이 이어지는 동안 김은정 씨는 원주에서 생활하며 서울까지 먼 길을 왔다가 갔다. 복직은 안 될 거라 생각하면서도 소박한 마음으로 소송을 제기했던 터라 패소판결에 오히려 담담해했으나, 정작 소송대리인이었던 이유정 변호사는 그 판결을 받아들일 수가 없었다. 어떻게든 사법 정의를 세워야 한다는 생각에 몰두한 이 변호사는, 사직서를 제출할 수밖에 없었던 암묵적인 관행이 있고 그 관행이 공서양속에 반한다는 주장으로 가다듬어 2002년 의원면직무효소송을 제기하였다.

1심 재판부의 태도는 냉랭했다. 재판부는 원고 측 변호사에게 "회사가 원고를 협박했느냐? 아니지 않느냐"라고 거칠게 질문하기까지 하였다. 여성단체들이 도움에 나섰지만 대법원까지 세 번의 재판을 거치는 동안 법원은 모두 기계적으로 민법의 의사표시이론을 내세웠다. 회사 측으로부터 사기나 강박을 당한 것도 아니요 동기의 착오로 사직서를 제출한 것도 아니니 사직서를 제출한 이상 회사 측의 면직처분이 정당하다는 것이었다. 사회적 약자인 여성노동자의 지위나 사정은 고려되지 아니하였다.

대한제분 사건은 더 이상 평범한 사건이 아니게 되었다. 이 변호사는 만나는 사람마다 대한제분 사건을 이야기했다. 안타깝고 억울하고 분했고 무엇보다도 당사자에게 미안했다. 많은 사람들에게 판결의 부당함을 알렸고, 언론에 기사가 실리고 연구자들과 학자들이 연구논문을 쓰기 시작했다. 점차 사람들은 법원이 노골적인 성차별 관행에 눈을 감았다는 사실을 알게 되었다. 2006년에 개최된 세계여성법관회의에서는 성별불평등 사례의 대표적인 판결로 대한제분 사건을 언급하였고 회의장에서 다섯 번의 판결에 대한 질타가 이어지기까지 하였다.

그 뒤로 여성들의 경제활동 참가율은 계속 늘어났지만 평균임금은 남성노동자의 70%에 머물고 있고 그 과반수가 비정규직이다. 이제 기업은 굳이 정규직 여성을 채용해서 불법적인 결혼퇴직제도를 고집해야 할지 그 고민을 덜게 된 것이다. 이유정 변호사는 이렇게 덧붙인다. "대한제분 사건이야말로 결혼퇴직 제도가 성차별임을 확인받을 수 있는 마지막 기회였다. 왜냐하면 이제는 많은 사업장에서 아예 여성들을 비정규 계약직 근로자로 채용하고 있기 때문이다. 여성들이 결혼, 임신, 출산, 양육 등으로 회사를 그만두게 될 때, 단기간의 근로계약기간의 종료로 퇴사하는 것이 될 뿐이다. 더 이상 대한제분처럼 노골적이고 직접적으로 고용차별을 할 필요가 없어졌다." 여전히 결혼, 출산, 육아로 경력단절과 저임금의 고통을 받는 여성노동자들을 위한 싸움이 우리 사회 현장 곳곳에서 변호사들과 용기있는 당사자들의 투쟁으로 이루어지고 있다.

법률가들, 가부장제 질서를 깨뜨리다 – 호주제 헌법불합치 사건

:

2007년 이전의 한국사회로 돌아가면 가족을 대표하는 사람은 '남자'이다. 호주제 때문이다. 아무리 집안에 나이 많은 여성이 있더라도 어린 손자가 가족을 대표하는 자로서의 권리를 행사하도록 가족질서를 규정한 '호주제'는 일제 강점기에 도입된 신분제도임에도 불구하고 한국의 오래된 전통적 가족질서로 강력한 옹호를 받아왔다.

당시 민법에 의하면 호주와 호주의 가에 입적한 사람만이 가족이었다. 여성은 결혼하게 되면 자동으로 남편 또는 시아버지의 호적으로 들어가고 친정식구들은 더이상 가족이 아니었다. 자식은 아버지의 성과 본을 따라야 했으며, 호주인 남편은 자신의 혼외자를 아내의 동의 없이 호적에 넣을 수 있었으나 아내는 호주인 남편의 동의 없이는 자신의 혼외자를 같은 호적에 입적시킬 수 없었다. 당시 가족이란 하나의 호적에 들어가 있는 사람들이었기 때문에, 남편의 허락 없이는 자신의 자식들과 가족이 될 수 없었다.

여성계는 오래전부터 여성에게 일방적으로 불리할 뿐더러 반인권적인 호주제를 폐지하고자 하였으나, 유림을 주축으로 한 보수세력들의 공고한 반대를 넘지 못하였다. 1974년 범여성가족촉진회의 친족상속법 개정법안 국회 상정, 1984년의 가족법 개정안 상정요구, 1986년의 가족법 개정안 상정, 1988년 가족법 개정안 국회 상정이 계속되었다. 이러한 노력을 통해 1990년 1월 13일 호주의 권리의무를 대폭 삭제하고 호주권을 축소하였지만 그 제도 자체를 폐지하지 못하였다. 표를 의식할 수밖에 없는 입법부의 한계였다.

1999년말 부터 입법부에 의한 폐지는 안 될 것 같으니 소송으로 돌파해보자는 의견들이 나오기 시작했다. 그 이전인 1997년 동성동본 금혼규정에 대한 헌법불합치결정을 이끌어낸 이석태 변호사는 호주제 역시 위헌판단을 받을 수 있을 것이라 생각하여 2000년 6월에 강금실, 이석태, 진선미, 이정희 변호사와 그 당시에는 사법연수원생이었으나 이후 민변의 회원이 된 조숙현 · 김수정 · 이지선 등 후배들과 함께 '호주제 폐지를 목적으로 하는 소송실무모임'을 결성하였다.

일단은 소송에 참여할 원고들을 모집해야 했다. 여성단체들이 적극 호응했다. 진선미, 김수정 변호사는 대리인으로 활동하면서 본인들 역시 호주제가 폐지되기 전까지는 혼인신고를 미루겠다고 선언하였다. 2000년 10월부터 시민단체를 통해 모집된 원고들이 각 관할 구청에 입적신고나 호주변경신고를 제출하기 시작하였다. 구청의 거부처분이 이루어지자 공동대리인단은 이에 불복하는 소송들을 제기한 후 위헌제청에 이른다. 2001년 3월 27일 서울지방법원 서부지원의 위헌제청결정을 필두로 3건의 위헌제청결정이 이루어졌고 마침내 호주제에 대한 헌법재판소의 심리가 개시되었다.

호주제 위헌소송은 시작부터 유림으로 대표되는 보수단체의 거센 반발에 부딪혔다. 일부 국민들은 호주제가 폐지되면 우리 모두가 짐승이 된다면서 삭발을 자처하고 반대집회를 열었으며 1000만 명 국민서명운동도 전개하였다. 소송은 4년간 계속되었다. 헌법재판소는 이례적으로 5회의 공개변론을 열었으며, 법무부, 여성부, 국가인권위원회 등 국가기관 이외에도 사

© 연합뉴스

유림의 거센 반발 속에서 소송은
4년간 계속되었다. 헌법재판소는
이례적으로 5회의 공개변론을 열
었으며, 법무부, 여성부, 국가인
권위원회 등 국가기관 이외에도
사적 단체인 성균관, 정통가족제
도수호범국민연합에도 이해관계
인의 지위를 인정하여 변론에 참
여시켰다.

적 단체인 성균관, 정통가족제도수호범국민연합에도 이해관계인의 지위를 인정하여 변론에 참여시켰다. 호주제도가 자연과학의 측면에서 어떻게 평가되어야 하는 것인지 과학자인 최재천 교수도 참여하여, 실제로 여성의 미토콘드리아만 후계로 유전되는 모계유전의 법칙을 설파하기도 하였다.

2005년 2월 3일 오랜 심리 끝에 헌법재판소는 비로소 호주제가 헌법에 합치하지 아니함을 선언하였다. 가족제도나 가족법도 헌법 아래에 있는 것으로서, 헌법전문이나 헌법 제9조의 '전통문화'도 헌법이념인 개인의 존엄과 양성평등에 반할 수 없음이 확인된 것이다. 헌법재판소의 결정이 이루어지던 날, 호주제 폐지를 위해 함께 싸워온 여성단체, 변호사들, 여성인권을 위해 함께 싸워온 남성들이 함께 얼싸안고 눈물을 흘렸다. 헌법재판소의 결정으로 오랜 세월 여성을 억압해온 가부장적 가족질서가 제도적 종언을 고하였다.

감금된 성매매 여성들의
한 맺힌 죽음에 함께 울다
:

2002년 1월 29일 군산시 개복동 유흥업소 '아방궁'에서 화재가 발생, 그 옆 유흥업소 '대가'로 옮겨 붙었다. 그곳에는 고된 하루를 마치고 잠든 13명의 성매매 여성들이 있었다. 불길은 순식간에 번졌고, 놀라 깬 피해자들은 2층을 통해 탈출하려 하였으나 출입문 앞 층계에서 모두 사망하였다. 출입문이 바깥으로부터 잠겨 있었기 때문이다. 열쇠를 갖고 있던 감시인 두 사람도 순식간에 번진 화재에 함께 질식사하여 총 15명의 사망자가 발생하였다. 그 옆의 동네인 대명동 유흥업소에서 불이 나 5명의 성매매 여성들이 사망한 지 불과 1년 4개월 만에 다시 발생한 비극이었다.

민변 여성위는 그 이전부터 산하에 성매매방지팀을 두고 성매매 여성들이 감금된 상태에서 성매매를 강요당하는 문제에 주목해왔다. 소식을 듣고 최은순, 이정희, 조숙현, 김태선 변호사가 사고현장으로 달려갔다. 현장을 조사한 결과 피해 여성들의 죽음은 결코 우연한 사고가 아니라는 사실이 드러났다. 마치 11개나 되는 것처럼 보였던 창문은 실제로는 2개였다. 대명동 화재 이후 '감금과 성매매 강요'라는 비난을 피하기 위해 업주들은 숙소의 철창을 제거하는 대신 아예 벽지를 발라 폐쇄했고, 출입문은 특수자물쇠로 잠근 후 감시인을 두어서 성매매 여성들의 도주를 막았다. 국가기관이 지방자치단체가 조금만 주의를 기울여서 살펴보기만 해도 '감금' 상태임을 알 수 있었다. 그러나 제대로 일한 기관은 한 곳도 없었다.

화재현장으로부터 불과 50미터 거리에 개복파출소가 있었으나 경찰과 업주들은 밀월관계에 있었다. 경찰은 업주들로부터 대가를 받고 성매매 영업을 묵인했고 성매매 업소에서 탈출한 여성들의 지명수배 여부를 확인해주는 등 도리어 편의를 제공해주었다. 화재가 발생하기 전에도 수차례 단속과 함께 성매매 여성들에 대한 면담을 실시하여 감금된 상태에서 성매매를 강요당하고 있다는 진술을 받았음에도 사후 조치를 취하지 않았다. 소방서 역시 마찬가지였다. 2차례 소방점검을 실시하여 용도변경된 숙소에서 무허가영업이 이루어지고 있음을 적발하고서도 아무 조치도 취하지 않았다. 소방관들은 출입문에 잠금장치한 것을 보고서도 피난장애시설이 없다고 점검장부에 적었다.

현장을 확인한 변호사들은 다시는 우리 사회에서 이와 같은 감금 성매매와 억울한 죽음이 발생하지 않도록 손해배상청구 소송을 진행하기로 결정하였다. 유가족들을 설득하여 공동 변호인단을 구성하고, 2002년 4월 22일 서울중앙지방법원에 업주와 국가 및 전라북도, 군산시를 상대로 한 소송을 제기하였다. 소송과정에서 업주들이 출입문에 특수자물쇠를 설치하고 교대로 남자종업원들을 시켜 피해자들을 감금하고 감시하였다는 드러났고, 경찰서, 공무원, 소방관들이 형사처벌을 받으면서 그 직무유기와 불법행위가 명백해졌음에도 국가와 지방자치단체의 책임이 인정되는데 그로부터 6년 6개월이라는 기나긴 법정 싸움이 필요했다.

1심의 판결은 뜻밖이었다. 법원은 국가와 지방자치단체 책임을 모두 부정하고 모두 업주 개인의 책임으로 돌렸다. 경찰들이 감금을 알고 있었다고 보기 어렵고 경찰은 화재사고의 예방의 의무가 없어서 망인들의 사망에 대한 책임이 없다는 것이었다. 군산시 역시 단속을 좀 소홀히 하였다 하여 화재로 인한 사망 책임을 질 수 없다고 그 인과관계를 부인하였다. 소방관들의 책임 역시 마찬가지였다. 소방점검과 그 시정의무를 소홀히 한 점이 있다 할지라도 화재로 인한 사망과는 역시 인과관계가 없다는 것이다. 1심의 판결대로라면 국가나 공공기관은 국민에게 어떤 의미가 있단 말인가? 도저히 승복할 수 없었던 공동대리인단은 즉각 항소하였다.

다시 법정투쟁이 시작되었다. 2005년 7월 항소심은 1심과 달리 경찰의 책임을 인정하기에 이른다. 그러나 군산시와 전라북도의 책임은 여전히 인정하지 않았다. 법원은 경찰관들이 피해여성들이 감금된 채로 성매매를 강요받고 있었던 사실을 실제 알고 있으면서도 업주들을 체포, 수사하는 등 어떤 조치도 취하지 않은 것을 문제삼았다. 오히려 업주들로부터 뇌물을 수수하고 편의를 봐주는 등 직무상의 의무를 위반하였다는 것이다. 다만 그 책임은 감금 성매매 피해에 대한 위자료 지급책임이라는 것이며, 화재로 인한 사망에 대해서는 여전히 책임이 없다는 논리였다. 1심보다 나아졌다고 하나 승복할 수 없는 것은 여전하였다. 사건은 이제 대법원으로 올라갔다.

2008년 4월, 마침내 대법원의 판결이 내려졌다. 대법원의 보수성을 고려할 때 파격적인 판결이었다. 대법원은 경찰의 책임 외에도 소방업무를 담당하고 있는 전라북도의 책임을 인정하였다. 소방공무원들이 합동점검으로 적발한 사실에 대해 방염장치 등 조치를 취하게 할 의무가 있음에도 하지 않았다고 본 것이다. 비로소 원고들은 화재로 인한 사망에 대한 손해배상을 받을 수 있게 되었다. 아주 만족스러운 것은 아니었지만, 변호사들의 끈질긴 노력으로 억울하게 죽어간 여성 13명의 영혼이 조금이나마 위로를 받는 순간이었다.

민변 여성위의 성매매 여성들을 위한 지원은 비단 이 사건에만 그치지 않았다. 회원들은 성매매 여성들이 업주로부터 선불금을 받고 이를 갚지 못해 성매매를 강요당하는 현실을 바로잡기 위한 '선불금 계약에 대한 채무부존재확인 판결'을 이끌어냈을 뿐 아니라, 성매매 업소에서 탈출한 여성에 대해 '차용사기'로 형사고소하고 협박하였던 관행에 맞서 피해여성을 변론, '무죄'를 받아냈다. 그 경험을 바탕으로 『성매매 여성들을 위한 법률안내서』를 집필하고 입법활동에 참여하여 윤락행위등방지법을 폐지하고 성매매 알선등 행위의 처벌에 관한 법률과 성매매 방지 및 피해자 보호에 관한 법률을 제정하는 의미 있는 성과를 거둬왔고, 그 활동은 지금도 계속되고 있다.

성희롱 피해자에 대한 2차 가해 책임을 묻다

:

2018년 세계여성의 날 기념 한국 여성대회에서 '올해의 여성운동상'이 호명되었다. 르노삼성자동차 성희롱 피해자였다. "조직 내 여성을 압박하고 불리하게 대우함으로써 침묵시키고 배제하려는 회사를 상대로 투쟁해 회사의 책임을 묻고 직장 내 성희롱에서 피해자를 불리하게 대우해서는 안 된다는 사회적 기준을 이끌어냈다"는 것이 선정이유였다.

이 사건은 2012년으로 거슬러 올라간다. 르노삼성자동차 연구소에 근무하는 정경화 씨(가명)는 2012년 4월 새로 부임한 팀장으로부터 1년 가까이 성희롱을 당했다. 참다못해 회사에 신고했지만 돌아온 것은 오히려 피해자가 꼬셨다는 뒷소문이었다.

피해자는 억울함을 견딜 수 없어 가해자와 회사를 상대로 손해배상을 청구했지만 그때부터 회사의 보복이 시작됐다. 동료에게 진술서를 받았다가 협박혐의로 피해자 자신이 징계처분을 받았고 자신을 도와줬던 다른 동료도 징계처분을 받았다. 좋은 근무평정에도 불구하고 갑자기 전문성이 없다는 이유로

업무전환을 통보받았다. 그뿐이 아니었다. 지방노동위원회에
서 모두 부당징계라는 판정이 이루어지자 그 동료와 피해자 모
두 대기발령 통보를 받기에 이른다. 그런 모습을 지켜본 회사직
원들은 누구도 피해자를 도우려 하지 않았으며 도와줬던 동료
도 지쳐 퇴사하였다. 피해자는 결국 최하등급의 근무평정을 받
았다.

민변 여성위가 이 사건에 결합한 것은 2014년 3월이었다.
2014년 3월 8일 '르노삼성자동차 성희롱 사건 해결을 위한 공
동대책위원회'(이하 '공대위')가 출범하면서 여기에 참여한 것이
다. 공대위는 시민서명운동, 본사인 르노닛산 그룹 회장 방한
에 맞춘 항의운동을 기획하는 한편, 긴급히 '케이스 포럼'을 마
련했다. 여성단체들은 공대위 출범전에 회사의 보복조치가 남
녀고용평등법 제14조 제2항 위반이라고 노동부에 고발했는데,
케이스 포럼은 그 법적 근거를 논의하고자 만든 자리였다.

케이스 포럼에 여성위 소속 이경환, 차혜령 변호사가 발제
를 맡은 것을 계기로 여성위를 중심으로 법률지원단이 구성되
었다. 법률지원단은 A와 B를 대리하여 보복조치를 행한 르노
삼성 및 르노삼성 관계자들을 형사고소하기로 하였다.[2] 남녀
고용평등법 제14조 제2항은 "사업주는 직장 내 성희롱과 관련
하여 피해를 입은 근로자 또는 성희롱 피해 발생을 주장하는
근로자에게 해고나 그 밖의 불리한 조치를 하여서는 아니 된

다"라고 규정하고 위반시 형사처벌 조항까지 두고 있으나 이 조항을 적용한 판결은 매우 드물었다. 법률지원단은 법리를 다듬고 외국 사례를 조사하고 사실관계를 여러 차례 확인하는 과정을 거쳐 2014년 6월 고소장을 제출하였다. 손해배상청구소송은 다른 변호사들에 의해 1심이 진행되었으나 안타깝게도 2014년 12월 가해자 개인책임만 인정하는 1심 판결이 선고되었다. 법률지원단은 그 항소심을 맡아 회사의 책임에 관한 치열한 공방을 이어갔다. 회사는 사용자책임을 부정한 서울대 성희롱 사건 판결을 내세우면서 성희롱은 기본적으로 개인 간의 일이라는 논조를 유지하였다. 원고가 받은 불리한 조치는 성희롱과 관련이 없고 다 그럴만한 이유가 있었다는 항변이었다.

2015년 12월 항소심 재판부는 "부하직원의 업무환경에 영향을 미칠 수 있는 상급자가 그 부하직원에 대하여 직장 내 성희롱을 한 경우에는 그 자체로 직무위반행위로서 민법 제756조에서 말하는 '사무집행에 관한 불법행위'에 해당한다"고 하여 직장 내 성희롱에 관한 사용자책임의 성립범위를 기존보다 크게 넓히는 판결을 내렸다. 사용자의 성희롱 예방 사무를 인정하면서 직장 내 성희롱이 노동자 개인 간의 일이 아니라 사업주가 책임져야 할 권력적 행위라는 점을 명확히 한 이 판결은, 성희롱 피해자의 인권을 더욱 두텁게 보호하는 획기적인 판결이었다. 다만 유감스럽게도 피해자에게 가해진 일련의 불리한 조치를 연속적으로 파악하지 않은 채로 단지 업무전환 통보에 대해서만 회사의 불법행위책임을 인정하였다.

　최초의 성희롱 배상청구 사건 이래 우리 사회는 성희롱을 법의 영역으로 들여오면서 점차 그 인식을 달리하여 왔다. 그러나 성희롱 피해를 고발한 당사자에게 도리어 불리한 조치를 가하는 '2차 가해행위'는 많은 피해자들로 하여금 입을 다물고 침묵하게 하였다. 이 침묵을 깨뜨리려면 사용자 책임이 인정되어야 했다. 이를 인정한 항소심의 판결 역시 아쉬운 점은 있었으나 그래도 조금 더 앞서 나간 것이었기에 법률지원단은 상고심에 가더라도 그보다 나은 판단을 받으리라 기대할 수가 없었다.

　그러나 변호사들보다 굳은 의지를 보인 것은 당사자였다. 피해자는 꿋꿋하게 소송을 이어가겠다는 의지를 보였다. 이에 힘입어 법률지원단은 상고장을 제출하였다. 마침 안식년으로 외국에서 유학중이던 이경환 변호사가 미국의 보복행위 판단기준을 집중적으로 파고들었고, 대리인단은 상고이유에 이 연구결과를 보탰다. 모두의 수고 끝에 예측을 넘어선 판결이 이루어졌다. 2017년 12월 대법원에서 원고가 상고한 청구 부분을 모두 파기환송한 것이다. 대법원의 판결은 남녀고용평등법 제14조 제2항의 입법취지, 판단기준, 증명책임에 관하여 최초로 판단한 것이었으며, 직장 내 성희롱 이후 피해자 또는 그를 도와준 동료 근로자에 대한 불리한 조치가 피해자를 고립시키고 구제절차를 단념하게 한다는 것을 확인하고 '2차 가해행위'에 대한 명확한 기준과 원칙을 밝힌 것이었다.

1994년 서울대 성희롱 사건에서 가해자 개인과 사용자의 책임을 함께 묻기 시작한 이래 오랜 싸움이 결실을 맺었다. 성희롱을 예방하고 그 피해가 발생하였을 경우 적절한 조치를 취해 피해 여성이 직장에서 퇴출당하도록 두어서는 안 될 사업주의 책임이 명확해진 것이다. 여기에는 그 시간들을 인내하며 함께 싸워온 당사자들과 변호사들이 있었다.

국가에 의한 여성폭력을 묻다 –
기지촌 미군 위안부 국가배상청구소송
:
"오랜 시간 고통과 수치심 속에서 살았는데 위로가 되는 판결입니다."

2018년 2월 8일 서초동 서울법원종합청사 입구에서 박영자 언니의 목소리가 힘차게 울려퍼졌다. 몇 달 전 법정에서 떨리는 목소리로 겨우 눈물을 삼키며 최후진술을 이어가던 모습과는 확연히 달랐다. 122명의 기지촌 미군 위안부들이 억울한 삶을 어루만져줄 '국가'를 찾아 소송을 제기한 지 3년 7개월 만의 일이다.

이날 서울고등법원은 "국가가 기지촌 내 성매매를 방치·묵인하는 수준을 넘어 기지촌 내 성매매 행위를 적극적으로 조장하였고, 이러한 행위는 윤락행위를 금지한 윤락행위등방지법과 공무원의 인권존중 의무를 위반한 것으로서 위법하다"고 인하고 국가가 이들에게 손해배상을 할 것을 선고하였다. 미군 '위안부'들이 겪고 있는 고통에 국가의 책임이 있다는 것을 확인 받는 순간이었다.

민변의 변호사들이 소송을 준비하던 초기, 우리 사회는 '기지촌 미군 위안부'라는 말조차 낯설어했고 받아들이기 어려워했다. 기지촌 미군 위안부는 1957년부터 급격히 번창하기 시작한 미군 주둔지 주변의 상업지구(기지촌)에서 미군을 상대로 성매매를 했던 여성들이다. '양공주', '양색시', '양갈보' 등의 명칭으로 불리기도 했고 '기지촌 여성'이라고도 불렸지만, 80년대까지만 하더라도 공공연히 '미군 위안부'라고 불렸다. 정부에서 작성한 공문서에도 이들은 '위안부'라고 적혀 있었다.

사회적 낙인과 냉대 속에서 침묵하며 숨죽여 살아오던 이들이 스스로 목소리를 내기로 마음 먹기까지에는 적지 않은 시간과 노력이 필요했다. 먼저 민변의 미군문제 연구위가 나섰다. 2013년 미군위는 국가배상청구소송이 가능한지를 검토한 의견서를 여성위원회에 보내어 함께 논의를 거듭해 갔다. 그로부터 넉달 후 기지촌 여성(일명 '미군 위안부') 국가배상 기획소송

대리인단이 구성되었다. 젊은 변호사들로 구성된 대리인단 역시 미군 위안부의 역사와 현실에 대해서 공부할 필요가 있었다. 대리인단은 2주 내지 한 달 간격으로 모여 역사 및 사회학, 피해자 증언, 문헌검토, 관련 사건 판례등을 공부하고 논리를 가다듬어갔다. 팀을 나눠서 소장을 작성한 후 발제와 토론, 수정과 보완을 수차례 반복했다. 초안이 마련되자 대리인단은 기지촌들을 직접 6차례 방문하여 당사자들에게 차근히 설명해줬다. 변호사와 당사자들이 하나가 되기 위한 과정이었다.

1년 가까운 준비기간이 흘렀다. 마침내 2014년 6월 25일 대리인단은 소장을 서울중앙지방법원에 접수하고 기자회견을 열어 '기지촌 미군 위안부'에 대하여 국가의 불법행위 책임이 있음을 우리 사회에 알렸다. 원고 122명, 공동대리인 14개 법무법인, 36명의 변호사가 참여한 기지촌 미군 '위안부' 국가배상청구소송이 본격적으로 시작되었다.

소송은 쉽지 않았다. 국가는 미군기지 위안부에 대해서 실태조사를 한 적도, 위안부의 피해를 공식적으로 인정한 바가 없었다. 공식적 자료가 존재하지 않는다는 열악한 조건에서 대리인단은 509개의 자료들을 찾아 증거로 제출하였다. 이러한 증거의 수집과 제출에는 오랜 기간 피해자들을 지원하며 함께 활동해 온 연구자들과 활동가들의 도움이 있었다. 특히 심혈을 기울인 것은 피해자들의 경험을 듣고 공유하고 기록하고 정리하는 작업이었다. 그것은 피해를 돈으로 배상받는 것과 별개의 문제였다. 삶의 나락에 떨어진 것이 순전히 개인의 책임인양 사회의 멸시를 받으며 지워진 존재로 살아온 여성들이 자신을 드러내고 자신의 목소리로 '말할' 기회를 갖는 것이었다. 이를 위해 변호사들은 원고들의 진술서를 제출하는 것과 별도로 당사자들이 직접 그 경험을 법정에서 증언할 기회를 달라고 법원에 요청했다. 다수의 피해자들이 진술을 주저하거나 회피했고 그나마 어렵게 결심했던 몇몇 피해자들은 불안증세를 보여 결국 증언을 포기하기도 했지만, 피해자들과 변호사들은 그 고비를 넘기며 소송을 이어갔다.

2017년 1월 20일 제1심 선고가 있었다. 매우 실망스러운 판결이었다. 법원은 기지촌의 역사를 대부분 인정하면서도 기지촌 조성 및 운영, 성병 검진·치료, 애국교육 등 국가의 행위를 불법행위로 보기는 어렵다는 이유로 원고들 청구 대부분을 기각하였다. 다만 구 전염병예방법 시행규칙 제정 이전에 낙검자 수용소에 격리수용치료를 당한 일부 피해자들에 대해서만 법적 근거가 없는 격리수용이라는 이유로 국가배상책임을 인정하였다.

항소심이 이어졌다. 1심에서 일부 원고들에 대해서만 배상 판결이 내려진 부담감이 대리인단을 짓눌렀다. 대리인단은 다시 전열을 가다듬고, 전문가 증인을 통해서 기지촌의 구조적 문

법대에 오른 재판부는 1심 판결
을 뒤집고 117명의 원고들 모두
에 대하여 국가의 책임을 인정하
였다. 우리 역사상 처음으로 미군
기지촌 위안부의 존재가 공식적
으로 인정되고 그들의 아픔이 실
재하며, 국가는 그에 대해 책임
을 져야 한다는 취지의 판결문이
또박또박 낭독되었다. 법정은 그
판결이 낭독되는 동안 내내 눈물
바다였다. 사진은 '한국 내 기지
촌 위안부 국가배상 청구소송 공
동변호인단'이 2018년 여성의 날
'올해의 성평등 디딤돌' 상을 수
상하는 모습.

제와 국가책임에 대해서 보강하고 진술서를 꼼꼼히 분석하였다. 청구원인을 더욱 구체적이고 명확하게 정리하고, 해당되는 증거를 하나하나 표시하여 표로 정리하여 제출했다. 항소심의 판결이 내려지던 날, 당사자뿐만 아니라 대리인단 변호사들도 판결을 듣기 위해 법정 안으로 모여들었다. 법대에 오른 재판부는 1심 판결을 뒤집고 117명의 원고들 모두에 대하여 국가의 책임을 인정하였다. 우리 역사상 처음으로 미군 기지촌 위안부의 존재가 공식적으로 인정되고 그들의 아픔이 실재하며, 국가는 그에 대해 책임을 져야 한다는 취지의 판결문이 또박또박 낭독되었다. 법정은 그 판결이 낭독되는 동안 내내 눈물바다였다.

세상의 절반, 여성과 함께 간다

:

"처음에 제가 말씀드렸듯이 범죄 피해자나 성폭력 피해자는 절대 그 피해를 입은 본인의 잘못이 아닙니다. 그 말씀을 꼭 드리고 싶습니다."

— 2018. 1. 서지현 검사 JTBC 인터뷰 중

30년 전 51명 중 단 한 명의 여성회원으로 시작되었던 민변은 그 후 30년의 시간을 지나면서 회원 전체 1,200명 중에서 약 1/3에 못 미치는 숫자를 여성회원들이 차지하는 단체로 발전해 왔다. 여성위원회가 출범한 이후 20년 동안 변호사들은 여성인권 변론의 역사의 새로운 장을 계속 써왔다. 그것은 여성의 눈으로 세상을 보고 여성의 목소리를 법정과 세상에 들려주기 위한 부단한 노력과 투쟁이었다.

단지 변론뿐만이 아니었다. 여성위는 긴급 피임약의 처방에 관한 의견서를 제출하는 등 여성 관련 정책에 대한 목소리를 높이고, 성폭력 피해자들에 대한 법률구조활동을 여성가족부와 기획 집행하기도 하였으며, 『호주제 폐지소송백서』와 『성매매 여성법률지원안내서』를 발간하고, 여성위의 활동과 사법감시의 평가를 담은 《사법정의와 여성》을 3호까지 발간하였다. 여성위의 활동 성과는 그 이후 소수자위원회와 아동위원회의 설립을 촉진하여 우리 사회 소수자들에 대한 민변의 헌신과 기여를 더욱 풍부하게 하였다.

물론 이러한 활동은 보수적이고 남성 중심적인 법원과 검찰에 의해 자주 좌절을 겪어야 했다. 이 글에 기록된 소송들 외에도 황우석 사태 당시 난자를 제공하고 건강상 정신상 큰 피해를 본 여성들이 제기한 소송이 패소로 확정되어 여성이 자신의 몸에 대한 결정권을 갖는다는 게 어떤 의미인지를 사회로 하여금 성찰하지 못하게 된 것은 두고두고 아쉬운 사건이었다.

때로는 이기고 때로는 지기를 반복하며 걸어온 길이었다. 그러나 그 흐름이 가리키는 방향은 명백했다. 일반 국민들이 성희롱이라는 말조차도 생소하게 여길 때에 시작된 싸움은 2018년 봄, 여 검사가 방송에 자신의 피해를 드러내며 침묵 속에 떨고 있는 수많은 피해자들에게 '그것은 당신의 잘못이 아니라 말해주고 싶었어요'라는 말에 수많은 사람들과 특히 여성들이 미투(me, too)로 호응하는 역사적 순간으로 이어졌다. 25년 전, 고통과 두려움에 떨면서도 '자신이 아니라 다른 피해자들을 위해' 용기있게 나섰던 한 여성과 이에 호응한 변호사들이 세상의 편견과 맞서며 악전고투를 거듭했던 것과 전혀 다른 세상의 변화가 찾아온 것이다.

　　아직도 갈 길은 멀지만, 분명한 것은 세상은 변하고 바뀌어간다는 것이다. 여성이, 소수자가, 사회적 약자가 어떠한 사회적 차별 없이 그 존재 자체로 존엄함을 인정받는 그날까지, 세상의 절반과 함께하는 변호사들의 활동은 계속될 것이다.

2

·

국제사회

국경을 넘어 세계와 연대하다

·

민변, 국제사회로 눈을 돌리다

:

불행한 한국 현대사에서 자생적으로 생겨난 인권변호사들의 활동은 자연스럽게 국내 법정에서의 변론에 집중될 수밖에 없었다. 그러던 중 민변이 창립되자 변호사들은 그 활동방식을 고민하면서 국제사회와 국제인권기준으로 눈길을 돌리게 되었다.

1990년 천정배 변호사가 아시아태평양법률가 회의 준비모임에 대표로 참여한 후 그 다음해 일본 도쿄에서 개최된 아시아태평양법률가 회의에 황인철 대표간사를 포함한 18명의 회원이 참여하였다. 당시의 규모로 보면 1/3 이상의 회원들이 참여한 것이니 상당한 숫자였다. 그 뒤 민변의 활동은 유엔과 국제기구들로 뻗어가기 시작했는데, 초기 민변의 국제 분야 활동에서 가장 빛나는 활동을 한 사람으로 조용환 변호사를 빼놓을 수가 없다.

조용환 변호사의 회고담을 들어보면, 그 움직임은 비단 개인의 문제의식뿐만 아니라 국내 법정에서 벌어지는 법 해석의 완고함에 지친 민변회원들의 문제의식의 발로였음이 드러난다.

> "국제인권조약에 처음 관심을 가지게 된 것이 유현석 변호사의 글이었습니다. 유 변호사님이 서울변회인가 어느 잡지에 짤막한 수필 비슷한 것을 쓰셨는데, 노태우 정권이 시민적 정치적 권리에 관한 국제조약을 비준한 것에 대해 언급하면서 변호사들이 이에 대해 공부해야 한다고 쓰신 것을 봤습니다. 자료를 찾아봤더니 국제인권조약들이 있고 그걸 우리나라가 비준했다는 것을 알게 된 거죠. 공안 사건을 변론하다 보면, 내 양심과 지식에 비춰보면 도무지 범죄가 될 수 없는 게 우리나라는 제3자 개입금지니 뭐니 해서 법원이 다 처벌을 하는 겁니다. 국가에 법이 있고 그 국가에 의해 공인된 훈련받은 법조인들이 그 법에 따라 판단한 건데 그 판단과 내 의견이 너무나 달라서 도대체 내 의견이 어떻게 맞다는 것인지 그걸 어떻게 증명할 것인가 고민이었죠. 그러던 중 유 변호사님의 글을 보고

뭐랄까, 빛을 발견한 기분이 들었습니다. 유엔의 규범이라는 것은 결국 국제사회가 만든 것, 외부의 객관적 잣대라는 생각이 들어서 여기에 기대보면 어떨까 하는 생각을 하게 된 거죠. 그러나 그때만 해도 자료를 구하는 것 자체가 너무 힘들었습니다. 그래도 당신들은 틀렸고, 내 생각이 맞는 거야 이런 걸 증명하고 싶어서요. 자료들을 찾아 나서게 되었죠."

지금이야 지구시민사회가 인터넷으로 연결되어 필요한 자료를 손가락 클릭 몇 번으로 앉은 자리에서 찾아낼 수 있고, 국내 인권단체들도 국제인권 메커니즘 활용에 대한 다양한 경험과 정보를 가지고 있지만, 1990년대 초만 해도 우리 사회는 국제인권기준에 대한 자료도 찾기 어려웠고 활용 경험도 극히 빈약했다.

조 변호사는 국제인권기준과 각종 규약 등의 자료를 찾아나섰고 박원순 변호사를 통해 1991년 앰네스티 인터내셔널의 한국 담당자였던 프랑수아즈 반데일을 만났고 다시 그를 통해 제네바 유엔인권센터의 막스 슈미트 박사를 소개받게 된다. 그리고 그를 만나기 위해서 제네바로 떠났다. 제네바까지 와서 자신을 찾는 한국의 변호사가 있다는 말에 막스 슈미트 박사는 휴가 중인데도 다시 제네바로 돌아와 성심을 다해 모든 질문에 답해주었다. 그로부터 논문과 책 등 자료를 받은 조 변호사는 그 성의에 감동하여 슈미트 박사에게 한국으로 돌아가면 첫째, 유엔인권제도에 대한 소개글을 쓰고 둘째, 시민적 정치적 권리에 관한 규약 반박 보고서를 작성 및 제출하며, 마지막으로 유엔 개인 통보절차를 최소한 한 건은 수행하겠다고 약속하였다. 조변호사는 위 약속을 모두 지켰음은 물론 그 이후 국제인권 메커니즘을 활용한 새로운 활동의 길을 후배들에게 열어주었다.

정부 보고서에 반박하며 싸우다

:

우리나라는 1990년에 국제인권규약 중 시민적 정치적 권리에 관한 규약을 비준하였다. 규약 제40조에 의하면 당사국은 규약에서 인정하는 권리를 얼마나 보장하고 있는지 그 보고서를 작성하여 자유권규약위원회(Human Rights Committee)에 제출해야 한다. 정부가 보고서를 제출하면 위원회는 이를 심사하여 시정할 사항들을 정리, 정부에 권고하게 되는데, 정부가 제대로 이사회에 보고하지 않거나 이사회 역시 심의에 충분한 자료를 확보하지 못하는 경우 제대로 된 권고안이 나올 수 없기에 각국의 민간단체들은 정부 보고서와 별도로 자유권규약위원회에 당사국의 인권 실정을 정확하게 알리는 반박 보고서를 제출하게 되는 것이다.

민변은 설립 직후라 그와 같은 보고서의 작성 절차에 대해서 제대로 알지 못하고 있다가 제네바로부터 돌아온 조 변호사로부터 그 절차를 소개받고 반박 보고서를 작성해보기로 결정하였다. 8명의 변호사가 각 분야를 나눠 집필에 들어갔다. 시급한 일정에 맞추느라 보고서 작성과 번역작업을 동시에 진행하여 1991년 9월 마침내 반박 보고서를 유엔에 제출하였다. 우리 역사상 정부 보고서에 대한 최초의 민간 반박 보고서였다.

이 보고서의 제출은 상당한 반향을 불러일으켰다. 주무관청인 법무부는 반론자료를 작성하여 언론에 배포하였고 이에 대응해서 민변은 정부 당국에 공개토론을 제의하는 등 열띤 공방을 벌였다. 1992년 스위스 제네바에서 정부 보고서 심의를 위한 자유권위원회가 개최되었다. 최영도, 천정배, 박원순, 조용환 변호사는 그 자리에 직접 참석하여 정부의 보고와 이사회의 질문을 모니터링하며 한국의 실제 인권상황을 이사회에 전달하려 애썼다. 그러한 노력의 결과, 심의과정에서 민변이 끈질기게 싸워온 국가보안법과 사상전향제도에 대한 치열한 질문과 답변이 오고 갔으며, 마침내 위원회는 그 최종 논평에서 한국의 자유권 보장수준에 대하여 '전반적으로 우려됨'이라는 의견을 발표하였다. 한국의 특수한 사정을 고려한다 할지라도 그러한 제도들은 규약위반이라는 것이었다. 변호사들이 사상양심의 자유를 위해 주장해 온 논리들이 국제인권기준에 부합하고 그것이 더욱 보편적인 생각이라는 것이 증명된 셈이다.

그밖에도 자유권위원회는 구속적부심 제도에서 판사의 심리를 받지 못하는 점, 구속기간이 길다는 점, 사형제가 명기된 범죄는 감소되어야 한다는 점 등을 지적하였다. 이와 같은 지적이 가능했던 것은 정부 보고서에서는 제대로 다뤄지지 않았던 주요한 인권상황에 관한 정보와 자료들이 반박 보고서를 통해 전달되었기 때문이며, 몇 년 후 신체 구속시 판사의 실질심리를 받을 권리는 영장실질심사제도로 형사소송절차 내로 들어오게 되었다. 이후 유엔 인권 메커니즘을 이용하여 정부 보고서에 대한 반박 보고서를 작성하고 제출하는 작업은 이후 설립된 민변 국제연대위원회의 가장 독특하고 권위있는 활동으로 대를 이어 나갔다.

개인 진정 절차를 시작하다

:

민변은 그 후 유엔의 인권옹호 메커니즘을 하나씩 배워가다가 '개인 진정(Individual Communications)'[1)]이라는 절차에 대해서 알게 된다. 개인 진정 절차는 해당 규약에서 정한 인권 침해를 받은 당사자가 자신의 국가에서 정하고 있는 사법절차 등 구제 절차를 모두 다 거친 후에 자유권규약위원회와 같은 조약기구에 진정을 제출하면 이를 심의하여 적절한 권고를 내리는 유엔의 준사법절차이다.

지금은 폐지되었지만 그 무렵 3대 노동악법 중 하나로 제3자 개입금지 조항이 있었다. 구 노동쟁의조정법 제13조의 2는 "직접 근로관계를 맺고 있는 근로자나 당해 노동조합 또는 사용자 기타 법령에 의하여 정당한 권한을 가진 자를 제외하고는 누구든지 쟁의행위에 관하여 관계당사자를 조종·선동·방해하거나 기타 영향을 미칠 목적으로 개입하는 행위를 하여서는 아니 된다"고 규정하고 있었다.

노조위원장이었던 A씨가 자신이 근무하지 않는 회사에서 일어난 파업을 지지하는 성명을 냈다는 이유로 제3자 개입금지 조항위반으로 처벌되자, 조용환 변호사는 개인 진정 절차를 이용해보기로 한다. 아무도 가지 않았던 길을 찾는 일이었다. 자료를 준비하고 청원서를 작성하여 1992년 7월 7일 자유권위원회에 개인 청원서를 접수하였고 마침내 3년 후인 1995년 7월 19일 위원회는 '위 규정이 한국이 비준한 자유권규약 제19조 제2항(표현의 자유)에 위반된다'는 결정을 내렸다. 한국 제1호 개인 청원 결정이었다.

조 변호사는 유엔의 결정에도 불구하고 한국정부가 어떠한 움직임도 보이지 않자, 그 결정을 기초로 손해배상 청구 소송을 제기하였다. 그러나 법원의 판결은 실망스러운 것이었다. 대한

민국이 가입·비준한 조약은 국내 법률과 동일한 효력이 있다고 헌법에 명시되어 있음에도, 법원은 자유권위원회의 판단을 반드시 따라야 한다고 볼 수 없다는 논리로 청구를 기각하였다. 국제사회의 인권기준은 우리나라에게 의미가 없다는 졸렬한 판결이었다. 해당 규정은 1997년 노동쟁의조정법의 폐지에도 불구하고 목숨을 연명하여 노동조합 및 노동관계조정법에 축소된 형태로 남아 있다가 2006년에서야 완전히 삭제되었다.

그 뒤 김근태 의원, 신학철 화가 등의 국가보안법 위반 사건에 대한 개인 진정 사건이 제기되었으며, 신학철 화가 사건에서 문제되었던 그림의 폐기를 막기 위해 제기된 개인 진정 절차에서 최초로 임시처분 결정(interim decision)이 이루어지기도 하였다. 이후 개인 진정 절차는 국내 법원의 보수적이고 퇴영적인 판결을 넘어서서 국제인권기준을 우리 사회에 들여와 적용하는 운동의 차원에서 적극 활용되었다. 그중에서도 특히 양심적 병역거부자들에 대한 형사처벌 문제를 전 세계에 알리는 수단으로 활용되었는데, 한국의 수많은 병역거부 사건들로 인해 역설적으로 유엔 자유권위원회가 자유권규약상 양심의 자유에 대체복무제도를 포함한 병역거부 보장이 포함되어야 함을 더욱 확신하게 되는 결과를 낳았다는 평가가 있을 정도였으며, 이는 역으로 다시 국내에 영향을 미쳐 헌법재판소의 소수의견이나 일부 하급심법원의 무죄 판결에 국제사회의 비판적 의견들이 반영되었다.

국제기준에 눈을 뜨다

:

민변의 초기 국제연대활동에서 주목할 만한 사건은 1993년 비엔나 세계인권대회였다. 그 이전 해에 열린 아시아태평양법률가 회의와 유엔인권이사회에 참여하면서 국제연대활동에 눈을 뜨게 된 변호사들은 1993년 비엔나에서 세계인권대회가 열린다는 소식을 듣게 되었다. 민변은 세계인권대회에 적극 참여하기로 결정하고 같은 해 초 방콕에서 아시아태평양 지역 인권단체들의 준비모임을 함께하면서 국가보안법, 일본군 위안부 피해자 문제들을 인권단체들과 함께 국제사회에 제기하는 방법을 모색하였다. 국제인권단체들과 연대하여 자국의 중요한 인권이슈들을 국제사회에 알리고 함께 활동해 나가는 방법을 익히게 된 것이다.

그뿐만이 아니었다. 변호사들과 활동가들은 그 준비과정에서 유엔이 각국 정부에 대하여 국가에 의한 인권침해를 감시, 견제하는 국가인권기구를 설립할 것을 권고했다는 사실을 알게 되었다. 인권의 옹호의무를 지닌 자이자 유엔의 구성원인 국가가 실제로는 잔인한 국가폭력의 가해자이기 때문에, 국가의 행위를 별도로 감시하는 독립기구가 필요하다는 것이다. 이와 같은 독립적 인권옹호기구야말로 수십 년의 역사 속에서 국가 폭력 피해를 받아온 한국민들에게는 꼭 필요한 기구라는 확신을 갖게 되었다. 비엔나 세계인권대회 준비팀은 별도로 신두병 인권대사를 만나 인권정책에 대한 제안서를 제출하면서 국가인권기구의 설립을 적극 제안하였다. 그러나 김영삼 정부에서는 그 실현을 바라보기는 어려웠다. 우리도 독립된 국가인권기구를 갖자며 꾸준히 목소리를 높이던 중 1997년 김대중 대통령 후보가 인권관련 공약에 이를 포함시키게 된다. 어느 누구보다도 국가폭력의 큰 희생자였던 김대중 대통령은 그 공약을 임기 내 국가인권위원회의 설립으로 이행하였다. 국가인권위원회의 설립은 기구를 자신들의 산하로 두려는 법무부와 이에 맞서 독립성을 확보하고자 하였던 변호사, 인권활동가들과의 치열한 투쟁을 거쳐야만 했는데, 그 헌신의 결과 2001년 국가인권위원회가 모든 권력으로부터 독립된 기구로 출범하였으며 김창국 변호사가 초대위원장을 맡았다.

국제연대 활동이 본 궤도에 오르다

:

1993년 비엔나 세계인권대회 참석 이후 민변은 이 대회의 후속

사업인 '비엔나+10 아시아지역 민간단체회의'의 아시아태평양 촉진팀으로 국가보안법 등의 이슈를 국제사회에 알렸다. 김기연 전 민변 간사는 척박했던 국제연대활동에서 "민변, 인권운동사랑방, 천주교인권위원회 등이 촉진팀의 핵심 멤버로 빛나는 활동을 거뒀다"고 회고한다. 약 5년간 민변에서 활동했던 김기연 씨는 민변을 떠난 이후에도 포럼아시아 등의 국제인권기구에서 활동하면서 민변을 포함한 한국 시민사회단체들의 유엔 인권메커니즘 활용을 돕기 위해, 각종 로비 문서 및 활동에 대한 아이디어 제공은 물론 로비활동 준비를 위한 제네바 내 장소 제공, 만나야 할 유엔근무 한국직원 및 유엔 인권최고대표사무소 직원 추천 및 소개 등 국제인권판의 '큰언니' 역할을 해오고 있다.

다시 1999년으로 돌아가면, 민변은 난민지위 인정과 관련된 법률지원을 하는 유일한 단체이기도 하였다. 유엔 난민최고대표 사무소(UNHCR, United Nations High Commissioner for Refugees)와 협약을 체결하고 국내 난민신청자에 대한 기초조사와 법률자문을 맡았으며, 난민지위 인정 행정소송과 사회적 지원 등을 위한 시민사회단체 네트워크인 '파트너십 인 액션(Partnership in Action)'의 멤버로도 활동하였다.

2000년대로 들어서면서 민변에는 국제연대활동을 하고자 하는 회원들이 꾸준히 늘었다. 1996년 조직개편에 따라 종전 국제인권위원회를 대신하여 설립된 국제연대위원회는 동티모

© 연분홍 치마, 병길

2015년 10월 UN 자유권규약위원
회 대한민국 국가보고서 심의 당
시 회의 모습.

르의 독립을 지원하는 국제 연대회의도 참여하는 등 그 활동반경은 국외 이슈에도 넓혀갔으며, 2001년에는 임시특별위원회인 난민법률지원위원회 창립, 버마(미얀마) 망명의회 대표단 간담회 공동주최, 정부 난민 정책에 대한 의견 전달 등의 활동을 진행하였다. 국제연대위의 역대 위원장들은 후배들과 함께 국제인권회의나 유엔 인권관련 회의에 참석하면서 선배로부터 물려받은 경험과 정보를 후배들과 공유하고 몸소 가르쳐주었다.

2001년 민변은 그동안의 성과를 바탕으로 유엔경제사회이사회의 협의지위(Consultative Status) 자격을 취득하게 되었는데, 이제 '민변의 이름으로' 독자적으로 유엔인권이사회가 열리는 팔레드나시옹 건물에 출입하여 인권이슈에 대해 로비활동도 벌이고, 본회의에 참관하며 경우에 따라서는 구두 발언 등 절차에 참여할 수 있는 권한을 갖게 된 것이다. 민변이 협의지위를 갖기 전에는 민변이 제기하는 인권이슈에 공감해주는 다른 국제인권단체들의 도움을 받아서 인권이슈에 대한 로비를 진행해야 했다. 협의지위 취득 후에는 민변의 독자적인 발언권 행사가 가능해져, 실제로 2002년에는 이석태 변호사가 유엔 인권위원회에서 한국 내 양심적 병역거부자 처벌 등 인권침해 사례를 공개하고 한국정부에게 병역거부 구속자들을 석방할 것을 촉구하는 구두발언을 하기도 하였다.

그 외에도 국제연대 활동에 큰 관심과 열정으로 국제연대위

위원장을 역임한 박찬운 변호사의 주도 하에 변호사들은 반인
도적 범죄에 대하여 국제형사재판소를 만들어 처벌하고자 하
는 조약인 '국제형사재판소에 관한 로마 규정'을 번역하였다.
동 규정은 1998년 채택되어 2002년 발효되었고 한국은 2000
년에 서명 후 2002년에 국회의 비준을 거쳤는데, 당시 국제연
대위는 정부보다 앞서서 번역하고 규정을 소개하는 리플릿을
만들어서 국회의원들에게 위 규정을 비준하도록 설득하는 활
동을 벌였다. 또한 국제형사재판과 관련된 시민사회단체의 연
대체인 '국제형사재판소를 위한 시민사회연합(Coalition for the
ICC)'의 동북아 연대체의 멤버로 활동하기도 하였다. 참고로
국회는 2007년 12월 21일 위 로마 규정의 국내 이행법률인 '국
제형사재판소 관할 범죄의 처벌 등에 관한 법률'을 제정하였는
데, 이 과정에서도 민변의 변호사들이 다수 참여하였다.

변호사들은 또 다른 활동방식을 찾아냈다. 유엔총회기구 중
의 하나인 유엔인권이사회를 이용하는 방안으로, 이사회 정기
총회에 참석하여 구두발언을 하거나, 정기총회 기간 중 별도의
행사를 개최하여 인권이슈를 홍보하거나" 특별보고관(Special
Rapporteur) 등 특별절차(Special Procedures) 담당자와 미팅을 하
는 등의 활동이다. 그 외에 역할을 분담하여 해당 국가를 상대로
인권 관련 정보를 요구하고 긴급조치를 권고하거나 심지어 직접
방문하여 조사하는 등의 활동도 벌여나갔다. 정부의 인권이사회

보고 및 심의절차를 활용하는 것은 물론 그와 관련한 특별보고 관이나 조사관의 방문시 인권 침해 내용 요약 자료 제공, 피해자 면담을 위한 간담회, 피해 관련 현장 방문 등을 돕는 등의 활동도 다각도로 벌이면서 한국의 인권상황을 정확히 알리고 국제사회 의 관심과 권고를 끌어내어 정부를 압박하고 동시에 시민사회의 활동력을 다시 집중케 하는 방식인 것이다.

이러한 활동은 이명박 · 박근혜 정부에서 특히 빛을 발하였 다. 2009년 장영석 변호사는 유엔인권이사회 회기 중 시민사회 단체에 허용된 구두발언 기회를 이용하여 정부의 폭압적인 철 거민에 대한 진압과정에서 벌어진 용산참사에 대하여 알리고 당시 한국의 인권상황 후퇴에 대한 사이드 이벤트를 준비하였 다. 2013년에는 인권옹호자 특별보고관이 방한하였으며 2016 년에는 집회결사의 자유에 관한 특별보고관이 방한했는데, 민 변과 인권단체들은 방한에 대비한 자료 준비, 방한 당시 피해 그룹과의 간담회 등을 함께 펼쳤으며 2014년 인권옹호자 특별 보고관이 인권이사회에서 한국 방문보고서를 포함한 정기보고 서를 발표하는 것에 맞춰 특별보고관 및 외국 인권활동가들을 초청하여 아시아 인권옹호자들에 대한 사이드 이벤트를 개최 하고 주제 발표를 하는 등 적극적인 활동을 펼쳤다. 그뿐이 아 니었다. 2013년 반도체 노동자 인권단체인 반올림과 함께 건강 권 특별보고관, 유해물질 특별보고관, 인권옹호자 특별보고관에게 삼성전자 직업병 피해와 관련한 진정을 제기하였고 결국 2015년 유해물질 특별보고관이 방한하여 피해자 면담 등을 진행하는 성과를 거두었다.

인권이사회의 또 다른 제도로 국가별 인권상황 정기검토 혹은 보편적 정례 검토(Universal Periodic Review, UPR)라는 절차가 있다. UN 회원국 모두가 서로의 인권상황에 대해 정기적으로(약 4.5년 주기) 질문 및 토론하고 이사회가 그에 기초하여 권고를 내는 이 절차와 관련하여 민변은 인권시민단체들과 함께 이해관계자 보고서(Stakeholder's report)를 작성하고 사전 및 실제 심의절차에 참여하여 쟁점이 되는 인권이슈에 대한 로비를 벌이는 등 적극 활동하고 있다. 이러한 활동에 힘입어 2008년에는 70개였던 권고는 2018년에는 218개로 증가하였는데, 사형제 폐지, 국가보안법 개정 또는 폐지, 차별금지법 제정, 이주노동자 협약 가입·비준 등은 꾸준한 권고가 이루어지고 있으나 아직도 시정되지 않고 있는 이슈들이다.

아시아의 인권을 함께 –
아시아인권팀의 설치

:

민변의 초기 활동은 국내 인권이슈를 국제사회로 가지고 가서 관심을 환기시키면서 국제사회의 확립된 인권기준을 국내법 현장에 접목시키려는 것에 집중되었다. 그러나 점차 민변의 활동은 그에만 그치지 아니하고 지구 위에서 함께 살고 있는 여러 이웃들에 대한 연대와 관심으로 옮겨갔다. 특히 가까운 이웃인 아시아에서 벌어지고 있는 여러 인권 사안들에 대한 연대와 협력을 강화하기 시작하였다. 동티모르 독립과정에서의 인권침해, 미얀마 등의 난민 문제, 필리핀에서의 인권활동가 살해 문제, 티베트 문제, 미얀마 샤프란 혁명, 중국의 인권변호사 감금 등 박해, 우즈베키스탄의 인권옹호자 탄압 등 다양한 문제로 그 관심과 열정은 이어졌다. 그러던 중 2012년 국제연대위 산하에 아시아인권팀을 설치하면서 아시아의 인권 문제에 좀 더 적극적인 접근을 할 수 있는 계기를 마련하였다.

아시아인권팀은 미얀마 헌법개정, 미얀마 내 학살문제, 베트남 전쟁시 한국군의 양민학살 등의 이슈에 관심을 가지고 현장방문, 간담회 개최 등 활동을 꾸준히 진행하였다. 아시아인권팀의 설립에는 성상희, 김기남 변호사와 이동화 전간사의 역할이 컸다. 변호사들은 아시아인권팀을 통하여 2014년 미얀마 헌법 개정 움직임에 발맞추어 반인권적인 미얀마 헌법 규정의 문제점을 지적하는 학술 심포지엄을 개최하고 한국 내에서 미얀마 민주화 운동을 하는 미얀마 출신 활동가와 변호사 등을 초청하였다.

아시아인권팀의 활동은 민변 내에서 그치지 않았다. 좀 더 집중해서 아시아 인권문제를 다루는 인권단체인 아디(Asian Dignity Initiative)를 설립하는 바탕이 되었다. 아디는 미얀마 소수민족 학살 문제 등과 관련한 현지조사, 심리치료 등 다양한 활동을 펼치고 있다. 아시아인권팀은 베트남 전쟁시 한국군에 의한 민간인 학살을 현장조사하고 그 결과를 바탕으로 2018년 4월 서울에서 '베트남전쟁 시기 한국군에 의한 민간인 학살 진상규명을 위한 시민평화법정'을 개최하는 데 주도적인 역할을 하였다.

더 넓고 더 깊은 연대로

:

2007년에 민변에 가입해서 국제연대위 위원장을 역임한 장영석 변호사는 다음과 같이 말한다.

"민변에 가입하면서 동시에 국제연대 활동도 시작했습니다. 새내기라서 처음에는 오가는 영어 약자들과 복잡한 유엔 인권메커니즘에 혼란스러웠지만 선배들의 도움으로 곧 익숙해졌지요., 2008년에 유엔인권이사회가 열리는 제네바에 다른 단체들과 함께 가서 한국의 인권이슈들을 설명했는데요, 주민

아시아인권팀은 베트남 전쟁시 한국군에 의한 민간인 학살을 현장조사하고 그 결과를 바탕으로 2018년 4월 서울에서 '베트남전쟁 시기 한국군에 의한 민간인 학살 진상규명을 위한 시민평화법정'을 개최하는 데 주도적인 역할을 하였다.

등록제도와 관련한 인권이슈를 캐나다 대사에게 설명하자 캐나다 대사가 그날 오후에 진행된 한국 심의 과정에서 '주민등록제도를 재검토하고 최소한 공적인 영역에서 사용되는 방향으로 할 것'을 권고하였던 것이 기억에 남습니다. 당시 위원장이었던 김병주 변호사의 주민등록증을 직접 보여주면서 열정적으로 설명했는데요, 그 활동을 통해서 국제 인권기준이나 국제연대 활동의 의미가 변호사에게 무엇인지를 새삼 느끼게 되었습니다."

30년 전, 국내법정에서 더 치열하게 싸우기 위해 국제인권 자료를 찾아 제네바로 떠났던 선배들의 열정은 후배들에게 이어져 싹을 틔우고 꽃을 피웠다. 30년 전에는 모두에게 생소했던 활동방식, 즉 국제 인권기준을 한국사회에 적용하고 그럼으로써 한국사회를 바꿔 나가자는 운동은 모든 인권단체들에게 이제는 당연한 활동방식이 되었다. 또한 국제기준에 부합하지 않는 사태가 발생하면 즉각적으로 국제사회에 호소하며 연대를 구하는 것도 자연스러운 활동이 되었다.

한국에 대한 UPR 심의가 한창이던 2008년 5월, 미국산 쇠고기 수입 반대 촛불집회가 대규모로 연일 열리자 정부는 명박산성을 쌓아 집회의 자유를 침해하고 더 나아가 대규모 체포, 기소로 대응했다. 그뿐이 아니었다. 국가인권위원회 축소, 용산

참사, 쌍용차 해고자에 대한 폭력진압 등 일련의 사건들이 이명박 정부 시기 벌어지면서 우리 사회의 인권후퇴 조짐이 뚜렷해졌다. 민변은 참여연대, 인권운동사랑방 등과 주축멤버로서 국제인권네트워크를 설립하였고, 국제민주연대, 공감, 어필 등 회원단체들과 함께 인권침해 사건에 대한 유엔 특별절차 등에 대한 진정, 조약기구 심의에 발맞춘 반박 보고서 작성, 심의 대비 로비활동 등의 공동진행 등의 활동을 진행하였다. 특별절차 진정 등에 호응하여 2010년 당시 표현의 자유 특별보고관 프랑크 라뤼 씨가 한국을 공식 방문한 것을 필두로, 2013년의 인권옹호자 특별보고관 방한, 2015년의 유해물질 특별보고관 방한, 2016년의 집회결사 특별보고관 방한 등 특별절차 전문가들의 한국 방문은 그냥 이루어진 것이 아니었다. 그 방문이 이루어지기까지 국제연대 단체들의 적극적인 활동도 있었지만, 공식 방문에 맞춰서 문제되는 인권이슈를 정리하고 피해자들과의 간담회 기회를 마련함은 물론 이후 특별보고관의 공식 보고서 발표 때까지 추가 자료를 제공하고, 공식 보고서 발표에 맞추어 유엔인권이사회를 방문하여 인권이슈에 대한 로비활동을 펼치는 활동을 함께 힘을 합쳐 진행하였기에 보고서에 적절한 권고가 담겨 나올 수 있었던 것이다.

한국사회는 2016년 겨울 연 인원 1000만 명이 넘는 시민들의 참여로 박근혜 대통령을 탄핵하고 국정농단을 자행해오던 박근혜 정부의 권력자들을 감옥으로 보내는, 세계사적으로도 드물고 모범적인 명예혁명을 이루었다. 그러나 여전히 국가보안법이 활개를 치며 사상의 자유를 억압하고, 이주노동자들과 난민에 대한 차별, 소수자에 대한 혐오와 불평등, 폭력과 사회적 양극화에 따른 빈곤등 해결해야 할 과제들이 눈앞에 쌓여 있다. 지구시민 사회에서 대한민국이 인권과 민주주의의 모범국가로 불리우며 이웃들에게 도움을 주는 나라로 거듭 성장할 때까지, 국제사회의 보편적 기준과 함께 호흡하고 새로운 인권 기준을 탐구, 적용하려는 변호사들의 노력은 계속될 것이다.

4장. 연대로 강해지는 인권

3

·

환경
자연과 인간의
공존을 꿈꾸다

·

민변, 환경 문제로 눈을 돌리다

:

한국사회를 살아가는 사람들의 자부심이 있다면 아마도 그것은 한강의 기적이라고 불리는 산업화와 끈질긴 저항과 투쟁으로 민주화를 함께 쟁취했다는 것이다. 그러나 그 성과와 자부심의 이면에는 처참하게 파괴된 자연환경과 공해에 신음하는 서민들의 삶이 방치되어 있었다.

민변은 군사독재를 끝장낸 1987년 민주항쟁의 결과로 탄생했지만, 각 회원들은 고유의 사상범 양심수에 대한 변론 외에도 환경 문제에 대한 깊은 관심을 가지고 있었다. 설립과 함께 환경도시 분과를 둔 것이 그 예이다. 1989년 영광원전 피해조사단을 꾸려서 유남영 변호사가 직접 현장에 가서 원전주민들의 의견을 청취하고 조사를 하고 환경운동과 환경법, 특히 그중에서도 제주개발특별법에 대해서 공부와 토론이 이어졌다. 1990년에는 일산에서 일어난 수해로 주민들이 입은 손해에 대한 배상청구소송을 기획하여 윤종현 박인제, 이석태, 천정배 변호사가 함께 소송을 담당했으며 1994년 낙동강 페놀무단방류 사건이 발생하자 김명한 변호사를 현장에 파견해 조사를 하기도 하였다. 틈틈이 공해소송 관련 판례를 공부하거나 이웃 일본의 공해병 소송에 대한 자료를 입수하고 유엔기후변화협약 등을 연구하였다.

그러나 창립되자마자 기다리고 있었다는 듯 폭주한 것은 환경 문제가 아니라 고전적인 시국사건들이었다. 초창기를 기록한 민변의 백서에는 그 시기 민변의 지원을 요청하는 사건들에 대해서 '고전적인 시국사건들이 폭주하고 유사한 사건의 변론들을 지겹도록 되풀이하였다'고 표현할 정도로, 학생, 양심수, 노동자들의 지원요청이 쇄도했다. 회원들이 개별적으로 처리한 것 외에 민변으로 들어온 요청은 창립 1년이 안 되어 100여 건에 달할 정도였다. 노태우 정부가 주도한 신공안정국으로 그와 같은 요청은 급증하였고, 그에 따라 환경 문제를 본격적으로 다루는 단위의 출현은 계속 늦어질 수 밖에 없었다.

1994년 민변은 마침내 조직개편을 단행하고 현재의 환경위원회를 설립하기에 이른다. 그간의 활동과 증가한 회원들에 힘입어 본격적으로 환경 문제를 다루기로 한 것이다. 당시의 신문보도를 보면 민변이 조직개편을 통하여 기존의 시국변론에서 탈피하여 환경/여성/소비자 문제에 관심을 기울이겠다고 발표한 것으로 나와 있으며, 사후적인 방어활동에서 벗어나 일조권, 직장 내 성폭력, 소비자 문제 등 본격적인 법률운동의 영역으로 들어가고 기획변론에 힘쓰겠다고 선언하였다.

　　그와 같은 배경하에서 설립된 환경위원회는 환경단체들과 연대활동을 강화하고 정부주도의 환경파괴행위에 맞서는 싸움들을 하나씩 준비해갔다. 변호사와 환경운동의 조직적인 협력체계가 가동되기 시작한 것이다. 시화호무단방류금지가처분신청, 남부 저유소 건축허가 취소청구소송, 영광원전부지 사전승인 처분취소송이 그 사건들이었다. 단지 소송만이 아니었다. 부안 핵폐기물 처리장 선정을 둘러싼 갈등에도 뛰어들어 주민투표절차를 관리하였다.

　　이 경험은 울진 원자력 발전소 건설을 둘러싼 투쟁이나 투표감시, 밀양 고압 송전탑 투쟁 현장과의 결합으로 확장되어 나갔다. 사실 환경소송은 큰 수고를 들여야 하는 소송임과 동시에 대부분의 소송이 정부의 무자비한 환경파괴에 맞서 싸우는 저항적 성격을 지닌 소송일 수밖에 없었다. 국책사업에 반대한다는 이유로 일부 언론의 비난과 뭇매를 맞기도 하며, 보수적인 법정에서 번번이 깨지고 패소하는 경우가 대부분이었지만 변호사들은 시간과 노력, 비용이 여느 사건들보다 많이 들어가는 지루한 싸움을 현장과 연대하여 꿋꿋하게 해나갔다.

소음, 대를 위해서 소를 희생한다는
명분이 당연한가?
:

민변은 1999년 공익소송을 활발히 하고자 공익소송위원회를 설치하고 첫사건으로 오랜 세월, 공항의 비행기가 뜨고 앉는 소음으로 시달려온 지역 주민들에게 법률적 지원을 하기로 결의한다.

사실 공항 주변의 소음 피해는 그 지역 사람들이 아니면 잘 알 수 없다. 층간소음이 얼마나 사람을 괴롭히는지 경험해본 사람이라면 어느 정도 이해할 수 있을 것이다. 무언가가 30분 간격으로 내게 와서 가볍게 툭툭 치고 간다면? 아프지는 않아도 편하게 잘 수도 없고 무언가에 집중할 수도 없고 엄청 짜증나는 일이다. 그런데 그걸 매일, 매달, 매년, 수십 년 반복한다면? 소음은 그런 일이다. 한 번 두 번 듣는 것은 그다지 어렵지 않다. 그러나 이렇게 수십 년을 한결같이 툭툭 치고 가는 무언가

4장. 연대로 강해지는 인권

가 있다면 도저히 견디기 어려운 것처럼, 소음도 그렇다.

김포공항 주변의 주민들은 오래전부터 피해를 호소해왔지만 일반 시민들의 반응은 냉담했다. 환경 문제라는 것이 결국은 자기가 몰랐거나 살펴보지 않았던 뒷마당에서 시작되어 앞마당으로 번져오는 특성이 있는데 소음만은 그렇지 않다. 그러다 보니 일반 시민들은 이렇게 말하기까지 하였다. "공항이 없다면 항공기를 운행하지 말라는 것인가? 그 사람들은 비행기 안 타나?" "그런 식이면 공항, 철도, 도로, 우리한테 필요한 모든 시설들을 다 없애야겠네."

우리 사회가, 대를 위해 소를 희생하는 것은 당연한 것이고 공동체 구성원들이 모두 조금씩 다른 방식으로 그런 희생을 치루고 있기에 일부만 특별한 대우를 해달라고 할 수 없다는 논리를 쉽게 받아들이고 공항 주변의 소음을 참을 수 있는 정도의 것, 아니 참아야 하는 것으로 생각하고 있던 1999년, 공항 주민들 중 몇 사람들이 참여연대 작은 권리 찾기 운동본부에 도움을 구한 게 그 첫걸음이었다. 참여연대는 민변과 함께 이 문제를 풀어가기로 하고, 민변의 공익소송위원회는 이를 첫 기획소송으로 지원결의하였다.

환경위원회는 그 뒤 매 3, 4주에 한 번씩 모여 소송제기를 위한 실무준비모임을 운영하였다. 최영동 변호사를 비롯한 환경위원회 소속 변호사와 참여연대 작은 권리 찾기 운동본부가 함께하였다. 일본 공항 소음 사건 판결문을 번역하고 외국의 소음 기준을 찾아서 비교하였다. 여러 번 회의 끝에 소송의 내용이나 가닥이 잡히자 공항 주변 주민대책위원회와 공동으로 설명회와 설문조사를 하면서 동시에 원고를 모집하였다.

김포공항은 김포, 부천, 서울 신월동 3곳으로 둘러싸여 있었는데 서울 쪽이 피해자가 가장 많고 부천, 김포 순이었다. 설명회에는 변호사들의 설명을 들으러 수백 명이 왔고 그중 상당수가 설문조사에도 많이 응하였으나 막상 소송 참여는 저조하였다. 몇 년 전 공항공사를 상대로 한 소송에서 주민들이 패소 판결을 받았던 후유증이었다. 지역 이장님이 나서서 소송 참여를 독려하자 김포 지역 피해자들이 대거 참여하였고 간신히 100명을 넘긴 인원이 소송에 참여하였다. 마침내 오랜 준비 끝에 대한변협의 법률구조를 받아 2000년 1월 서울지방법원에 손해배상을 구하는 소장이 접수되었다.

소송은 지리하게 이어졌다. 재판부는 자주 바뀌었고, 처음 해보는 소음피해 소송은 변호사들에게도 쉽지 않았다. 감정절차를 어떻게 진행해야 하나, 의사에 의한 피해감정과 소음 측정 감정도 해야 하는지 머리를 맞대고 논의했지만 모든 경우의 수에 따른 4가지의 의견이 나와 분분할 정도였다. 그러나 의외의 변수가 모든 논의를 일거에 정리해버렸다. 감정신청시 거액의 비용납부가 예상되어 대한변협 인권위원회에 소송구조 신청을 했는데, 대한변협에서 소송비용을 선지급해주겠다는 당초의 언질과는 달리, 그렇게 거액일 줄은 몰랐다고 하면서 인지대 등 비용과 약간의 변호사 수임료까지만 줄 수 있으나 몇천만 원에 달하는 감정료까지는 줄 수 없다고 통지한 것이다. 감정료를 마련할 수 없었던 대리인단은 결국 모든 감정신청을 포기하고 대체증거 제출에 몰두하였다.

피해 감정은 십수 편의 학위논문 제출로 대체했다. 소음감정은 소음 자동 측정망 자료를 문서송부 촉탁신청한 후 공항공사로부터 소음도 지도를 교부받아 피해자들이 어느 정도의 소음도에서 생활하는지를 분류, 정리하였다. 현장검증은 7곳을 시행했으나 정작 소음을 청취했던 재판부는 인사이동으로 변경되어버렸다. 소음피해기간은 입증의 편의를 위해 주민등록상의 거주기간으로 확정했다. 어느 정도 증거가 제출되었다고 생각하자 나머지는 하늘에 맡기기로 하고 변론을 종결하였다.

2002년 5월, 소장을 접수한 지 2년 5개월 만에 판결이 선고되었다. 원고승소였다. 승소판결이 있자 지금까지 소음피해를 바라보던 사회의 분위기는 극적으로 바뀌었다. 그 정도 피해는 참을 수 있는 것이고 당연히 참아야 한다고 생각했던 사람들이 언제 그랬냐는 듯 당연한 판결이라고 하였다. 법조계의 분위기도 급변해서 당연히 배상받아야 하는 일로 여겨졌다. 다만 손해액을 얼마로 하느냐 어떻게 산정하느냐의 문제만 남아 있을 뿐이었다. 과거 부정적으로 바라보던 모습을 찾기 어려웠다. 2003년 8월 22일 항소심 판결, 2005년 1월 28일 대법원 판결로 대한민국의 상고가 기각됨으로 사건은 무난하게 종결되었다.

1심 판결 이후 추가 소송이 이어졌다. 승소판결에 용기를 얻은 주민 9,600여 명이 추가 소송에 참여했다. 신월 지역에서는 소송보고대회를 겸하여 잔치를 벌이기도 하였다. 이 사건의 판결로 다른 공항 주변 주민들의 소송은 물론 철도나 도로 주변의 주민들에 의한 소음피해소송이 제기되었다.

지금까지 소음을 당연한 업보라고 생각하며 살아왔던 많은 사람들이 자신의 권리를 주장하기에 이르렀고 그와 동일하거나 유사한 많은 후속 소송들이 터져 나왔다. 김포공항 소음피해로 인한 배상청구 소송은 소음 자체에 대한 배상판결을 얻어냈다는 의미도 크지만, 특정 환경에서 피해를 보는 다수의 피해자들에게 공동체가 그 피해를 배상해줘야 한다는, 사회적 인식을 바로 세웠다는 의미에서 환경운동사에 획기적인 선을 긋는 소송이었다.

말 못하는 존재들과의 연대

:

해방 이후 잘살아보자는 구호 아래 한때 금수강산이라 불리던 산하는 나날이 병들고 파헤쳐져만 갔다. 1996년, 시민들은 보았다. 시화방조제에 갇혀 시꺼멓게 죽은 시화호를! 1999년, 환경운동은 살려냈다. 댐 속에 수장될 동강을! 그 여세를 몰아 새만금 갯벌을 살려야 한다는 사회 각계의 움직임이 큰 물결을 이루었다. 전두환 군사정권이 정권연장을 위한 수단으로 기획한 새만금간척종합개발사업은 호남의 엘도라도가 되었다. 유사 이래 이와 같이 큰 물막이 공사는 없었다. 1991년에 공사가 시작되어 강과 바다를 갈라놓기 시작하자 뭇 생명들의 죽음이 이어졌다. 환경운동가들의 반발 등에 밀려 김대중 정부는 1999년에 사업을 잠정 중단하고 민관공동조사단을 구성했지만 개발에 목숨을 거는 사람들의 움직임은 더욱 격렬했다. 조사활동은 편파적이었고 정부는 2001년 5월에 사업 강행을 다시 선언하였다.

민변은 그 기간 월례회 등을 통하여 새만금사업의 법적 쟁점에 대한 학습을 계속하였다. 환경운동가들과, 자연과 함께 연대할 방도를 찾아야 했다. 그중 한 변호사는 직접 네덜란드와 독일의 갯벌을 탐방하고 갯벌국립공원관리청을 찾아 자료들을 수집하고 번역하기까지 하였다. 2000년 5월 4일에 민변의 활동과는 별도로 새만금사업을 취소하라는 소위 '미래세대 소송'이 제기되었다. 이 소송은 아쉽게도 본안에 대한 심리도 받지 못하고 각하되었다.

그 사이 갯벌 살리기 운동은 지역감정에 기반한 정치논리에 점차 힘을 잃어가고 어민들은 갯벌과 함께 몰락의 길로 내몰렸다. 방법이 없었다. 이제 남은 것은 이기는 소송을 제기하여 다시 한 번 운동의 동력을 되살리는 것밖에 없는 것 같았다. 그간의 환경소송과는 달리 실질적인 공동변론을 할 대리인단이 필요했다. 그것이 과연 가능하겠는가? 소송은 이길 것인가? 위원회 내부에서는 짧지만 치열한 격론이 벌어졌다. 공익환경변호사로서 당연한 역사적 소명에 따르자는 입장과 다른 환경사안들을 감당하기도 버거운데 지는 소송에 역량을 집중할 정도로 한가하지 않다는 입장이 대립하였으나 결국 명분을 따르기로 했다.

민변은 환경운동연합 법률센터와 공동으로 환경변호사의 대부로 불리는 최병모 변호사를 단장으로 하여 대리인단을 꾸렸다. 환경운동연합이 3,600여 명의 원고들을 모집하였다. 그러나 이미 시행 10년을 넘긴 새만금사업의 부당성을 다투려면 특단의 전략이 필요했다. 변호사들은 우선 농림부장관에게 새만금사업의 목적이 위법하게 변경되었으며 현재는 수질목표도 달성할 수 없으므로 사업 자체를 직권취소해달라는 신청을 하였다. 예상대로 농림부장관은 거부하였고 대리인단은 그 거부처분의 취소를 구하는 소송과 그에 딸린 여러 소송들을 병합해서 행정법원에 제기하였다.

소장을 접수하고 1년 가까이 지나 변론기일이 잡혔다. 변호사들은, 비록 원고로 특정하진 못했지만, 새만금에 기대어 살아가는 수많은 생명들의 대리인이기도 하였다. 수차례의 서면공방, 순례와도 같았던 현장검증이 이어졌다. 전문가 증인신문에서는 해양환경 분야에 관한 원고 측 전문가 2인의 증인신문이이루어졌다. 여기까지 진행되는 동안 방조제 완전 물막이는 불과 2.7km를 남겨두고 있었다. 2003년 7월, 서울 행정법원은 새만금사업을 일단 정지시키는 역사적인 집행정지결정을 내렸다. 소송 도중 합류한 박태현 변호사의 꿋꿋한 변론준비와 독일 갯벌국립공원관리청 책임연구위원인 아돌프 켈러만(Adolf Kellermann) 박사의 깊고 해박한 증언이 주효했다.

집행정지결정이 우리 사회에 던진 충격은 실로 컸다. 국민과 언론의 관심이 재판에 모아졌다. 원고와 피고 양측은 총력을 쏟아부으며 더욱 치열한 공방전을 벌였다. 해양환경영향, 수질, 경제성, 정책과 대안과 관련하여 양측이 동원할 수 있는 국내외 최고의 전문가를 증인으로 내세워 날선 공방을 벌였다. 대리인단은 당시로는 누구도 생각지 못한 OHP와 빔-프로젝터 등 전자기기들을 동원하여 증인신문과 구두변론의 효과를 높였다.

이것이 효시가 되어 이후 법원에도 각종 전자장비가 법정마다 설치되었고, 1분짜리 변론이 아닌 실질적인 구두변론절차가 이루어지게 되었다. 새만금소송이 이루어낸 부수적인 성과였다. 1심 소송은 3년 6개월 만에 종결되었다. 판결 전에 재판부는 "방조제를 막지 말고 국회나 대통령 산하에 위원회를 두어 사업을 재검토하고 대안을 마련하라"는 내용으로 화해할 것을 양측에 권고하였다. 그러나 정부는 재판부의 권고를 거부하였고, 판결을 기다리게 되었다.

2005년 2월, 판결이 선고되었다. '피고의 거부처분을 취소한다'는, 원고 승소의 판결이었다. 재판부는 '사업목적, 수질관리, 경제성 평가 등의 사정이 실제와 달리 정하여졌거나 처분 이후 실질적으로 변경되어 당초 사업목적 달성이 어려워지는 것은 물론 갯벌과 주변 해양환경이 파괴될 뿐만 아니라 지역주민을 포함한 국민들에게 회복 불가능할 정도로 중대하고 급박한 환경적·생태적·경제적 위험성을 초래할 것으로 예상되어. 피고는 공유수면매립면허 및 시행인가처분 취소·변경 등 필요한 처분을 해야 한다'고 판단하였다. 법원은 새만금사업 실시를 위한 경제성 분석과 환경영향 평가가 부실, 허위로 얼룩졌다는 지적과 함께 물막이공사는 썩은 호수 수준의 수질을 불러올 것이라는 민관합동 분석결과와 환경부의 판단을 존중하였다. 법정은 오랜 노력 끝에 가져온 결과에 대한 기쁨과 환성으로 가득했다.

그러나 말 못하는 존재들을 품고 있는 대자연과 그 자연을 젖줄로 삼는 인간의 삶을 지키는 판결은 딱 거기까지였다. 이어진 항소심과 대법원은 1심 재판부가 근거로 삼았던 증거들에 대해 전혀 다르게 해석하고 추측하여 원고들에게 패소판결을 내렸다. 환경단체들의 저항에도 불구하고 2006년 4월 마침내 방조제는 완성되었다. 바다와 갯벌의 숨통이 끊어짐으로 갯벌에 살던 수많은 생명들도 함께 소멸해갔다.

원고들에게 패소판결을 내린 항소심과 대법원의 다수의견은 다음과 같다. 새만금사업에 대해 '농지조성과 농업용수 개발을 주목적으로 한 새만금사업의 토지이용계획은 복합 산업단지 개발로 변경되었다고 볼 수 없고, 향후 사업목적의 변경 가능성이 있다고 하여 현재의 사업목적 달성이 불가능하다거나 법률적으로 또는 실질적으로 사업목적이 변경되었다고 볼 수 없다는 것이다. 그러나 과연 그러한가? 2007년 4월에 이르자 새만금 토지개발 구상은 100% 농수산 중심 개발에서 복합개발 구상으로 변경되었고 농업용지를 72%로 낮추더니 2008년이 되자 다시 30%로 낮추었다. 그에 더하여 농림부는 농지보전부담금을 감면해주면서까지 농지전용의 길을 터주려는 움직임까지 보인다고 한다. 대법원이 전제로 삼았던 100% 농수산 개발 중심 사업목적은 판결 후 1년이 지나면서 전면 수정되었고 애초 개발의 명분으로 삼았던 농지는 그 사이 증발해버렸다.

이미 서구사회에서 갯벌의 중요성에 대해서 눈을 돌리고 있을 시기에 한국사회는 세계 어디에도 찾아보기 어려울 정도인 양질의 갯벌을 파괴하면서 개발을 밀어붙였고, 이를 저지하고자 하였던 변호사들의 소송은 법정에서 패소하였다. 그러나 그 이후 새만금의 죽음을 목도한 사람들에 의해 점차 우리나라의 갯벌정책은 간척과 개발에서 보존의 대상으로 바뀌어가고 있다. 소중한 것을 잃고 얻은 교훈이라 해야 할지 지금도 버려진 새만금을 보면 환경운동가들의 마음은 애달프기만 하다. 개발자들의 손을 들어준 대법원 확정판결이 자연의 법정에서도 인정받을 수 있을까? 또 한번의 30년이 지난 민변 60년에는? 그때까지 새만금소송은 끝난 것이 아닐 것이다.

강은 흘러야 한다. 전문가들이여 단결하라!!
:

삼천리 금수강산, 우리의 아름다운 국토를 한마디로 표현하는 문구이다. 계절에 따라 옷을 갈아입는 산하와 굽이굽이 생명을 품고 역사와 함께 흘러왔던 강, 그러나 누군가에는 이윤극대화를 꾀하는 욕망의 대상에 불과하였다.

2007년 대한민국의 제17대 대통령에 이명박이 당선된 것은

시민사회도 분주하게 움직이기 시작했다. 녹색연합, 환경운동연합 등 환경단체와 녹색법률센터, 환경법률센터, 민변 환경위원회 소속 변호사들과 4대강 사업에 반대하는 변호사들과 법학교수들, 생태학과 토목학, 하천학, 경제학 등을 전공한 교수들과 연구자들이 한자리에 모였다.

우리 사회의 비극이었지만 생태계에도 홀로코스트가 시작됨을 알리는 비극의 시작이었다. 3면이 바다인 나라에서 한강과 낙동강을 연결하는 대운하 건설을 외쳤던 이명박은 국민적 저항에 직면하여 2008년 6월 한반도 대운하 사업의 포기를 선언하였지만 그에 대한 미련을 버리지 못하고 가용할 수 있는 모든 행정력과 여론조작을 통해 한국형 녹색뉴딜사업이라는 명분으로 4대강 정비사업을 추진하였다. 이명박만 문제였던가? 아니었다. 이명박에게는 그로 인해 이득을 볼 것으로 기대한 자본이 있었고, 주류언론들의 엄호사격이 있었으며, 권력에 빌붙어 자신의 이익을 챙기기 위한 전문가들이 있었다.

시민사회도 분주하게 움직이기 시작했다. 녹색연합, 환경운동연합 등 환경단체와 녹색법률센터, 환경법률센터, 민변 환경위원회 소속 변호사들과 4대강 사업에 반대하는 변호사들과 법학교수들, 생태학과 토목학, 하천학, 경제학 등을 전공한 교수들과 연구자들이 한자리에 모였다. 민변 환경위원회는, 4대강 사업을 헌법이 정한 국가의 국토보전의무를 위반하고 적법절차를 무시하였으며 국회의 예산심의권을 형해화시키고 비법정계획인 4대강 마스터플랜에 의해 하천법 체계를 무력화시킨 반헌법적 위법적 사업이라 규정짓고, 국민소송 대리인단의 구성에 주도적으로 참여하였다.

하지만 속도전으로 밀어붙이는 이명박 정부에 대응하기 위해 주어진 시간이 많지 않았다. 정부는 법적 절차를 간소화하기 위해 예비타당성 조사를 건너뛰었으며, 1년이 넘게 걸릴 환경영향 평가나 문화재영향 평가를 졸속으로 마무리하였다. 4대강 사업을 반대하는 전문가들은 역할을 나누어 현장조사, 4대강 사업이 하천생태계에 미칠 영향조사, 보에 대한 안전성 검토, 정부가 주장하는 경제성 평가의 모순과 허구성에 대한 검토, 홍수예방, 용수확보, 생태계 복원의 허구성 검토, 헌법과 하천법, 환경영향평가법 등 4대강 사업의 반헌법성과 위법성에 대한 검토, 대국민 여론전을 수행하였다. 4대강 사업을 저지하자는 하나의 목적으로 각 영역의 전문가들이 대규모로 연대하고 협업한 첫 번째 사건이었다. 이들의 눈물겨운 노력으로 4대강 사업의 허구성이 알려지게 되었으며 한편으로 4대강 사업을 저지하기 위한 국민소송인단 모집이 시작되었다.

한강, 금강, 영산강, 낙동강 별로 모집한 국민소송 참여자는 2만 명이 넘는 대규모 인원이었다. 변호사들은 강 별로 흩어져 소송을 시작하였다. 전국을 아우르는, 서울, 전주, 부산을 오가는 소송이 시작되었다. 재판준비와 법정을 오가는 것만도 고단한 싸움이었다. 그와 같은 어려움은 문제되지 않았으나 승리를 위해서는 대리인단도 선택과 집중을 해야만 했다. 논의 결과 금강과 영산강 소송은 최소한의 변호사들로 소송을 진행하고, 한강과 낙동강 소송에 대리인단의 화력을 집중하였다.

소송은 난타전이었다. 고인 물은 썩는다는 단순한 진실마저도 호도하고 왜곡하는 정부 측 전문가들의 주장에 맞서기 위하여 4대강 사업에 반대하는 과학자들은 분투하였다. 지금은 녹조라떼, 4대강 이외 지역에서 빈번하게 발생하고 있는 홍수와 가뭄, 어류 집단 폐사, 4대강의 수질을 보여주는 대표종이 되어버린 큰빗이끼벌레로 4대강 사업의 허구성을 누구나 다 알고있지만, 그 당시 재판은 누구의 주장이 더 과학적이고 설득력이 있는지를 일일이 입증하고 반박해야 하는 전투의 현장이었다. 전문가들이 양쪽 증인으로 나뉘어 상반된 주장을 치열하게 펼치자 재판부도 곤혹스러워하였다. 수질에 관한 추가적인 증인 신문 요청에 대해 어떤 재판부는 양측 증인으로 나오는 교수님들이 확신범 수준이라 증언이 무의미할 것 같다는 한탄까지 하였다. 4대강 재판에서 과학은 더 이상 과학이 아니라 신념이 되어버렸고, 곡학아세하는 전문가들의 일그러진 모습에 변호사들은 실망과 분노를 감추기 어려웠다.

하천 전문가가 아닌 변호사들도 변론준비를 위해 밤을 새우고 현장을 답사하며 과학을 공부해야 했다. 하지만 재판의 흐름은 몇몇 언론의 교묘한 왜곡과 정부가 포크레인으로 밀어붙이듯 진행하는 사업속도에 밀리면서 원고들에게 불리하게 흘러갔다. 낙동강 소송을 담당한 변호사는 최종 변론기일에서 그동안의 고생에 대한 감회를 누르지 못하여 4대강 사업은 그 사업

명분인 홍수예방과 용수확보, 수질개선을 달성할 수 없는 사업임을 진술하면서 끝내 눈물을 흘렸다. 강은 흘러야 한다고 말하는 그 변호사의 눈에서 흘러내리던 눈물의 의미를 재판부는 어떻게 받아들였을까?

노력에도 불구하고 소송으로 4대강 사업 강행을 저지할 수 없었다. 한강 소송에서 시작된 청구기각판결은 다른 사건에서도 그대로 복사되어 선고되었다. 변호사들과 원고들은 다시 의지를 다지고 항소심에 임하였다. 조금의 희망이 보였다. 낙동강 항소심 재판부가 다른 법원과 달리 신중한 태도를 보인 것이다. 변호사들은 혹시나 좋은 결과가 나올까 실낱같은 기대를 품었지만 판결은 역시 청구기각이었다. 하지만 그 내용은 달랐다. 국가재정법상 예비타당성 조사를 거치지 않아 위법하다는 원고들의 주장을 받아들여 사업의 위법성을 인정한 것이다. 그럼에도 이미 상당 부분 공사가 진행되어 사업이 취소될 경우 막대한 사회경제적 손실이 발생될 것이라는 판단으로, 낙동강 항소심 재판부는 비록 위법하지만 원고들의 청구를 기각한다는 사정판결을 하였다.

그 고생 끝에 재판부로부터 위법판단 하나를 받아낸 것이 성과였을 뿐, 4대강 소송은 새만금 간척사업과 같은 다른 대규모 국책사업의 경우처럼 재판으로 사업진행을 저지하지는 못하였다. 변호사들과 전문가, 활동가들의 외침을 무시하고 그토록 염려했던 환경파괴는 점차 현실이 되어갔다. 22조 원의 혈세를 투입한 사업은 수질을 악화시켰고, 수중 생태계를 망가뜨렸으며 4대강 사업에도 불구하고 홍수피해지역과 가뭄피해지역은 여전히 남아 있다.

그러나 4대강 사업 취소소송의 패소가 환경운동의 패배를 의미한 것은 아니었다. 보에 갇혀 강이 아닌 호수가 되어버린 한강, 금강, 영산강, 낙동강의 모습을 보면서 국민들은 서서히 4대강 사업이 잘못되었다는 것을 깨닫기 시작하였다. 거기에 이르기까지는 자신의 몸을 위험한 보 위에 올려놓고 형사상 처벌을 감수하면서도 4대강 사업의 허구성을 알린 활동가들이 있었고 온갖 불이익을 받으면서도 소신을 굽히지 않은 전문가, 학자들이 있었다. 이명박·박근혜 정부가 박근혜 대통령에 대한 탄핵으로 끝나면서 그간 드러나지 못했던 여러 적폐들이 모습을 드러냈고 그중에서 4대강 사업을 둘러싼 여러 의혹들도 새롭게 조명을 받기 시작하고 있다.

2017년 민변 환경위원회는 낙동강 수문을 개방하라는 소송을 낙동강 인근의 농민, 어민, 시민과 함께 제기하였다. "낙동강을 흐르게 하라" 소송이 시작된 지 10년, 아름다운 이 땅위에 강이 자유롭게 흐르며 뭇 생명들을 안아 키울 수 있을 때까지 그 싸움은 이제 다시 시작이다.

500년의 세월을 단 14일로 맞바꿀 수 없습니다

:

2011년 7월 국제올림픽위원회 제123차 총회에서 제23회 동계 올림픽 개최지로 평창이 호명되었다. TV는 연신 동계올림픽 유치에 눈물까지 흘리며 기뻐하는 사람들의 찍어 내보냈다. 세 번째 도전 만에 유치한 동계올림픽! 그러나 그 소식을 듣고 마 냥 좋아할 수 없는 사람들이 있었다. 동계올림픽 경기 중 급사 면의 코스를 내려오는 스키활강경기장으로 가리왕산 중봉 일 대가 예정되었기 때문이다.

가리왕산은 조선시대부터 왕실에서 보호구역으로 엄격하 게 관리되면서 500년 동안 지켜온 원시림이다. 그 덕에 수종, 수량이 다양하고 희귀식물이 많은 곳으로 산림청은 2008년 정 상부를 포함해 2,475ha를 희귀식물 자생지 산림유전자원 보호 구역으로 지정했다. 500년 동안 보존되어온 원시림이 이제 14 일의 축제를 위해 그 생명을 다해야 하는 상황에 처한 것이다.

사실 동계올림픽 스키활강경기를 위해 산을 깎고 대규모 벌 목을 통해 경기장을 새로 만들어야만 하는 것이 아니었다. 급경 사로 내려오는 경기 특성상 스키활강경기장은 선수들이 아닌 일반인들은 이용할 수 있는 시설이 아니다. 그래서 지금까지 동 계올림픽 주최국들은 굳이 새로운 경기장을 만들지 않고 기존 시설을 이용하려고 애써왔다. 일본 나가노 스키장은 그 좋은 예였다. 일본 동계올림픽 조직위원회는 친환경적 동계올림픽을 치르기 위해 슬로프를 새로 건설하지 않기로 하는데 그 때문에 국제스키연맹과 상당한 기간 동안 마찰을 겪었다. 심지어는 대회철회까지 언급하면서 압박했던 국제스키연맹에 맞서 나가노 올림픽 준비위원회는 결국 개막을 두 달 앞두고 극적인 타협에 성공한다. 활강경기 출발지점 고도를 당초 1,680m에서 85m 올린 1,765m로 높이는 것으로 주요 삼림을 보전하였던 것이다.

그렇지만 평창올림픽 조직위원회는 그와 같은 의지를 보일 마음이 없었다. 환경단체들은 가리왕산 중봉 지역에 활강경기장을 건설하는 경우 입게 될 환경피해에 대해 전문가들과 함께 조사에 나섰다. 조사 결과 활강경기장 사업부지 일대는 삵, 담비, 하늘다람쥐와 수달 등 멸종위기종과 천연기념물이 살고 있어 종다양성이 매우 우수한 지역이고, 녹지자연도 8, 9등급이 전체 사업부지의 75%를 차지할 정도로 식생의 보호가치가 높은 곳이었다. 활강경기장 설치가 이루어지려면 6만 그루에 가까운 나무들이 쓰러져야 했고 극상림에 해당하는 생태자연도 1등급 지역이 사업부지의 64%를 차지하고 있었다. 그뿐이 아니었다. 사업부지는 풍혈지대라는 독특한 지형이었는데, 여름철에는 바윗돌 사이에서 차가운 공기가 스며 나오고 결빙현상을 보여 다양한 희귀식물들이 그에 의지하여 살아가고 있었다.

단 14일의 경기를 위해 500년간 유지해온 원시림과 그 안에

깃든 생명을 파괴할 순 없다! 가리왕산을 지키자는 환경단체들의 목소리가 전국으로 울려퍼졌다. 그러나 그 목소리에 아랑곳없이 2014년 3월, 활강경기장 조성공사를 위한 공사가 시작되었다. 애써 평화적으로 반대운동을 펼쳐도 정부나 올림픽 조직위는 돌아보지 않았다. 슬로프 지역에 위치한 나무들이 하나둘 쓰러져 갔다. 공사가 진행되어 풍혈지대가 훼손되면 복원이란 현실적으로 어려울 것이기에 이를 막고자 최후수단으로 공사중지 가처분 소송을 제기하기로 하였다. 변호사들은 활동가, 전문가들과 함께 가리왕산 현장을 직접 방문하였다. 울창한 숲 사이로 바리깡이 지나간 듯 슬로프 자리가 들어서고 있었다. 변호사들이 현장에 가 있는 그 순간에도 공사는 멈추지 않았다. 정상에 사람이 있음을 알면서도 포크레인 삽이 쑥 올라오고, 굉음이 숲을 찢었다.

춘천법원에 제기한 공사중지 가처분에서 강원도 측은 동계올림픽을 위해 부득이한 시설이라는 점과 동계올림픽이 끝나면 다시 복원할 것이며, 가능하다는 주장을 펼쳤다. 재판부는 가리왕산이 가지는 환경적 중요성을 인정하면서도 동시에 강원도의 주장을 그대로 받아들였다. 환경단체와 변호사들은 패소한 것이다.

시간이 흘러갔다. 2018년 평창올림픽이 '성공적으로' 개최되었다. 모두들 좋아하며 각자의 일상으로 돌아간 지금, 가리왕산은 신음 소리를 내고 있다. 파헤쳐진 풍혈지대에서는 더 이상 차가운 바람이 나오지 않고, 복원을 위해 가식하였다는 수목들은 이미 고사한 상태이다. 강원도와 정부는 가리왕산 활강경기장의 복원 책임을 서로에게 미루고 있으며, 당초 복원 약속을 번복하기 위해 남북평화의 상징이라거나 동계올림픽 연습장 등 경기장 존치를 하는 것이 어떤가라는 말을 언론을 통해 흘리고 있다.

보호구역 무장해제는 가리왕산이 처음이 아니며 끝도 아니었다. 1995년, 스키장을 건설한다는 명목에 무주 덕유산 해발 1,000m 이상의 고지에서 자생하던 수령 300~400년 이상의 주목과 구상나무 수백 그루가 쓰러져야 했다. 당시에도 민변은 환경단체들과 함께 현장을 조사하고 반대운동에 나섰고 이를 의식한 리조트 측이 주목과 구상나무를 이식하겠다고 약속하였으나, 이식된 나무 중 반수가 고사했으며 주목은 한 그루도 살아남지 못하였다. 자연은 한번 파괴되면 이를 다시 복원한다는 것이 어려운 일이거나 불가능하다는 것을 경험으로 깨우치면서도 똑같은 실수는 반복되어 왔고 그때마다 변호사들은 재산권 보호와 국책사업이라는 명분에 밀려나야 했다.

지금도 이 일은 반복되고 있다. 국립공원, 백두대간 보호구역, 생물보호구역 등 중첩적 보호구역으로 지정되어 있는 설악산 오색지구에 케이블카를 놓겠다는 계획이 그것이다. 환경단체와 설악산을 사랑하는 등산인들, 동물단체, 수목과 생태연구자들이 설악산 오색 케이블카 반대운동에 나섰다. 민변은 녹색법률센터와 함께 '설악산을 지키는 변호사들' 모임을 만들어 연대조직을 결성한 후 설악산을 지키는 변호사들 발족식과 오색 케이블카 반대 원고인단 모집 선포식을 2015년 10월 9일 설악산 대청봉에서 진행하였다. 8명의 변호사가 금요일 저녁 서울에서 출발하여 오색지구에서 1박을 하고 다음날 새벽부터 플랭카드를 챙겨 대청봉을 올랐다. 법률투쟁 중에서는 가장 높은 곳에서 이루어진 발대식이었다.

오색케이블카 사건은 소송이 현재 진행중이다. 설악산 오색에 케이블카가 설치된다면 우리의 산하에 케이블카 설치를 막을 수 있는 곳은 없다고 봐도 무방하다. 케이블카 난립과 함께 그나마 자연 그대로의 환경이 별로 남아 있지 않은 우리 국토는 개발과 사람들의 발자국으로 더욱 훼손될 것이다. 쓰러져간 가리왕산의 고통을 기억하고 그 교훈을 되새기자. 변호사들은 단체들과 함께 법률개정운동을 하고 있다. 이명박과 박근혜가 완화시킨 자연공원법을 다시 정상화시키는 작업이다.

자연과 인간이 평화롭게 공존하는 그날을 위하여

:

"월성 1호기 계속운전 허가처분을 취소한다."

2017년 2월, 서울행정법원 제11행정부는 경주시 주민 등 2,166명이 낸 월성 1호기 계속운전허가 무효확인소송에서 원고들의 손을 들어줬다. 오랜 투쟁 끝에 환경단체들과 변호사들이 겨우 얻어낸 소중한 성과였다. 감격에 가슴이 벅차 오른 교수들과 주민, 환경운동가, 변호사들이 서로를 얼싸안았다.

월성 1호기 원전은 2012년 11월 설계수명 30년을 마치고 사라질 운명이었다. 그러나 박근혜 정부는 안전보강조치를 취하고 재가동에 들어가 다시 2022년까지 10년간 연장운전을 시도하였다. 이 소식에 '핵없는 사회를 위한 공동행동'은 2015년 4월 한 달 동안 2,166명의 원고를 모집하고 2천여만 원의 소송비용을 모금하여 국민 소송대리인단을 구성하였다.

30년 전 민변 창립 이래 핵발전소 문제는 민변의 큰 관심주제였다. 이미 서구에서는 탈핵과 반핵의 움직임이 활발하게 전개되고 있었고, 변호사들은 영광발전소의 피해를 직접 조사해보고 외국의 사례를 공부하면서 핵발전소의 대안이 무엇인지를 연구하였다. 부안방사성폐기물처리장 설치 문제와 관련하여 공동변호인단을 꾸리고 부안방폐장 유치 찬반 주민투표관리위원회 공동위원장을 맡기도 하였다. 정부의 핵발전정책에

월성 1호기 원전은 2012년 11월 설계수명 30년을 마치고 사라질 운명이었다. 그러나 박근혜 정부는 안전보강조치를 취하고 재가동에 들어가 다시 2022년까지 10년간 연장운전을 시도하였다. 이 소식에 '핵없는 사회를 위한 공동행동'은 2015년 4월 한 달 동안 2,166명의 원고를 모집하고 2천여만 원의 소송비용을 모금하여 국민 소송대리인단을 구성하였다.

대해서 대응해 가며 민변 환경위원회로 시작한 환경법률가운동은 그 이후 환경운동연합의 환경법률센터, 탈핵법률가모임 해바라기 등으로 확산되었다.

환경법률운동은 월성 1호기 운전취소소송으로 집중되어 공익인권법재단 공감, 녹색법률센터, 민변환경보건위원회, 탈핵법률가 모임 해바라기, 환경법률센터 및 개별 변호사 등 총 32명으로 구성된 '월성 1호기 수명원장을 위한 운영변경허가처분 무효 확인 국민소송대리인단(단장 최병모 변호사')의 구성을 이루어냈다.

변호인단은 1년 4개월 동안 12회의 재판과 현장검증, 증인신문 등을 통해 치열하게 다투었고, 끝내 승소를 이끌어냈다. 막대한 비용이 투자된다는 이유로, 국가적 사업이라는 이유로 번번히 밀리기만 하였던 재판에서 승소한 것은 환경 분야에서도 사법정의를 바로세울 수 있다는 이정표적 사건이었고, 오랜 기간 변호사들의 투쟁이 드디어 법정에서 인정받게 되었음을 의미하였다.

2018년, 촛불혁명으로 탄생한 문재인 정부는 대통령개헌안을 발의하면서 환경에 대한 국가와 국민의 보전의무와 함께 지속가능한 발전을 추구할 의무를 헌법에 명시하겠다고 천명하였다. 인간의 언어로 자신의 권리를 주장하지 못하는 뭇생명들의 목소리를 끊임없이 대변해온 변호사들과 활동가들이 얻어

4장. 연대로 강해지는 인권

낸 또 하나의 결실이다. 자연과 인간이 평화롭게 공존하는 그날
이 오기까지 이들의 활동은 멈추지 않을 것이다.

2016년

인권과 민주주의를 위한
쉼없는 한걸음으로

"오늘 여러분께 우리 모임에 1,000번째의 회원이 가입했음을 알려드립니다."

2015년 5월 30일, 경주의 켄싱턴리조트. 우렁찬 박수소리와 함께 1,000번째로 민변에 가입한 김지희 회원이 호명되었고, 꽃다발과 기념품이 증정되었다. 제28차 정기총회의 제목은 '회원 1,000명, 민변 그 길을 묻다'였다.

민변은 강산이 세 번 바뀌는 동안 그 규모를 스무 배로 늘렸다. 창립회원 51명으로 시작한 회원 수가 17년 만인 2005년에 지부 회원을 포함하여 500명을 넘었고, 10년이 지난 2015년에 1,000명을 돌파하였다. 법학전문대학원이 설립된 후 1회 변호사시험 합격자를 배출한 2012년부터 회원의 증가세가 두드러져, 어느 단체보다도 젊은 회원들의 기운과 선배들의 경륜이 어우러지는 단체가 되었다. 활동공간도 전국으로 뻗어나갔다. 창립 직후에는 독자적으로 활동해 왔던 '민주사회를 위한 부산·경남 변호사모임'("부민변")이 1991년 부산지부로 통합된 것을 시작으로, 대전·충청지부(1997), 광주·전남지부(1999), 전주·전북지부(2000), 대구·경북지부(2004), 경남지부(2004), 울산지부(2004), 인천지부(2012)가 설립되었다. 지부들은 사안별로 본부와 연대하여 활동하고 지역의 인권현안에 대해 자율적으로 대응하면서 지방자치와 민주주의를 지역이라는 공간에서 성취하기 위해 노력하고 있다.

양적 규모만이 아니다. 초기 공동체적인 분위기를 유지하면서 국가보안법 위반이나 노동쟁의 등 각종 시국사건에 주로 대응했던 활동은 그 후 시대변화에 따라 다방면으로 늘어갔고, 사후적 대응에서 사전적 기획으로 확장되었다. 그에 맞추어 창립 초기에 위원회 및 산하 분과 체제로 시작되었던 조직은 여러 차례 조직개편이 이루어졌고, 2009년 회칙 개정으로 현재의 사무처와 위원회 구조로 재편되었다. 창립 초기부터 활동해 왔던 사법·노동·환경보건·언론·국제연대·통일·여성인권 분야는 지금도 활발히 움직이고 있다. 그 뒤로 미군 문제(2001), 과거사 청산(2003), 민생경제(2006), 교육·청소년(2008), 소수자(2011), 국제통상(2012), 아동인권(2015), 디지털정보(2016) 위원회가 신설되었다.

그중에서도 국제통상위원회는 노무현 정부 시기 한미FTA 협상개시에 대응하여 민변이 설립한 태스크포스에서 시작되었다. 민변은 2006년부터 FTA 관련 이론, 북미자유무역협정(NAFTA)의 효과 등에 대해 연구하면서 정부를 상대로 활발한 한미FTA 협상 관련 정보공개청구와 비공개 결정에 대한 취소소송, 한미FTA 관련 집회 금지통고에 대한 취소소송 등의 활동을 펴나갔다. 이러한 활동은 미국산 쇠고기 전면개방을 둘러싼 촛불집회 시기, 각종 정보공개소송과 수입위생 조건 등에 대한 분석으로 이어졌다. 협정문에 대한 철저한 분석 끝에 한-EU FTA 번역오류를 지적하여 정부가 한미FTA 번역 오류를 바로잡기 위하여 전면 재검독을 진행하게 하기도 하였다. 국제통상위는 이후에도 론스타 중재 사건 참관신청이나 쌀관세율 공개를 요구하는 정보공개 소송, 한미FTA 관련 최초로 협상문서 정보공개 소송 등을 하여 일정한 성과를 거두면서 통상 분야에서의 한국의 주권과 한국민들의 안전을 지키기 위해 노력하였다. 이처럼 사회의 변화하는 상황에 맞추어 그 시기마다 새롭게 떠오르는 의제에 대해 변호사들은 때로는 한시적 조직으로 때로는 개별적으로 대응하다가 그 성과가 어느 정도 축적되면 위원회를 설립하여 연구하고 선후배가 공동으로 대응하는 모습을 갖추어 왔다.

회원과 조직의 꾸준한 확장은 민변에게 지속적으로 과제를 던져주었다. 회원 수가 늘어나면서 내부의 소통과 조직의 유연한 운영은 중요한 과제로 떠오르고 있다. 모두가 주인의식으로 참여하며 집행부에 대한 신뢰로 함께 해온 것이 민변이라는 단체의 가장 큰 장점이었다면, 회원 1,000명을 넘어서 2,000명을 바라볼 때까지 그 장점을 살리고 조직의 유연성을 더욱 크게 하는 방안을 계속 강구해야 하는 과제를 안고 있다.

게다가 민변은 불가피하게 정치나 공직으로 진출하는 회원들이 다수 존재했으며, 2017년 회원이었던 문재인 변호사가 노무현 대통령의 뒤를 이어 대통령으로 당선되었다. 변호사들이 사회에 헌신할 기회를 다양하게 가질 수 있도록 그 역량을 키우는 일은 곧 우리 민주주의의 역량을 키우는 일이기도 하다. 반면에 민변은 인권과 민주주의의 대 원칙하에서 독자적으로 추구하는 가치를 견지하여야 한다. 따라서 항상 그 경계에서 스스로를 엄격하게 성찰할 의무가 민변에게는 있다. 회원들의 전문성과 현장경험을 조화시켜 줌으로써 전문가로서의 오만함과 독선에 빠지지 않으면서 민중의 눈물과 아픔을 함께하는 변호사들을 계속 키워나가야 한다.

2011년, 민변은 회원 500명을 넘기고 조만간 회원 1,000명을 바라보는 시점에서 회원들의 결의에 따라 조직의 발전전략을 심층적으로 구상하기로 하고 그 이듬해 발전전략보고서를 발행하였다. 그 보고서에서 제시한 방향은 다음과 같았다.

"시민 속으로, 시민과 함께하는 진보적 법률가단체"

30년간의 활동 속에서 변호사들은 변호사들의 투쟁만으로, 깨어 있는 몇몇 사람들의 희생만으로 진정한 민주주의는 찾아오지 않는다는 것을 깨달았다. 법치주의가 무엇인지를 제대로 이해하는 시민이 없는 민변은 존재할 수 없고 민변의 영향력은 그와 같은 시민들의 지지 속에서 더욱 커졌다. 역사의 변화는 결국 시민들의 손으로 이룩했고 시민과 함께할 때 민변의 힘도 더욱 강했다. 최초로 대통령을 탄핵시킨 2016년의 촛불혁명은 6월항쟁을 계승하여, 사회변화의 진정한 주체가 깨어 있는 시민임을 확인해주었다.

설립 초기 스스로 사회적 책무를 다하고자 하는 지식인들의 그룹에 가까웠던 민변은 설립 이후 사회 각 분야와 조직적이며 지속적으로 연대하며 전문가로서의 소임을 다하였을 뿐 아니라, 2008년 10만 명의 시민을 청구인으로 모아 미국산 쇠고기 수입 고시에 대한 헌법소원과 그 뒤를 이은 무료변론을 수행하면서 시민들의 품속으로 뛰어들어갔다. 이러한 움직임은 공익소송을 기획하여 배당하고 시민교육을 담당하는 공익인권변론센터의 창설로 이어졌다. 우리 사회에 더 많은 인권과 성숙한 민주주의를 가져오기 위해 시민과의 소통에 힘쓰되 한발 앞서서 우리 사회의 인권과 민주주의의 방향을 제시하는 변호사 단체로서의 정체성을 강고하게 하는 것이 민변이 지금까지 걸어왔고 앞으로도 걸어가야 할 길이다.

들어가는 말

1 · 민변은 그후 조직의 성장에 따라 1994년 제7차 정기총회에서 모임의 규모와 역할에 맞는 체제로서 회장-사무국장 체제를 도입하였다.

1장_ 반독재 민주화의 길 위에서

2. 입법_한국사회의 개혁과 악법개폐운동

1 · 국가안전기획부법[법률 제4708호, 시행 1994. 1. 5.]은 제3조(직무) 제1항에서 안전기획부는 다음 각호의 직무를 수행한다고 규정하고 제3호에서 형법중 내란의 죄, 외환의 죄, 군형법 중 반란의 죄, 암호부정사용죄, 군사기밀보호법에 규정된 죄, 국가보안법에 규정된 죄(다만, 제7조, 제10조에 규정된 죄는 제외한다)에 대한 수사로 규정하였다.

2장_ 시민 속으로 더 넓게 더 깊이

1. 노동_법정에서 함께 싸우는 노동법 전사들

1 · 민변 부산지부는 민변의 설립과 함께 그 뜻을 같이하여 민변이 설립된 다음 달인 1998년 6월에 민주사회를 위한 부산지역 변호사모임(약칭 부민변)으로 설립되었다. 초기 회원은 25명에 이르러, 민변 창립회원의 수(51

명)에 비하여 상대적으로 많은 회원을 가진 단체였다. 애초 하나의 조직으로 설립할 것인가 아니면 별개의 조직으로 설립할 것인가에 관하여 논의가 있었고, 일단 별개로 설립을 하기로 하여 민변보다 한 달 늦게 별개의 조직으로 결성되었지만 명칭을 같이 사용하고 상호교류하기로 하다가 1990년 통합되었다.

3장_ 평화와 통일을 위한 한길

1. 평화_이 땅의 주권을 지키기 위하여

1 · 정식명칭은 「대한민국과 아메리카 합중국 간의 상호방위조약 제4조에 의한 시설과 구역 및 대한민국에서의 아메리카 합중국 군대의 지위에 관한 협정」이다.

2 · 동 협정 22조는 "第一次的 權利를 가지는 國家가 裁判權을 行使하지 아니하기로 決定한 때에는 可能한 限 迅速히 他方 國家當局에 그 뜻을 通告하여야 한다. 第一次的 權利를 가지는 國家의 當局은 他方國家가 이러한 權利抛棄를 特히 重要하다고 認定하는 境遇에 있어서 그 他方國家의 當局으로부터 그 權利抛棄의 要請이 있으면 그 要請에 對하여 好意的 考慮를 하여야 한다"라고 규정하고 있으나 한미 당국 사이에서 별도로 형사재판권의 자동포기조항을 담은 교환각서를 작성하였기에 대한민국 정부의 형사재판권은 자동으로 포기되었다. 동 교환각서는 1991년에 폐기되었다.

3 · 형사조항은 기소시의 신병인도가 수사시 신병인도로 바뀌었을 뿐 그대로 유지되었으며 다른 조항들은 오히려 개악되기도 하였다.

2. 통일_냉전과 독재, 분단의 장벽을 넘어

1 · 백승헌, 「50년 국가보안법 역사를 이제는 끝내는 데 우리의 역량을 모읍시다」,《민주사회를 위한 변론》(2000년 7, 8월호)

2 · 1988. 5. 12. 경향신문
3 · 1992. 9. 8. 한겨레신문

3. 과거사 청산_새로운 미래를 불러오는 그 길로
1 · 당시에는 일본군 '위안부' 피해자에 대한 용어가 정리되지 아니하여 종군 위안부라는 표현을 쓰기도 하였다.

4장_ 연대로 강해지는 인권 ───────────────────

1. 여성_세상의 절반, 여성과 함께 간다
1 · 여성위원회는 그 뒤 여성복지위원회로 명칭을 변경하였다가 여성인권위 원회로 활동하고 있다.
2 · B는 회사와 합의 이후 고소를 취하하였고, 르노삼성을 퇴사하였다.

2. 국제사회_국경을 넘어 세계와 연대하다
1 · 개인 진정(Individual Communication) 절차는 도입 초기 '개인 통보' 또 는 '개인 청원' 등으로 번역되었으나 최근에는 '개인 진정'이라는 용어로 단일화되고 있다.

민변이 걸어온 길

1986	5. 19.	정의실천법조회 창립
1987	6. 10.	정법회, 변호사회관 앞 시위로 6월항쟁 참여
1988	5. 28.	민주사회를 위한 변호사모임 창립
	6.	민주사회를 위한 부산경남변호사 모임 창립
	6. 15.	양심수문제 공청회 개최
	6. 16.	'사법부 쇄신을 위한 법관들의 성명을 지지한다' 성명 발표
	7. 7.	사무실 개소(서울 중구 정동 배재별관빌딩)
1989	1. 27.	여의도 농민시위 사건 조사
	2. 28.	반민주악법 개폐에 관한 의견서 발간
	4. 7.	울산 현대중공업 노동탄압 진상조사단 파견
	12. 27.	악법개폐와 5공청산에 관한 우리의 견해 발표
1990	8. 31.	'민주사회를 위한 변호사 모임' 현판식(한승헌 회원 휘호)
	10. 23.	보안사 민간인 사찰 폭로 사건 변호인단 구성(회원 전원 참여)
	12. 4.	영문 이름 확정 'MINBYUN, Lawyers for a Democratic Society'
1991	2. 27.	서초동 현대오피스텔 403호로 사무실 이전
	3. 6.	민변 부산경남지부 발족
	5. 6.	한진중공업 박창수 노조위원장 의문사 진상조사단 참여
	5. 27.	강기훈 유서대필 사건 변호인단 및 김귀정 사망 사건 진상조사단 회원 파견
	6. 1.	상임간사제 도입-천정배 회원
	9. 25.	제2회 아시아태평양법률가회의 참가
1992	2. 11.	비전향 장기수 사상전향제도에 대한 헌법소원청구
	4. 13.	정신대 문제 대책 소위원회 구성
	5. 8.	UN자유권규약위원회 정부 보고서에 대한 최초 반박보고서 제출
	7. 10.	『한국인권의 실상』 발간
	11. 23.	윤금이 살해사건 공대위 참가

1993	1. 31.	《민주사회를 위한 변론》 창간호 발간
	6. 14.~25.	비엔나 세계인권대회 참여
	7. 1.	'사법부 개혁을 위해 법원 수뇌부는 물러나야 한다' 성명 발표
	8. 18.	서초동 센츄리2 오피스텔로 사무실 이전
	9. 20.	『국제인권법과 한국의 행형』 발간
1994	3. 27.	한일 변호사 교류회
	5. 18.	5·18 광주항쟁 고소장 제출
	5. 28.	회장-사무국 체제 도입
	11. 7.	종군위안부 문제 특위 및 12·12관련 검찰기소유예결정에 대한 특위 구성
1995	2. 20.	사법제도개혁특위 구성
	2. 23.	「사법개혁논의의 방향과 방법에 관한 의견」 발표
	9. 11.	5·18 대책위원회 구성
	10. 16.	5·18 진상규명과 책임자 처벌을 요구하는 가두시위 및 서명운동
	11. 11.	'국가보안법, 우리에게 무엇인가' 심포지움 개최
	12. 14.	5·18 관련 특별법 제정에 관한 의견서 제출
1996	2. 15.	서초동 명지빌딩으로 사무실 이전
	6. 10.	북한 쌀지원 임시특위 구성
	8.	민변 소식지 제호를 '이달의 민변'으로 변경하고 잡지형태로 전환
	11. 2.	인권과 평화를 위한 한일법률가 교류회 개최
	12. 2.	노동법 개악 저지와 민주적 개정촉구를 위한 교수변호사 거리행진
	12. 26.	북한주민돕기모금액 1220만 원을 WCC에 기탁
	12. 30.	안기부법 노동관계법 날치기 통과 항의 2박 3일 농성
		『독재의 망령을 파헤치며』 발간
1997	2. 3.	통일위원회 설치
	6. 7.	노동위원회 전담간사 채용
	7. 11.	대전충청지부 설립
	7. 16.~21	전두환 노태우 사면을 반대하는 거리서명전

	7. 28.	『12·12 및 5·18 판결 평석집』 발간
1998	2. 11.	대통령직 인수위원회에 「인권 관련 개혁 제안서」 전달
	5. 29.	창립 10주년 기념행사
	7. 14.	창립 10주년 기념인권논문상 공모 수상작품집 발간
		『역감시의 권리로서 프라이버시권에 관한 재구성』
	9. 17.	'인권법 제정 및 국가인권기구설치 공동추진위원회' 구성
	12. 15.	진보네트워크 내에 민변 홈페이지 개통
1999	3. 3.	사법개혁특별위원회 구성
	4. 1.	제1회 일본 오사카 노동자변호단－ 노동위원회 교류회 개최
	5. 6.	서초동 신정빌딩으로 사무실 이전
	8. 23.	공익소송위원회 설치
	9. 3.	광주·전남지부 설립
	10. 18.	메일링 리스트 구축
	12. 29.	「사법개혁 의견서」 청와대 전달
2000	1. 17.	전북전주지부 설립
	1. 31.	김포공항 소음피해 집단소송 제기
	2. 6.	프로야구선수협의회 법률지원변호인단 구성
	5. 27.	여성위원회 설치
	10. 1.	1999년 국가보안법 보고서 발간
	12. 5.	호주제 위헌제청신청 결정
	12. 12.	국가보안법폐지와 국가인권위원회법 제정 촉구 철야농성 및 거리행진
2001	4. 2.	새만금 간척사업중단 촉구 법조인 선언
	5. 7.	미군문제 연구위원회 설치
	5. 18	유엔경제사회이사회 협의자격 취득
	6. 10.	《노동변론》 창간호 발간
	10. 6.	웹진《주간민변》 소식 발행
	11. 5.	검찰개혁의견서 작성
	12. 10.	제1회 한국인권보고대회 개최 및 국가보안법 자료실 개관
2002	1. 30.	조선일보의 반민족반통일행위에 대한 민간법정 공동개최

	3. 4.	「테러방지법 제정에 반대하는 민변 의견서」 발표
	3. 13.	공익소송위원회 활동보고서 발간
	4. 16.	테러방지법 폐기를 촉구하는 릴레이 단식농성 참여
	6. 29.	고 신효순 · 심미선양 사망사건 진상조사
	7. 4.	대체복무제 입법을 위한 공청회 개최
	10. 15.~18.	여성위, 남북여성통일대회 참가
	10. 31.	『한총련을 위한 변론』 발간
	11. 18.	로고, 깃발 제작
2003	1. 20.	한국사회의 개혁과 입법과제 발간
	2. 6.	대통령직 인수위에 「인권정책제안서」 전달
	3. 28.	이라크 침략전쟁과 한국군 파병반대 기자회견 개최
	4. 1.	국회파병동의안 부결촉구를 위한 철야농성
	5. 31.	과거사 청산위원회 설치
2004	1. 27.	울산지부 설립
	2. 13.	부안 주민투표 투표관리공동위원장 회원 16명 참여
	3. 16.	노무현 대통령 탄핵의 부당성을 규탄하는 특별결의문 채택
	3. 26.	탄핵무효의견서, 헌법재판소 제출
	5. 1.	대구지부 설립
	8. 29.	국가보안법 폐지를 위한 전국도보순례 참여
	10. 22.	경남지부 설립
	12. 27.	국가보안법 폐지를 위한 단식 농성, 집회 및 행진, 성명서 발표
2005	2. 28.	500번째 회원 가입
	6. 12.	새만금간척사업중단 가처분 신청
	7. 27.	한반도 핵문제 해결을 위한 국제민간법정 공동주최
	8. 31.	'안기부 X파일, 진상규명과 책임자 처벌 어떻게 할 것인가' 토론회 개최
	10. 18.~20.	통일위, 평양문화유적 답사 및 아리랑공연 참관
	10. 21.~23.	방폐장 주민투표 부정선거 진상조사단 활동

	12. 5.	제5회 한국인권보고대회 개최 및 인권보고서 제1호 발간	
	12. 11.	평택미군기지 확장저지 평화대행진 참가	
2006	2. 27.~	한미 FTA 소위 구성	
	4. 7.	『변호사가 풀어주는 노동법』 발행	
	5. 27.	민생경제위원회 설치	
	7. 5.	군위안부 문제해결 위한 헌법소원대리인단구성	
	7. 24.	한미 FTA 투자자–정부제소조항 위헌성 관련 집담회 개최	
	11. 1.	『환경소송사례집2』 발간	
2007	2. 12.	여수외국인보호소 화재 공대위 참여	
	3. 29.	한미 FTA 반대 철야 농성	
	5. 19.	제20차 정기총회에서 발전기금 모금 결의	
	6. 25.	「한미 FTA 협정문 분석보고서」 발간	
	10. 4.	미군문제 연구위, 오키나와 교류회 시작	
	11. 14.	삼성 이건희 일가 등의 불법행위 진상규명을 위한 특검 입법제안서 제출	
2008	2. 29.	교육청소년위원회 설치	
	5. 23.	쇠고기수입 강행 및 인권탄압 대응을 위한 법률지원단 구성	
	5. 28.	『2008 한국사회의 개혁과 입법과제』 발간	
	5. 30.	창립 제20주년 기념식 및 기념전시회(천도교 수운회관)	
	6. 5.	미국산 쇠고기 수입고시에 대한 10만 국민헌법소원 청구제기	
	12. 29.	MB악법 저지를 위한 철야농성	
2009	1. 20.	용산 철거민 살인진압 진상조사단 구성	
	2. 25.	한나라당 중점처리법안에 대한 민변 의견서 발표	
	5. 23.	제18회 전교조 참교육상 수상	
	6. 27.	사무국을 사무처로 개편	
2010	4. 9.	『한국의 공익인권소송』 발간	
	5. 27.	『민변 촛불백서 I』 발간	
	12. 6.	제10회 한국인권보고대회 개최 및 디딤돌걸림돌판결 선정발표 시작	
2011	5. 2.	소수자 인권위원회 설치	

	6. 11.	제주 해군기지건설 저지를 위한 전국 대책회의 참여
	8. 27.	제4차 희망버스 참여, 인권침해감시단 활동
	11. 11.	회원 모금으로 한국기독교교회협의회와 함께 북한에 인도적 지원(밀가루)
	12. 26.	'표현의 자유 기금' 모금 개시
2012	3. 13.	제주 강정마을에 상주 변호사 파견
	5. 15.	한국사회의 개혁과 입법과제 발간
	5. 29.	외교통상위원회 설치, 민변 발전전략보고서 제출
	7. 10.	인천지부 설립
	11. 23.	『제18대 대선 정책.법안 의견서』 발간
2013	4. 30.	국정원 댓글 공작 의혹제기 및 고발
	12. 18.	'민주주의 수호 비상특별위원회' 발족
	12. 28.	'변호사들, 거리에서 민주주의를 외치다' 거리 집회 및 행진
2014	4. 18.	4월 혁명상 수상
	6. 25.	'기지촌 미군 위안부' 국가배상청구소송 제기
	7. 13.	4·16 특별법 제정촉구를 위한 기자회견
	9. 15.	『4·16 세월호 민변의 기록』 출간
2015	4. 27.	1,000번째 회원 가입
	5. 30.	아동인권위원회 설치
	12. 1.	한국사 국정교과서 헌법소원 제기
	12. 31.	사무실 이전(서초구 법원로 양지빌딩, 한승헌 회원 현판 휘호)
2016	4. 19.	공익인권변론센터 개소
	5. 2.	『민변 촛불백서 II』 발간 및 보고대회
	5. 28.	디지털정보위원회 설치
	6.	한국사회의 개혁과 입법과제 발간
	7. 4.~ 7. 17.	세월호특조위 강제해산 저지를 위한 2주 릴레이 단식농성
	10. 27.	박근혜-최순실 게이트 사건의 향후 수사과제와 수사촉구사항 의견서 발표
	11. 3.	박근혜 정권 퇴진 특별위원회 발족

2017	2. 7.	월성1호기 수명연장운전처분 취소소송 승소
	2. 8.	「박근혜대통령탄핵에 대한 의견서」 헌재 제출
	3. 20.	'박근혜 전 대통령에 대한 검찰 5대 수사과제' 발표
	7. 24.	검찰개혁 5대 과제 제안
	11.	개헌특별위원회 구성
	12. 1.	민주화운동기념사업회와 과거사 소송 기록 기증 업무협약 체결
2018	2. 14.	『한국의 공익인권소송 2』 발간
	2. 22.	민변 헌법개정안 발표
	3. 23.	검찰·경찰·수사권 조정 논쟁 등에 관한 의견서 발표

강신옥 고영구 김갑배 김광일 김동현 김상철 김선수 김원일

김충진 김형태 노무현 박성민 박연철 박용석 박용일 박원순

박인제 박주현 박찬주 백승헌 서예교 손광운 안영도 유남영

유현석 윤종현 이 경우 이돈명 이돈희 이상수 이상중 이석태

이양원 이원영 이해진 이흥식 임재연 임희택 정미화 조영래

조용환 조준희 천정배 최명규 최병모 최영도 하경철 하죽봉

한승헌 홍성우 황인철 총 51명

1988.6~1990.5

대표간사 조준희

운영위 홍성우 박인제 **총무** 박인제

분과] **변론** 안영도 **학술기획** 박원순 **홍보** 조영래 이양원(김형태)

특별 황인철 이석태 **사법제도** 이해진(박성민) **양심수** 박성민

언론문화 최영도 **산업노동** 서예교 **농민빈민** 김동현 **환경도시** 최병모

통일평화 박용일(최병모)

1990.6~1991.5

대표간사 황인철 **총무** 김창국 윤종현

분과] **변론** 안영도 안상운 **홍보출판** 최병모 김형태 **학술기획** 천정배 김선수

섭외 박성민 박원순

지부] **부산경남** 문재인

1991.6~1992.5

대표간사 황인철 **상임간사** 천정배 **총무** 김창국 윤종현

분과] **변론** 안영도 **홍보출판** 김형태 **대외협력** 박성민 **법제** 최병모 이경우

산업노동 이석태 김선수 **사회문화** 박인제 이오영

지부] **부산경남** 문재인

1992.6~1993.5

대표간사 홍성우 **총무** 김창국 윤종현 **기획** 정성철 이종걸

분과] **변론** 임재연 김제완 **홍보출판** 유선호 조용환 **대외협력** 천정배 박주현

법제 이경우 백승헌 **산업노동** 김갑배 하영석 **사회문화** 윤종현 김진국

지부] 부산경남 문재인

1993.6~1994.5

대표간사 홍성우 **총무** 김한주

분과] **연구조사** 백승헌 박찬운 **행형제도** 박찬운 **통일** 백승헌 **환경** 김명한

정치관계 유선영 **노동** 차지훈 **언론** 안상운 **경제정의** 최은순 **국제인권** 한택근

지부] 부산경남 문재인

1994.6~1996.5

회장 고영구

부회장 이돈희 박성민

사무국] **사무국장** 이석태 **사무차장** 박찬운(박수근)

위원회] **회원** 윤기원 **기획** 이기욱(김한주, 김웅조) **변론** 유선영 **출판** 박성호

대외협력 이덕우 **홍보** 박인제

지부] 부산경남 문재인

1996.6~1998.5

회장 최영도

부회장 안영도 송두환 **감사** 박연철 한정화

사무국] **사무국장** 백승헌 **사무차장** 윤기원 양영태 조광희(한택근, 이찬진)

위원회] **회원** 유중원 **기획** 윤종현 **대외협력** 박수근(전해철)

출판홍보 차병직 **국제연대** 조용환(정미화) **노동** 이원재 **경제정의** 이용철

언론 안상운 **사회복지** 박주현 **사법** 문병호 **환경** 오종한 **(통일)** 송두환

(일본) 임종인

지부] 부산경남 문재인 대전충청 정덕진(1997 설립)

1998.6~2000.5

회장 최영도

부회장 최병모 송두환 박연철 감사 임채균 최일숙

사무총장 윤종현 사무차장 임영화 이인호 조광희

위원회] 회원 강금실 기획 박수근(윤기원) 국제연대 한택근(박찬운)

사법 유중원 출판홍보 이백수 노동 이경우 경제정의 김주영 언론 박형상

(전해철) 사회복지 박주현 환경 오종한 통일 송두환(김인회)

동북아 임종인(이기욱) 교육문화 조상희

지부] 부산경남 문재인 대전충청 이현 광주전남 민경한(1999 설립)

2000.6~2002.5

회장 송두환

부회장 강금실 이석태 박연철 감사 임재연 노정희

사무국] 사무총장 윤기원 사무차장 김진국 김도형 안병용

위원회] 사법 김종훈 회원 임영화 공익소송 임채균 출판 김기중

국제연대 박찬운(한택근) 노동(복지) 이경우(김선수) 언론 조광희

사회복지 박주현 환경 김호철 통일 김인회 동북아 이기욱(임종인)

국가보안법 연구 백승헌 여성인권 최일숙(정연순) 미군문제 연구 이석태

(2001년 설립)

지부] 부산경남 문재인 대전충청 이현 광주전남 민경한

2002.6~2004.5

회장 최병모

부회장 강금실 이원영 임종인(백승헌)

사무국] 사무총장 김선수 사무차장 김인회 김석연 이유정(김진욱)

위원회] 회원 이상호 출판홍보 김기중(김호철) 공익소송 이찬진

난민법률지원 박찬운 사법 유중원 국제연대 한택근 노동(복지) 김갑배

언론 조광희 여성인권 정연순(이유정, 단 2003년부터 여성복지위원회로 개

칭) 통일 김인회(심재환) 환경 최영동 미군문제 연구 장주영

과거사 청산 박연철

지부] 부산경남 문재인(박승환) 대전충청 김귀덕 광주전남 민경한

전주전북 조두현

2004.6~2006.5

회장 이석태

부회장 이기욱 백승헌 윤기원 감사 김한주 김진

사무국] 사무총장 장주영 사무차장 강기탁 이상희 장경욱(이정희)

위원회] 회원 이상호 출판홍보 김호철 공익소송 이찬진 사법 정미화

국제연대 차지훈 노동 이원재 언론 이형근 여성복지 진선미 통일 심재환

환경 박오순 미군문제 연구 권정호 과거사 청산 장완익

지부] 부산 조우래 대전충청 김귀덕 광주전남 이건영 전주전북 박민수

대구경북 최봉태(금병태) 경남 정주석 울산 최용석(노형삼)

2006.6~2008.5

회장 백승헌

부회장 유남영 김한주 정미화 감사 유선영 박순덕

사무처] 사무총장 한택근 사무차장 김진 송호창 조영선

위원회] 회원 김도형 출판홍보 조광희 공익소송 장유식 사법 민경한

국제연대 김병주 노동 강기탁 언론 한명옥 여성복지 이정희(원민경)

통일 심재환 환경 김재영(조성오) 미군문제 연구 권정호(장경욱)

과거사 청산 이유정 민생경제김남근

지부] 부산 조우래(강동규) 대전충청 김귀덕(김연수) 광주전남 정채웅
전주전북 안호영 대구경북 송해익(성상희) 경남 정주석(민태식)
울산 노형삼(강성헌)

2008.5~2010.5
회장 백승헌
부회장 김선수 이오영 장주영 최일숙 고문 이돈명 감사 안상운 김인숙
사무처] 사무총장 한택근
사무차장 김수정 조영선 설창일 송상교(서선영, 류제성)
위원회] 회원 김도형 기획 조영선 공익소송 장유식 사법 최강욱
국제연대 김병주 노동 권영국 언론 류신환 여성인권 원민경(김진)
통일 심재환 환경 조성오(이영기) 미군문제 연구 장경욱
과거사 청산 이상희 민생경제 이헌욱 교육청소년 송병춘
지부] 부산 정재성 광주전남 정채웅(이상갑) 대구 성상희 대전충청 김연수
울산 강성헌(서기영) 전주전북 황규표 경남 민태식

2010.5~2012.5
회장 김선수
부회장 김칠준 민경한 이찬진 최은순 고문 한승헌 조준희 고영구 최영도
김창국 감사 이원재 배삼희
사무처] 사무총장 정연순 사무차장 류제성 서선영 이광철 이재정 황희석
송상교, 박지웅 (이소아)
위원회] 사법 김남준 국제연대 오재창 노동 권영국 언론 류신환(김준현)
여성인권 김진 통일 천낙봉 환경 이영기 미군문제 연구 장경욱
과거사 청산 이상희 민생경제 강신하 교육청소년 김기현 소수자 인권 염형국
지부] 부산 정재성(최성주) 광주전남 이상갑(임선숙) 대구 정재형(구인호)
대전충청 김연수 울산 서기영(이성진) 전주전북 황규표 경남 민태식

2012.6~2014. 5

회장 장주영

부회장 김진국 한택근 이유정 고문 한승헌 조준희 고영구 김창국 최영도

감사 표재진, 조숙현

사무처] 사무총장 김도형 사무차장 좌세준 박주민 위은진 이혜정 김종보
(장연희)

위원회] 사법 김인회 국제연대 장영석 노동 권영국 언론 김준현

여성인권 김진(김수정) 통일 천낙붕 환경 박서진(이정일)

미군문제 연구 조영선 과거사 청산 장완익 민생경제 강신하

교육청소년 이명춘 소수자 인권 염형국 (외교통상) 송기호

지부] 부산 이호철 광주전남 임선숙(임태호) 대구 구인호(남호진)

대전충청 김연수(이현주) 울산 이성진(김병수) 전주전북 안호영(장석재)

경남 민태식(이정한) 인천 김영중

2014.6~2016.5

회장 한택근

부회장 이상호 이석범 정연순 고문 한승헌 조준희 고영구 김창국 최영도

감사 차규근 원민경

사무처] 사무총장 조영선 사무차장 송상교 김지미 정병욱 최용근 장연희

위원회] 사법 이재화 국제연대 장영석 노동 강문대 언론 김준현(이강혁)

여성인권 김수정(조숙현) 통일 설창일(채희준) 환경 이정일(최재홍)

미군문제 연구 하주희 과거사 청산 박갑주 민생경제 김성진

교육청소년 김영준 소수자 인권 장서연(김재왕) 국제통상 송기호

아동인권 김수정

지부] 부산 변영철 광주전남 임태호 대구 남호진 대전충청 이현주

울산 김병수 전주전북 장석재 경남 이정한 인천 김영중

2016. 5~2018. 5

회장 정연순

부회장 김호철 김도형 김남근 **고문** 한승헌 고영구 최영도 **감사** 한경수 고은아

사무처] **사무총장** 강문대 **사무차장** 백주선 이혜정 김용민 성춘일 송아람
김준우(조수진, 조영관) **공익변론센터** 유남영 송상교

위원회] **사법** 성창익 **국제연대** 황필규 **노동** 김진 **언론** 이강혁
여성인권 조숙현(위은진) **통일** 채희준 **환경** 최재홍 **미군문제 연구** 하주희
과거사 청산 서중희 **민생경제** 서채란(백주선) **교육청소년** 김영준
소수자 인권 김재왕 **국제통상** 송기호 **아동인권** 김수정 **디지털정보** 이광철
(조지훈)
지부] **부산** 변영철(권혁근) **광주전남** 김상훈(김정희) **대구** 박경로(박성호)
대전충청 송동호 **울산** 김병수 **전주전북** 김현승 **경남** 박미혜 **인천** 김영중
(김상하)

* 민변은 창립 초기에는 대표간사와 각 분과별 담당간사 체계를 갖추었다가
  1994년에 조직개편을 통해서 회장/사무국과 위원회 체계로 변경하였으
  며, 1998년에 사무총장, 2009년에 사무처로 직제 개편하였습니다. 괄호안
  으로 표기된 이름 내지 명칭은 2년 임기의 집행부 하반기에 신설되거나 해
  당 직무를 맡게 된 회원을 뜻합니다. 각 지부장의 임기 개시일은 본부의 집
  행부 임기 개시일과 일치하지 않는 경우가 많으나 편의상 새로운 지부장
  의 임기가 시작된 해로 기재하였습니다.

민변 30년사가 나오기까지 많은 사람들이 수고하였다. 민변 30년사 편찬위는 편찬 방향과 세부 목차 등을 결정하였다. 30년간 일어난 일들을 일일이 기록하기에는 지면의 한계가 있어서 입법, 사법, 변론 분야를 제외한 나머지 부분은 소관위원회가 그 분야의 활동을 정리하고 의미 있는 사건들 중심으로 초고를 작성하였다. 한 명의 필자가 작성한 글도 있고 여러 위원들이 함께 작성한 글도 있었다. 취합된 원고를 편찬위원들이 나눠 맡아 체계를 정리하고 수정하였다. 각 위원회가 미처 담지 못한 부분을 보완하여 30년 활동의 윤곽을 대강이나마 파악할 수 있는 수준으로 하고자 하였다. 민변의 탄생을 들려주는 '들어가는 말' 부분은 10년 전 20년사의 초고를 썼으나 발간되지 못해 아쉬움을 더했던 강희철, 김창석 기자의 글을 참고하였다.

편찬위의 작업이 끝난 후에 30년사 글 전체의 결이 산만하지 않
도록 정연순 현 회장이 다시 한번 다듬었다. 앞으로 30년을 이
어 민변의 활동에 대한 보다 더 충실한 기록이 나올 것을 기대
하며 수고한 분들의 이름을 적어 여기에 감사의 뜻으로 남긴다.

초고	이석태, 정연순, 김수정, 한택근, 김선수, 김진, 김남근, 조수진, 송상교, 장경욱, 양승봉, 좌세준, 하주희, 이상희, 최재홍, 최영동, 김호철, 장영석, 여성위(팀장 신윤경, 신고운, 박지현, 이종희, 강을영, 임춘화, 이정선, 김영주, 김세은), 장주영
편집과 수정	장주영, 정연순, 좌세준, 조수진
감수	백승헌
연표	김민후
자료 및 사진 정리	김서정

민변 30년

1판 1쇄 찍음 2018년 5월 18일
1판 1쇄 펴냄 2018년 5월 25일

엮은이 민변 30년사 편찬위원회

주간 김현숙 | **편집** 변효현, 김주희
디자인 이현정, 전미혜
영업 백국현, 정강석 | **관리** 김옥연

펴낸곳 궁리출판 | **펴낸이** 이갑수

등록 1999년 3월 29일 제300-2004-162호
주소 10881 경기도 파주시 회동길 325-12
전화 031-955-9818 | **팩스** 031-955-9848
홈페이지 www.kungree.com | **전자우편** kungree@kungree.com
페이스북 /kungreepress | **트위터** @kungreepress

ⓒ 민변 30년사 편찬위원회, 2018.

ISBN 978-89-5820-523-4   03360

값 18,000원